KB037238

모두를 위한 경제

모두를 위한 경제

합리적인 공동체의 희망

클리블랜드–프레스턴 모델 설명서

마저리 켈리 · 테드 하워드 지음 | 홍기빈 옮김

학고재

이 책에 바치는 찬사

"마저리 켈리와 테드 하워드는 우리의 민주주의 원칙과 경제가 이대로 한없이 모순된 채로 머물러서는 안 된다는 통찰을 보여준다. 지구와 우리 모두의 건강을 위해 우리는 본질에 충실한 지속 가능성과 창조적인 결실을 잇는 소유권 구조를 만들어, 시장이 장악한 경제 체제를 민주적으로 바꿔야 한다. 지금 이 순간에도 수많은 사람이 찾고 있는 실질적인 길을 이 책이 환하게 비춰 보이고 있다."

— 댄 울프Dan Wolf, 케이프 항공Cape Air CEO, 전 메사추세츠주 상원 의원

"테드 하워드와 마저리 켈리는 미국 곳곳에서 민주적인 경제 구조를 만들어 권력을 이동시키는 사람들에게로 우리를 데려간다. 두 사람의 중대한 조사는 그 자체로 도구가 되기 충분하다. 이들은 단순히 실험을 모은 모자이크가 아니라, 손 뻗으면 닿는 거리에서 새롭게 부상하는 시스템을 그려 보인다. 사람보다 돈을 더 소중히 여기는 문화를 바꿀 수 있을까? 쉽지는 않겠지만 할 수 있다. 장기적인 비전과 계획을 갖고 즉각 행동해보자. 운 좋게도 이 책에 모든 것이 담겨 있다."

— 로라 플랜더스Laura Flanders, 《로라 플랜더스 쇼》 PD 겸 진행자

"마저리 켈리와 테드 하워드는 불공정할 뿐만 아니라 더 이상 지속할 수도 없는 시스템에 맞서 싸우는 것만으로는 충분치 않다는 사실을 상기시킨다. 우리는 비전을 갖고 새로운 시스템을 구축해야 한다. 이 책은 차세대 경제 구조를 만드는 사람들의 고되지만 활기찬 활동상을 보여준다."

— 캣 테일러Kat Taylor, 베니피셜 주립 은행Beneficial State Bank 설립자·CEO

"마저리와 테드는 노동자 소유제와 공동체 소유제의 권위자로서, 경제 민주주의야말로 정치 민주주의와 지속 가능한 미래의 핵심임을 상기시킨다."

— 데이비드 코튼David Korten, 『경제가 성장하면 우리는 정말로 행복해질까 *When Corporations Rule the World*』와 『이야기를 바꾸면 미래가 바뀐다*Change the Story, Change the Future*』 저자

"구조 변화에 대한 희망의 길, 급진적인 실천의 길을 제시한다. 이 책에 등장하는 모델들은 이제 전 세계로 퍼져 곳곳에서 시도되고 있다. 합리적이고 비전 있는 아이디어들이다. 가령 연방 준비 제도 이사회가 거대 은행을 구제한 방식으로 우리 지구를 구제하자는 제안이 그렇다. 여러분이 마을 터전에서 시도해보고 싶은 모델과 발상의 폭을 넓혀주는 비전을 찾고 있다면, 이 책이야말로 최선의 안내자일 것이다."

— 케빈 존스Kevin Jones, 사회적 자본 시장Social Capital Markets · 더 트랜스폼 시리즈The Transform Series 공동 설립자

"정말 의미가 큰 책이다. 체제가 달라져야 한다는 인식을 높이고, 민주주의가 곧 경제 번영의 핵심임을 이해하게 해주는 로드맵이다. 우리 모두가 이 책에 등장하는 여러 사례와 교훈을 진지하게 배워야 한다. 전체 시스템의 방향을 바꾸려면 힘을 합쳐야 한다. 어떻게 하면 되는지 그 귀중한 지침을 담고 있다."

— 샌드라 워독Sandra Waddock, 보스턴 대학Boston College 경영학과 교수, 갤리건Galligan 전략 위원장

"영향력 있는 임팩트 투자가이자 활동가로서 마저리 켈리는 정치뿐만 아니라 경제 체제에도 민주주의가 최우선임을 알려주는 보석 같은 길잡이다."

— 모건 사이먼Morgan Simon, 캉디드 그룹 공동 설립자, 『*Real Impact*』 저자

"모두를 위한 경제, 이제 워싱턴은 물론 심지어 월스트리트에서도 요구하는 바다. 하지만 그 변화는 어떻게 일어날까? 마저리 켈리와 테드 하워드가 우리 손에 지도를 쥐여주었다. 이들은 '성공'의 핵심에 '사람'을 두는 다른 종류의 기업을 이야기한다. 지역 사회에 기반을 둔 기업 이야기는 희망적일 뿐만 아니라 가까이에서 시도해볼 수도 있다. 이들은 민주주의의 이상을 존중하는 경제를 디자인해야 한다고 강조한다."

— 주디스 새뮤얼슨Judith Samuelson, 애스펀 연구소The Aspen Institute

"이것이 경제 민주주의의 로드맵이다. 주요 지형지물과 고속도로만 보여주는 지도가 아니라, 진정한 변화가 어디서 비롯되는지를 알 수 있도록 크고 작은 샛길과 작은 도시 들을 보여준다. 자본주의의 원칙을 바꿔야 한다고 생각하는 사람들이 점점 많아지고 있다. 마저리 켈리와 테드 하워드가 이 책으로 공유하려는 전략들이 앞으로 우리가

나아갈 길을 보여준다."

— 리노어 펠러디노Lenore Palladino, 매사추세츠 대학교 경제·공공 정책 조교수, 싱크탱크 데모스Demos 전 정책·캠페인 부부장, MoveOn.org 전 캠페인 디렉터

차례

서문

— 나오미 클라인Naomi Klein

캐나다의 사회 운동가, 영화 제작자. 『노로는 충분하지 않다*No Is Not Enough*』, 『이것이 모든 것을 바꾼다*This Changes Everything*』, 『*The Shock Doctrine*』, 『*No Logo*』 등을 썼다.

위기의 순간, 그러니까 우리를 둘러싼 시스템이 더 이상 작동하지 않는 순간이 닥치면 이 세상에 대한 우리의 이해에도 균열이 생긴다. 이 세상이 어떻게 작동하는지, 또 그 안에서 우리 자리가 어디인지를 설명할 수 없게 되기 때문이다. 그럴 때는 마치 공중에 붕 뜬 것 같은 기분이 든다. 그러나 이렇게 모호한 상태는 그리 오래가지 않는다. 금세 공포가 쳐들어와 우리끼리 서로 미워하게 만들고 원수지간으로 찢어놓으며 균열을 메꾼다. 이를 막을 수 있는 유일한 길은 공포보다 먼저 희망으로 균열의 틈새를 채우는 것이다.

위기 앞에서 고작 "아니오"라고 말하는 것으로 그치지 않고 그 이상 행동하게 해주는 것이 바로 희망이다. 오해 없기를. "아니오"라고 말하는 것도 대단히 중요하다. 극소수의 거물이 엄청난 재산과 권력을 움키며 승승장구할 때, 민주주의를 파괴하는 권위주의 독재자들이 세계 각지에서 출현할 때, 불법 이민자를 막는답시고 국경을 동물원 철창으로 둘러칠 때, 기후 위기가 급속히 가속될 때, 여기에 "아니오"라고 말하는 것은 그 자체로 도덕적 정언명령이다. 하지만 이런 정도의 반박과 대응 수준의 운동을 뛰어넘어 진짜로 사회를 바꾸는 운동으로 전환하기 위해서는 희망이 있어야 한다. 그것도 튼튼한 비전과 전략에 뿌리박아 우리에게 믿음을 주는 희망이. 우리는 무엇에 **반대**하는가뿐만 아니라 무엇을 **추구**하는지도 분명히 알아야 한다. 그래야만 우리가 원하는 세상에 대해 뚜렷하고 강한 비전을 품을 수 있으며, 나아가 그에 이르는 길까지 훤히 비춰보일 수 있다. 희망이란 이런 것이다. 인간은 함께 꿈꾸는 능력이 있다. 우리의 능력을 발휘해 앞길을 함께 밝히는 불빛, 이것이 바로 희망이다.

희망의 불빛이 꺼지지 않으려면 그 희망의 기초가 분명해야 한다. 다른 세상이 열릴 수 있다고 상상하는 정도로는 부족하다. 그런 세상을 그려보고, 작은 모델로나마 실제 경험하고, 느끼고 맛볼 수 있어야 한다. 이 책에서 마저리 켈리와 테드 하워드는 정말 믿을 만한 새로운 현실 세계의 여러 모델과 구체적인 이야기를 보여준다.

이제 협동조합이 소유한 일터, 인종 간 정의 원칙에 기초해 정책을 수립하기로 선언한 도시, 윤리적 금융과 윤리적 투자, 위기의 최전선에서도 새로운 터전을 구축해내는 공동체 이야기를 들을 것이다. 그리고 이 이야기들이 하나로 어우러져, 지금까지와는 다른 경제가 이론이나 멀고 먼 유토피아로 머물지 않고 이미 어딘가에 건설되고 있다는 사실을 볼 것이다. 물론 지금의 착취적이고 비인간적이며 지속 불가능한 경제 시스템에서 공동체·민주주의·정의에 기초한 경제 체제로 가는 길은 여전히 불확실하다. 지름길이 있는 것도 아니다. 하지만 켈리와 하워드가 들려주는 이야기들은 우리가 제일 먼저 무엇을 해야 하는지를 가르쳐준다. 우선 고립과 절망에서 벗어나 첫발자국을 떼는 것, 그렇게 일단 발걸음을 옮기기 시작하면 걸어가는 동안 얼마든지 길을 만들어나갈 수 있다는 점을 알게 해줄 것이다.

현 체제에서 언제나 뒷전으로 밀려나 있던 사람들 가운데 강력한 지도자들이 출현하고 있다. 예를 들어 오글랄라 라코타Oglala Lakota의 리더들은 파인 리지 보호 구역의 바닥 모를 빈곤 상태에서 놀라운 자활 공동체를 건설해냈다. 지금껏 가장 비인간적으로 취급되고 배제되던 이들이 지도자로 우뚝 선다고 해서 다른 사람들이 아무 역할도 하지 않는다는 뜻은 절대 아니다. 모든 것을 바꾼다는 말은 곧 모든 이에게 맡은 바 임무가 있다는 뜻이다. 켈리와 하워드가 풀어놓는 이야기는 활동가와 풀뿌리 지도자에 국한되지 않는다. 언뜻 봐서는 도저히 민주적 경제를 도모하는 동지가 될 수 없을 것 같은 이들도 주인공이 된다. 기업 자본주의를 극복할 미래의 씨앗은 대형 병원, 연기금 운영 기관, 심지어 기업 이사회 같은 곳에서도 자라나고 있다. 급진 분자들이 이런 기관을 전복시키려고 위장 침투했다는 이야기가 아니다. 기존 경제 시스템이 무너지는 현실 속에서 예전이라면 급진적이라 할 아이디어들이 이제는 상식이 되어가고 있을 뿐이다. 그리하여 상당한 자원을 동원할 수 있는 권력자조차 미래의 경제 시스템으로 옮겨가고 있는 것이다.

남아프리카공화국 활동가들은 아래로부터의 혁명을 **개미들의 작업**이라고 일컫는다. 이 책에 나오는 공동체에서 부를 구축하는 방식을 이해하는 데 적절한 표현이다. 가장 낮은 단계에서 시작해 아래에서 위로 움직이며, 중앙의 통제가 없어도 서로 협력해 조정하고, 끈기 있게 다음 단계로 나아갈 터널을 파나가는 것이 이러한 작업의 방법이니까.

켈리와 하워드는 허세라곤 전혀 없이 아주 겸손하고 솔직하게 이들에게 다가간다. 개미들의 작업이란 영웅이나 예언자가 아니라 평범한 인간들이 하는 일이다. 두 저자는 이 작업을 해나가면서 저지른 실수와 오판을 솔직하게 인정한다. 그 태도 덕에 우리도 실수와 오판을 있는 그대로 인정하고 용기를 회복할 여유를 얻는다. 민주적 경제를 만드는 작업에서 실수는 대단히 중요하다. 민주적 경제란 아직 완성되지 않은 작업이며, 여러 실험에서 배우고 또 그에 기초하지 않으면 안 된다. 실험이란 성공할 때도, 실패할 때도 있는 법, 양쪽 모두가 소중한 자산이다. 켈리와 하워드는 민주주의의 실험실에서 벌어지는 여러 실험으로부터 새로운 시스템이 만들어지는 이야기를 들려준다. 작은 지역 규모로 대안적인 경제 형태를 고안하고 실험해 보는 고된 작업이 토대가 되어야지만 나중에 정치적인 기회가 왔을 때 대규모 제도와 기관이 출현할 수 있다. 예전에도 그랬다. 1930년대 미국의 뉴딜도 이렇게 시도되었고, 캐나다의 단일 의료 보험 체제 single-payer system도 이렇게 해서 나타났다. 뭔가 강력한 동력이 존재하는 건 분명하지만, 이런 일은 하루아침에 이뤄지는 것이 아니므로 우리는 장거리 달리기 선수의 마음가짐으로 온 생에 걸쳐 이 일에 매진할 것을 다짐해야 한다.

켈리와 하워드가 붙인 이 책의 원제 『*The Making of a Democratic Economy*』은 저명한 역사가 에드워드 톰슨의 『영국 노동 계급의 형성*Making of the English Working Class*』을 연상케 한다. 참으로 적절하다. 톰슨은 노동 계급이 처음부터 사회적·문화적 정체성을 갖춰 세상에 뚝 떨어진 것이 아니라고 했다. 또 역사의 흐름 속에서 수동적으로 만들어진 것도 아니라고 강하게 말했다. 오히려 영국 노동 계급은 "시종일관 현장에서 스스로 만들어졌다"는 것이다. 구체적으로 영국 노동 계급을 형성한 행위 주체도 그들이고, 그 형성 과정에 이런저런 방식으로 저항한 것도 그들이고, 나은 세상을 꿈꾼 것도 그들이었다. 민주적 경제도 마찬가지로 현장에 존재한다. 지평선께를 떠도는 추상적인 가능성 같은 게 아니고, 저절로 일어나는 것도 아니다. 우리 스스로 힘을 합쳐 지금 이곳에서 만들어나가야 하는 과제다.

하지만 서둘러야 한다. 진행 중인 집단 투쟁 가운데는 더 기다릴 만한 여유마저 사라지고 있는 것들이 너무나 많다. 노예제와 식민주의의 상흔을 복구하는 일도 시급하고, 파국으로 치닫는 기후 위기를 막기 위해서도 대담하게 당장 움직여야 한다. 켈리와 하워드도 지적하듯이, 이런 위기 와중에 우리가 원하는 세상을 세운다는 건 결국 느긋하게 실험만 하고 있을 때가 아니라는 뜻이다. 새로운 세계가 나타나려면 숨 쉴 공간이 있어야 하는 법, 우리는 대규모 조치를 위해 만반의 준비를 해둬야 한다. 각국 정부는 지난 금융 위기 당시 금융권을 구제한다며 허공에서 수억 수십억 달러를 빚어내는 요술을 부렸다. 그런 권력을 기후 위기 유발 집단을 뿌리 뽑는 데 쓰지 말라는 법이라도 있나? 성큼 개입해 화석 연료 기업을 문 닫게 하고 그 과정에서 가장 심하게 주변화되는 공동체들을 우선 지원하는 데 돈을 쓰지 말라는 법이 있던가?

분명한 건 더 큰 위기가 몰려오고 있다는 것이다. 옛 경제 시스템의 충격 요법사들은 이미 이 위기들을 이용해먹을 계획까지 다 세워놨다. 더 억압하고, 더 착취하고, 더 긴축하고, 플린트시[1]와 푸에르토리코[2]와 브라질[3]을 더 많이 만들어낼 준비를 하고 있다. 그만큼 우리에게도 계획과 모델이 필요하다. 민주적 경제 시스템을 당장 더 많이 구축하면 역사의 운전대를 우리가 잡고 다음 시스템으로 나아갈 준비도 더 잘할 수 있을 것이다. 바로 이런 때 이 책이 참으로 꼭 맞춰 나와준 것이다.

대다수가 간절히 바라지만 실현되리라는 기대는 엄두도 못 내는 것이 있다. 이 지구가 감당할 수 있는 한계를 넘지 않으면서 모두가 고루 잘사는 것이다. 곳곳에서 익명의 지도자들이 이런 경제의 출발점이 되어줄 교두보를 쌓고 있다. 이들은 서로 알지 못한다. 제각각 따로따로, 여기저기서 동시다발로 '사람들의, 사람들에 의한, 사람들을 위한 경제'로 가는 길을 닦고 있을 뿐이다. 우리는 그 지도자들을 찾아가 이야기 나누며 그들의 작업에 공통적으로 나타나는 원칙들을 추려냈다. 대기업 자본주의와 국가사회주의라는 이분법 너머 새로운 지평에서 경제 시스템을 조직하는 일관된 패러다임이 나타나고 있는 것이다.

이러한 경제 시스템의 첫 번째 기준은 '공동체'와 '지속 가능성'이다. 아메리카 원주민들이 오랫동안 알아온 것처럼 두 단어는 사실 같은 말이다. 그다음 원칙은 오래도록 배제된 이들에게 기회 주기, 자본보다 노동을 우선 삼기, 자산을 광범위하게 보유할 수 있도록 보장하기, 이윤은 결과일 뿐 투자의 최우선 목적은 사람과 지역 공간에 두기, 공정과 지속 가능성의 새 시대에 부합하는 사업 형태 설계하기, 소유 대상에게서 원하는 것을 최대한 뽑아낸다는 원시적인 관념을 버리고 소유자는 소유물을 관리하는 이에 불과하다는 선진적 개념으로 진화하기 등이다.

지금 막 싹트고 있는 민주적 경제는 기존의 추출적 경제extractive economy와는 첨예하게 대립한다. 후자는 상층의 지배 엘리트가 금전적 이익을 최대한 추출하는 것이 목표이기 때문이다. 이는 '1퍼센트의, 1퍼센트에 의한, 1퍼센트를 위한 경제'다. 우리 사회에서 정부는 이미 오래전에 민주화되었지만 경제는 한 번도 민주화된 적이 없다. 경제 민주화는 그야말로 막 시작되는 새로운 역사의 궤적이다. 아직은 잠재적인 다음 시스템이 잘 피어나도록 물 주고 키워내는 것이 우리의 역할이며, 우리 모두에게는 각자 할 일이 있다.

우리는 지구와 문명이 어떤 운명의 길을 걸을 것인지 걱정하는 이들을 위해 이 책을 썼다. 활동가뿐만 아니라, 보수건 진보건 더 이상 현 상태가 지속될 수 없다는 사실을 깨달은 이들을 위한 글이기도 하다. 각종 재단, 비영리 병원, 대학, 정부와 비영리 경제 연구소, 임팩트 투자 기관, 진보적인 노동자 소유 기업, 노동조합, 지자체장, 시민 단체 리더 들에게 유용할 것이다. 학술서는 아니지만 정치학자와 경제학자에게도 유익한 정보가 많을 것이다.

또 특정한 나라의 독자들만 이 책을 읽어야 하는 게 아니다. 수록된 이야기 대부분이 자본주의의 고향인 영국과 미국 사례이긴 하지만, 여기서 얻는 교훈은 모든 나라에 적용된다. 추출적 경제는 전 지구를 장악한 데다 장차 이를 대체할 민주적 경제도 마찬가지로 세계 각지에서 움트고 있기 때문이다. 이 책은 각 장마다 대표적인 시도 사례와 웹사이트를 소개하고 있다. 그러니 차례에서 눈길을 끄는 대목이 있다면 순서에 개의치 말고 그 장을 펼치면 된다.

우리 두 사람은 '협력하는 민주주의The Democracy Collaborative' 연구소에서 일한다. 열아홉 살이 된 연구소의 임무는 민주적 경제를 위한 연구와 개발 작업이다. 연구진 40명 외에도 워싱턴 DC, 클리블랜드, 오하이오, 벨기에의 브뤼셀, 영국의 프레스턴 등지에 있는 10여 명의 연구위원이 사회를 바꿀 새로운 경제 체제를 위해 이론과 실천을 오가며 새로운 아이디어를 키우고 있다. 우리는 세상 떠들썩하게 위기를 야기하는 요인들을 찾아 연구와 실험을 한다. 특정 지역에 맞춰 작업할 경우에는 마을이 창출하는 부를 그 지역에 머물게 하면서 또 널리 공유되도록 돕는 역할을 한다. 즉 기업의 소유자가 뿌리내린 지역에 근거를 두면서 그 지역을 둘러싼 핵심 기관의 힘을 빌려 경제를 발전시키는 것이다. 이러한 이론, 연구, 정책 수립 작업 등을 통해 환경, 금융, 소유권 설계 같은 영역에서도 대규모로 시스템을 변화시킬 비전을 만들어나가고 있다.

최근 들어 우리 기관을 찾는 수요가 늘어나면서 연구진이 세 배로 불어났다. 이렇게 성장하게 된 이유는 사회 변화의 해법에 대한 갈증이 늘어나고 있기 때문이며, 여기에 함께하는 비전 있는 자금 지원가 집단이 있기 때문이다. 이제 우리와 함께 작업하고 싶어 하는 공동체, 기관, 정치 지도자의 요구가 너무 크게 늘어 우리가 다 충족시킬 수 없는 수준에 이르렀다. 이것이 이 책을 쓰게 된 이유다. 직접 함께 일할 수 없는 이들을 위해서 우리가 많은 이들과 함께 배운 것들을 오픈소스로 공유하고자 하는 것이다.

이 책은 두 사람의 공저이며, 우리는 서로를 '마저리'와 '테드'로 부를 것이다. 마저리 켈리는 '협력하는 민주주의' 팀의 실행 부의장 executive vice president이며 이 책의 제1저자다. 저널리스트로 일하면서 잡지 『기업 윤리*Business Ethics*』를 창간하고 의장을 지냈다. 책을 두 권 썼고, '사회적 임무'와 '폭넓은 소유권'이라는 관점으로 오랫동안 기업과 금융 기관 설계 작업에 참여해 경험을 쌓았다. 테드 하워드는 '협력하는 민주주의' 팀의 공동 창설자이자 의장으로, 클리블랜드 재단Cleveland Foundation을 포함한 여러 단체와 기관이 직원 소유제에 기초해 에버그린 협동조합을 설계하고 발전시키도록 도왔다. 또 비영리 병원이나 대학 같은 앵커 기관과 폭넓게 협업하면서 점차 미국과 유럽의 정치 지도자들과도 활동 범위를 확장하고 있다.

우리는 현실에 굳건히 발 디딘 급진주의자들이다. 이 책을 쓴 이유는 지금 막 형성되고 있는 새로운 경제 시스템을 독자들이 생생하게 느껴보게 하기 위해서다. 우리가 찾아가 만난 것들은 지금까지와는 전혀 다른 모델, 전혀 다른 접근법, 전혀 다른 이념 들이었지만 그 새로운 시도들 속에서 우리는 일관된 패러다임의 윤곽을 볼 수 있었다. 이제 독자 여러분도 미래를 향한 새로운 패러다임의 잠재력을 이해하고 그 길을 함께 걸으면 좋겠다. 그리고 그 길에 다른 이들도 불러모아주시기를 바란다.

들어가며

클리블랜드에서 프레스턴까지

경제 체제 대전환을 위한 새로운 패러다임

경제 민주주의와 비슷한 뭐라도 있지 않으면
진정한 정치적 민주주의도 있을 수 없다.
— 시어도어 루스벨트THEODORE ROOSEVELT

비전이 없으면 삶도 시든다.
— 잠언 29장 18절[1]

상상해보자. 우리 경제가 곧 맞이할 큰 변화에서 이득을 볼 만한 기업 소유자는 어떤 사람들일까? 경제 전체를 전환시킬 거대한 흐름, 그 혁신을 상징하는 사람은?

이런 모습으로 그려보면 어떨까. 40대 초반의 미국 흑인 남성, 세탁소 직원 출신으로 한때 마약 밀매로 잡혀가 감옥 생활을 한 사람. 이름은 크리스 브라운Chris Brown, 20여 년 전 클리블랜드의 글렌빌에서 코카인을 팔던 이다. 이 동네를 아는 사람이라면 글렌빌에서 차세대 정치·경제 시스템이 싹틀 거라고는 상상조차 못 할 것이다.

클리블랜드는 록펠러가 세운 도시다. 존 데이비슨 록펠러John Davison Rockefeller가 설립한 스탠더드 오일의 본거지였고, 전성기에는 뉴욕을 제외하고 『포춘』 선정 500대 대기업의 본부가 가장 많이 들어선 도시였다. 클리블랜드의 철강 노동자들은 막강한 노조를 조직했으며 한때 전국에서 시간당 임금이 가장 높았다. 이런 풍요 속에서 글렌빌에 맨션 지구가 조성되었고, 록펠러 공원 근처에는 우아한 조각이 가득 들어찬 정원과 잘 다듬은 잔디밭이 생겨났다.

오늘날의 클리블랜드는 록펠러가 내버린 도시다. 1960년대에 백인 거주자와 기업이 대거 빠져나가면서 인구는 불과 10년 전 절정기의 절반 아래로 줄었다. 한때 미국에서 가장 부유하던 대도시가 가장 가난한 도시로 전락한 것이다. 글렌빌은 클리블랜드에서도 가장 가난한 동네로, 주민의 95퍼센트가 흑인이다. 우아하고 장중한 자태를 뽐내던 글렌빌 사우스블루버드의 3층짜리 벽돌 주택은 몇 년 전 단돈 5,000달러에 팔렸다.

크리스가 감옥에서 3년형을 살고 돌아온 고향이 바로 이런 곳이었다. 실업률은 20퍼센트에 달하고 주민의 연소득이 평균 1만 9,000달러에 불과한 이 동네에서 삶을 꾸리기란 정말 어려운 일이었다. 1993년만 해도 크리스는 꿈 많은 대학생이었다. 하지만 여자친구가 임신을 하면서 학업을 중단해야 했다. 막 태어난 아기는 먹여 살려야 하는데 돈 될 만한 기술은 없으니, 결국 마약 거래에 손을 댈 수밖에 없었다.

감옥에서 출소한 후 크리스는 지붕 수리공, 텔레마케팅 상담원, 청소부 등 저임금에 수당도 없는 일자리를 전전했다.[2] 그러다가 에버그린 협동조합Evergreen Cooperative Initiative 세탁 업체에 취직하게 됐다.

에버그린 협동조합에는 세탁 업체 말고도 다른 사업체가 두 개 더 있다. 하나는 녹색 에너지 기업인 에버그린 에너지 솔루션스Evergreen Energy Solutions이고, 다른 하나는 도시 농장을 운영하는 그린 시티 그로워스Green City Growers다. 고용된 직원은 세 업체 모두 합쳐 212명이다. 세 사업체의 소유권은 노동자들에게 있고, 노동자는 각자 주식 1주와 의결권 1표를 갖는다. 협동조합이 스스로 내건 임무 중에는 무너져가는 동네 주민, 특히 크리스 같은 전과자 주민을 고용한다는 항목도 있다. 다른 기업체나 기관이 빠져나간 이곳에 아직 남아 있는 클리블랜드 클리닉처럼, 지역의 대형 비영리 단체들이 협동조합의 주요 고객이었다. 이런 기관들을 **앵커 기관**이라고 한다. 이윤을 극대화하는 대기업과 달리 자기들이 있던 동네를 버리지 않고 그 자리에 굳건히 뿌리박는 경향이 있기 때문이다. 앵커 기관들은 인근 주민을 고용하고 훈련시켜 역량을 강화하는 지역 기업에서 재화와 서비스를 구매한다.

에버그린에서 크리스는 시간당 10달러에 기타 수당을 받는 조건으로 일을 시작했다. 이 정도 액수면 당시 클리블랜드의 경제 규모상 생활 임금에 해당했다. 6개월 만에 그는 공장 감독으로 승진했고 월

급도 올랐다. 더 중요한 것은 크리스도 이 회사의 소유권 일부를 갖고 의사 결정 과정에 참여하게 됐을 뿐만 아니라, 그 결실까지 나눠 가질 권리를 얻었다는 것이다.

크리스는 지금 한창 성황인 벤처 사업 모델, 이른바 클리블랜드 모델의 핵심에 서 있다. 경제를 발전시키는 새로운 접근법인 동시에 더 많은 의미를 보여주는 사례다. 극소수를 위해 복무하다 파산한 구식 경제의 잔해 더미에서 벗어나, 다수에 복무하도록 설계된 새로운 민주 경제를 만들 수 있다는 가능성을 보여주는 프로젝트이기도 하다.

보통 사람들의, 보통 사람들에 의한, 보통 사람들을 위한 경제

민주적 경제란 평범한 사람들의, 평범한 사람들에 의한, 평범한 사람들을 위한 경제다. 우리 모두의 필수 욕구를 충족시키고, 인간의 소비와 지구의 재생 능력이 균형을 이루며, 보통 사람들의 의견과 염려에 적극적으로 반응하면서, 근본적으로 인종·성·국적·계층에 관계없이 모두 함께 번영을 누리도록 설계된 경제를 말한다. 민주적 경제의 핵심은 공공선common good이다. 이는 민주주의 정치의 근간 목표와 궤를 같이하는 것이기도 하다.

"사람들은 공공선 그리고 공공의 이익을 적극적으로 열망해야 한다. 그리고 이런 열망은 개개인의 어떤 사적인 열망보다도 우월해야만 한다."[3]

민주적 경제는 공동 가치를 중심에 놓고 사회적 구조를 설계하며, 시종일관 공동체와 지속 가능성을 최상의 목적으로 하고, 사람들의 상호 관계와 상호 의존을 중심에 둔다. 그러면 생태학자들이 **공생**이라 부르는 여러 형태의 관계가 발전하게 된다. 자연보호주의자 알도 레오폴트Aldo Leopold가 말했듯이 '정치와 경제는 고도의 공생 관계'가 되고, 만인의 무한 경쟁 대신 여러 가지 협동 구조가 자리를 잡을 것이다.[4]

민주적 경제 시스템이 모든 문제를 해결하는 유토피아라는 뜻이 아니다. 보통 사람들이 최대한 이윤을 뽑아내려고 경제 활동을 하는 것이 아니라, 얼마든지 사회와 자연 전체의 폭넓은 안녕을 위해 활동하도록 설계할 수 있다는 것이다.

미국 혁명으로 생겨난 민주주의 시스템은 애초에 아주 비극적인 결함을 갖고 태어났다. 노예제처럼 분명한 예 말고도 유색 인종, 여성, 재산을 갖지 못한 이들에게 시민권을 주지 않는다는 문제가 있었다. 하지만 이런 결함에도 불구하고 '건국의 아버지들'이 뚫어놓은 혁명의 물길은 그 한계를 넘어 멀리멀리 흘러갔고, 이 물길은 수천 년 동안 오로지 군주정과 귀족정의 엘리트 지배층에게만 복무하도록 설계된 지구상의 모든 사회를 근본적으로 바꿔놓았다. 역사가 고든 우드Gordon Wood가 말했듯이 새로운 민주주의 시스템은 '궁극적으

로 보통 사람들의 이익과 번영 그리고 그들의 행복을 추구하는' 것이다.[5]

하지만 이 새로운 시스템은 정치 체제만 민주화했을 뿐 경제에는 손을 대지 못했다. 따라서 민주적 경제란 건국의 아버지들이 정치 영역에서 시작한 작업을 경제 영역에서 완수하는 것이라고 하겠다. 인류의 역사에는 인간 해방의 바다로 흘러 들어가는 물줄기가 많이 있다. 노예제 폐지, 여성 참정권, 노동조합 결성권, 동성애자 결혼권 등이 그런 예다. 민주적 경제를 만들려는 운동 또한 그 지류 가운데 하나다. 『뉴욕타임스』 컬럼니스트인 미셸 알렉산더Michelle Alexander의 말대로 '우리를 이 자리까지 데려다준 혁명의 강물이야말로 우리 모두가 만들어야 할 사회로 우리를 데려가줄 유일한 힘일지도 모른다.'[6]

1퍼센트의, 1퍼센트에 의한, 1퍼센트를 위한 경제

미국 헌법은 아직 초거대 자본가와 철도 귀족이라는 새로운 귀족정이 등장해 산업 혁명을 일으키기 전에 성립되었다. **대기업** 혹은 **주식회사**corporation라는 말은 헌법 어디에도 등장하지 않는다. 하지만 1813년 존 애덤스가 토머스 제퍼슨에게 쓴 편지에 이런 말이 나온다.

"귀족정은 물새마냥 아주 오래도록 물속에 모습을 감췄다가 한층 의기양양하게 깃털을 뽐내며 수면 위로 나온다네."[7]

실제로 우리는 미국 역사에서 이런 일이 벌어지는 것을 목격했다. 19세기 말의 '금칠갑 시대Gilded Age'는 21세기의 '새로운 금칠갑 시대'로 화려하게 되살아났으니까. 오늘날 우리는 억만장자 26명의 재산이 인류 절반의 재산과 같은 세상에 살고 있다.[8] 미국에서 가장 부유한 빌 게이츠, 제프 베이조스, 워런 버핏 세 사람은 미국의 하위 인구 절반에 해당하는 1억 6,000만 명의 재산을 합친 것보다 많이 가졌다.[9] 2009년에는 미국 소득 증가분의 95퍼센트가 상위 1퍼센트의 손에 들어갔다.[10] 반면에 비상 시 400달러도 변통할 수 없는 미국인의 비율은 47퍼센트나 된다. 다시 말해 우리 중 상당수는 자동차 타이어가 펑크 난다든가 아이가 발목을 접질린다든가 하는 일상적인 불행에도 속수무책인 지경이다.[11]

미국 경제는 미국인 대다수를 저버리고 있을 뿐만 아니라, 우리 모두의 소중한 지구를 말 그대로 박살 내고 있다. 우리 경제는 지구가 자원을 재생하는 양의 1.5배 이상 천연자원을 소비하고 있다.[12] 경작 가능한 땅의 3분의 1이 토양 고갈로 황무지가 되었다.[13] 1970년대 이래 척추동물의 3분의 2가 절멸했고, 여섯 번째 대멸종이라는 무서운 일이 이미 진행되고 있다.[14] 우리의 문명이 깃든 하나뿐인 터전을 우리 손으로 완전히 초토화시키고 있건만, 여전히 지배 엘리트의 금고에 돈을 채운다는 일념으로 지구를 영구히 초토화하는 시스템에

갇혀 꼼짝 못 하는 상태다.

경제학자 조지프 스티글리츠Joseph Stiglitz의 표현을 빌자면 이 세상의 경제는 '1퍼센트의, 1퍼센트에 의한, 1퍼센트를 위한' 경제다.[15] 그 핵심에 **자본 편향**이 도사리고 있다. 부자와 금융계에 유리하도록 시스템 전반에 눈에 보이지 않게 내장된 편파주의다. 이를 **추출적 경제**라 불러도 좋다. 지구상 어디서나 금융 엘리트가 극대의 이득을 차지하도록 설계되었으며, 그 과정에서 노동자, 마을, 자연환경 등이 입는 손상에는 관심조차 기울이지 않는다.

자본 편향은 정책으로 나타날 때가 많다. 자본 이득에 대한 세율을 근로 소득 세율보다 낮게 매긴다든가, 거대 은행의 파산은 공적 자금으로 구제해주면서 평범한 집주인이 대출을 갚지 못해 집을 차압당할 때는 아무것도 하지 않는다든가, 지역과 동네 영세 사업체를 파산시키는 대기업에 엄청난 감세 혜택을 준다든가 하는 것들이다. 자본 편향은 우리 경제 시스템 자체, 다시 말해 이 체제의 설계와 규범, 제도와 기관과 자산 소유 등에 훨씬 더 깊숙이 도사리고 있다. 주식을 불과 몇 분 쥐었다 팔아치우는 투기적 투자가마저도 기업 소유권을 마음껏 행사하건만, 수십 년을 일한 직원은 경영은 물론이고 제 손으로 창출한 이윤에도 권리를 갖지 못하는 것이다.

우리는 모두 이 시스템의 볼모가 됐다. 서로를 탓하고 비난해봐야 시스템은 바뀌지 않는다. 하지만 한없이 폭증하는 각종 위기의 배후에 이러한 추출적 경제가 도사리고 있다는 점만큼은 분명히, 처절하게 명심할 필요가 있다. 이는 금융 엘리트들이 재력을 휘둘러 민주주의를 무력화하는 방식, 노동자의 임금이 항상 같은 선에 묶이고 자동화로 일자리가 사라지는 방식, 경제 성장을 지상 과제로 내세우면서 지구의 회복력을 좌절시키는 방식 등에서 분명하게 드러난다.

짐승의 배 속에서 벌어지는 일들

구식 접근법으로 이 시스템을 규제한다는 건 마구잡이로 밀고 들어오는 불도저를 고작 팻말 몇 개로 상대하는 격이다. 최저 임금 사례를 보자. 최저 임금을 올리는 것은 분명 중요하고 필요한 일이다. 하지만 이는 대부분 고용주 한 사람 아래 전일제로 고용돼 일하던 20세기의 관점이다. 오늘날 미국 내 일자리의 40퍼센트는 파트타임이나 계약제로 일하는 긱 경제gig-economy 유형이며, 그나마도 외주화와 자동화에 직면해 급격히 사라지고 있다.[16] 이렇게 불안정한 일자리가 늘어나는 것은 시스템이 제 기능대로 작동한 자연스러운 결과다. 이윤 추구가 곧 임금 하락 압박을 뜻하는 현실은 이 시스템의 본질일 뿐 전혀 예외적이거나 일시적인 교란 현상이 아니다. 현실을 직시하자. 대기업은 부유한 투자가·주주의 이윤을 높이기 위해 시스템 차원에서 노동자를 짓누르고, 이들의 임금 소득을 낮추는 것이 **신의·성실 의무**라고 믿고 있다. 우리가 이런 현실을 외면하고 있을 뿐이다.

민주적인 경제 체제를 건설한다는 목표를 분명히 밝힌 가운데, 이제는 현실을 있는 그대로 바라볼 때다. 엘리자베스 워런Elizabeth Warren 상원 의원의 '책임지는 자본주의 법령Accountable Capitalism Act'이 좋은 예다. 이 제안에 따르면 연방 정부는 기업의 신의·성실 의무의 의미를 확장해 기업 설립허가서에 명시할 것이며, 수익이 10억 달러 이상인 주식회사는 모두 이 설립허가서로 갱신해야 한다. 이렇게 되면 대기업은 당장 새로운 내부 목표를 세우게 될 것이다. 이제는 주주뿐만 아니라 노동자 그리고 지역 사회의 이익도 고려해야 하는 것이다. 또 노동자들은 이사회에 참여하게 될 것이다.[17]

영국 노동당에서 나온 '포용적 소유권 기금IOFs: Inclusive Ownership Funds'도 비슷하다. 이 법안대로 하면 직원을 250명 이상 고용한 회사는 매년 소유 지분의 1퍼센트를 이 기금으로 이전해야 하며, 이는 기금이 소유한 기업 지분이 10퍼센트에 이를 때까지 계속된다. 이 기금은 노동자 신탁인들이 운영하고, 이를 통해 각 기업의 주주 총회에서 상당한 투표권을 행사할 수 있다. 또 노동자는 주주와 마찬가지로 기업의 이윤 일부를 배당금으로 얻게 될 것이다.[18]

또 미국의 여성 하원 의원 알렉산드리아 오카시오-코르테즈Alexandria Ocasio-Cortez가 내놓은 그린 뉴딜 계획도 있다. 여기에는 향후 10년 동안 100퍼센트 재생 에너지로 이행하기 위한 대규모 공공사업으로 일자리 수십만, 수백만 개를 창출한다는 목표뿐만 아니라,

지속 가능성과 모두의 번영을 함께 촉진하는 시스템 차원의 정책 구상이 담겨 있다.

거대 은행 문제도 생각해보자. 2008년 금융 위기를 촉발시킨 거대 금융 기관들은 모두 공적 기금으로 구제되었고, 그러고도 아무 일 없었다는 듯 그대로 악행을 답습하고 있다. 그리하여 영국과 미국에서는 공공 은행을 세우자는 급진적인 운동이 일고 있다. 노스다코타 은행Bank of North Dakota이 그런 예다. 노스다코타주가 경기 불황으로 황폐화되지 않은 데는 자산 규모 70억 달러가 넘는 주정부 소유의 은행이 큰 역할을 했다.

이제는 런던에서 로스앤젤레스에 이르기까지 여러 도시와 공동체의 선출직 공무원과 지도자 들이 이 구상을 검토하기에 이르렀다. 월스트리트 은행가 출신인 뉴저지 주지사 필 머피Phil Murphy는 주정부 공공 은행을 설립하는 데 열의를 보이고 있으며, 캘리포니아 주지사 개빈 뉴섬Gavin Newsome도 마찬가지다.[19]

이렇게 새로운 정책들이 시스템의 핵심에 침투하기 시작했다. 세금을 걷어 이전 소득으로 지출하는 기존 조치들이 조세 감면과 긴축으로 무너져버린 오늘날, 이런 정책들은 기존의 틀을 넘어 새로운 방향으로 나아가고 있다. 더불어 탈규제, 사유화, 정부 해체 등으로 무너진 예전의 국가 규제도 넘어서고 있다. 이렇게 새로운 접근법들은 단순히 파괴된 것을 복구하는 차원에 그치지 않는다. 이제 짐승의 배 속에서 완전히 새로운 시스템이 자라나고 있는 것이다. 추출적 경제에서 민주적 경제로 근본적인 전환이 벌어질 가능성을 시사하는 사건들이다.

문제는 사람들이 이런 사실을 깨닫지 못하고 있다는 점이다. 심지어 그 작업에 참여한 사람들조차도 그렇다. 세계 곳곳에서 새로운 방향의 작업이 다양하게 펼쳐지고 있다. 노동자 소유 기업, 임팩트 투자, 공공 은행, 인종 간 정의를 고려한 경제 발전, 앵커 기관의 현지 구매와 조달 등등. 하지만 이런 작업들은 서로 연결되지 못하고 고립된 채 진행되고 있다. 하나하나가 다 의미 있는 운동임을 깨닫지 못한 채 벌어지고 있는 셈이다.

이름이 너무 많다

새로운 시스템에 이름이 없는 것은 아니다. 오히려 너무 많은 이름이 난무했다. 이해관계자 자본주의, 연대 경제, 새로운 경제, 공유 경제, 재생적 경제regenerative economy, 삶의 경제living economy 등등. 어떤 이들은 스스로를 임팩트 투자가라 불렀고, 다른 이들은 임무 투자가라고 자칭했다. 노동자 협동조합이라는 이름을 내걸고 열심히 일하는 이들이 있는 한편, 우리사주ESOP: employee stock ownership plan의 이름을 내건 사람들도 있었다. 심지어는 두 집단끼리 서로 무차별 공격을 퍼붓기도 했다.

새롭게 나타난 신세대 진보주의자들과 비전을 갖춘 정치 지도자들은 **사회주의**라는 명칭을 기꺼이 받아들였다. 분명 긍정적인 변화가 폭발적으로 전개되고 있다는 표시다. 하지만 용어 사용 방식에는 중요한 의문이 남는다. 어째서 우리는 자본주의 아니면 사회주의라는 이분법 안에서 하나를 선택해야 한다고 여기는 걸까?

새로운 언어를 찾는 몸부림은 우리 시대의 특징이다. 지금은 시스템 전체가 붕괴할 수 있다는 위기감을 많은 사람이 공유한 전환기다. 철학자 조너선 리어Jonathan Lear의 말처럼 '문명 자체의 취약성을 깊이 의식한' 시대다. 이렇게 근본부터 혼란이 일어나는 시대에는 '새로운 개념'을 창안해야 한다고 역사가 요구한다는 것이다. 낡은 시스템이 붕괴하면서 지금껏 우리가 의미를 부여해온 개념 세계 역시 무너지고 있기 때문이다. 새로운 시스템을 건설하려면 '탁월한 상상법'을 익혀야 한다. 완전히 새로운 비전을 가져야 하며, 거기에 입각해 우리가 사는 세상에도 완전히 새로운 이름을 붙여야 한다는 것이다.[20]

국가사회주의는 새 이름이 될 수 없다. 대기업 자본주의도 안 된다. 19세기 패러다임에는 오늘날 우리 앞에 닥친 도전들을 감당할 만한 경제가 전혀 존재하지 않았다. **민주적 경제**라는 말은 아직 그리 많이 쓰지 않는다. 하지만 이 말을 써야 하는 목적이 있다. 이 움직임들이 스스로 운동임을 미처 인식하지 못하고 있으므로, 그 운동의 여러 조류를 통합해 살필 수 있는 틀을 제시하기 위해서다. 이 운동이 케케묵은 시스템을 바꿀 수 있다는 잠재력을 더 많은 사람이 인식하고, 이로써 담대하게 큰 꿈을 꾸게 하기 위해서다.

민주적 경제는 위에서 아래로 내려오는 명령형 경제가 아니다. 자본주의에다 이런저런 규제와 사회 안전망을 추가한 것도 아니며, 녹색 기술을 얼기설기 덧붙인 것도 아니다. 민주적 경제를 건설하는 일은 그 기본이 되는 제도와 조직을 새롭게 설계하고, 기업·투자·경제개발·고용·구매·금융·자원 등 여러 활동의 방향을 틀어 경제의 핵심 기능이 우리 모두의 공공선에 복무하게 하는 것이다. 이렇게 '깊이 있는 재설계' 없이는 지금 이 순간 지구 공동체의 눈앞에 닥친 험난한 시대를 돌파할 방법이 없다.

고래 등의 따개비를 넘어서

민주주의는 **경제의 내부**로 침투해야 한다. 규제와 사회 안전망을 통해 시스템 외부에 지속 가능성이나 공정성 같은 가치를 덧대봐야 고래 몸통에 붙어사는 따개비 꼴에 지나지 않는다. 이런 가치에 맞춰 경제 시스템의 DNA를 재구성해야 한다.

모든 시스템의 정신은 그 최우선 원칙에 담기게 마련이다. 이런 원칙들이 있을 때 비로소 다종다기한 접근법이 공통된 패러다임으로 묶이게 된다. 시스템 이론 관점에서 보면 인간이 만들어내는 모든 체제는 우리가 자연스럽게 중시하고 당연시하는 여러 가치에 따라 스스로 조직된다고 한다. 시스템 이론가 도넬라 메도우즈Donella Meadows에 따르면, 이런 자기조직화 원리는 옛날 방식이 더 이상 작동하지 않을 때 시스템 스스로 '완전히 새로운 구조와 행동 방식으로 혁신할' 능력을 지니고 있다는 뜻이다. 지금 곳곳에서 자발적으로 진행되고 있는 일들이 그런 예다.[21]

옛날 경제 시스템의 첫 번째 원칙은 자본 편향이다. 부유한 소수의 이익에 복무하는 자본 지배 시스템의 핵심이다. 반면 새로운 시스템의 핵심은 공공선에 복무하는 것이다. 이는 민주적 경제의 일곱 가지 원칙인 **공동체**, **포용**, **장소**, **좋은 노동**, **민주적 소유**, **지속 가능성**, **윤리적 금융**을 통해 펼쳐지게 된다. 이 원칙들이야말로 새로운 상식의 표상이며, 이 책에서 만날 사람들은 모두 이 원칙들을 유기적으로 결합해 받아들이고 있다.

1장에서는 이 원칙들을 추출적 경제 원칙과 대조할 것이다. 또 민주적 경제가 소리 없이, 눈에 잘 띄지는 않지만 놀랍게도 이미 세계 곳곳에서 일어나고 있다는 사실을 확인할 것이다. 그다음 각 장마다 일곱 가지 원칙을 하나씩 풀면서 실제로 이를 구현하는 사람들의 놀라운 작업을 찾아볼 것이다.

2장에서는 닉 틸슨Nick Tilsen을 찾아간다. 30대 남성인 닉은 사우스다코타주의 파인 리지 인디언 보호 구역에 사는 수족Sioux族 사람이다. 닉은 자기가 쓰는 에너지를 직접 생산하는 재생적 공동체를 만들고, 청년들에게 건설 기술도 가르친다. 동시에 노동자 소유의 건설업체와 원주민 여성으로 구성된 가죽 공예 협동조합을 세웠다. 최우선 목표가 공공선인 **공동체의 원칙**이야말로 이들 원주민의 핵심적인 세계관이다. 우리가 사는 세계, 가령 실리콘 밸리 같은 지역에서는 아동 셋 중 하나가 1년 내내 기아 상태에 내몰린 가운데 다른 쪽에서는 하이테크 창업자들이 단박에 유니콘 기업을 만들 꿈에 부푼다.[22]

3장에서는 한때 노숙자였다가 오리건주의 '올해의 혁신 기업가' 상을 받은 흑인 청년 타이론 풀Tyrone Poole을 만난다. 인종 간 정의와 성 평등 문제에 집중하는 시 경제 개발 기구 '번영하는 포틀랜드Prosper Portland'의 도움을 받아 자리 잡은 인물이다. 풀의 사례로 **포용의 원칙**이 어떻게 작동하는지를 알 수 있으며, 또 오랫동안 배제된 사람들을 위해 어떻게 기회를 만들어내는지도 볼 것이다. 여기서 우리는 '번영하는 포틀랜드'의 지도자들과 마찬가지로 현재의 경제 시스템이 인종 배제와 기회 박탈을 기초로 구축되어 있다는 점을 인정하는 데서부터 이야기를 시작할 것이다.

4장에서는 클리블랜드 대학교 병원 인사 담당자 킴 셸니크Kim Shelnik를 만날 것이다. 그는 인근 슬럼가 주민을 훈련해 고용까지 연결시키는 혁신을 보여줬다. 앵커 기관이 움직이도록 동기를 부여하는 것은 **장소의 원칙**으로, 이는 동네 공동체에서 생산한 부가 바깥으로 빠져나가지 않고 지역에 머물게 하는 것을 목표로 특정 장소에 대한 책임과 헌신을 공유하는 원칙이다. 글로벌 경제의 특징인 '장소에 대한 무관심'과 크게 대조된다. 대기업은 사람들이 살아가는 장소를 오로지 금전 추출에 유리한가 불리한가라는 관점으로만 보기 때문이다.

5장에서는 브롱크스에 있는 방문 간호 협동조합CHCA: Cooperative Home Care Associates을 찾아간다. 직원들이 소유한 이 회사는 모두 2,300명을 고용하고 있는데, 직원 대부분이 라틴계나 아프리카계 여성이다. 자본보다 노동을 우선시하는 **좋은 노동의 원칙**에 따르는 것이다. 현재의 추출적 경제는 가면 갈수록 노동자의 삶의 질을 높이는 데 적대감을 드러내고 있다. 이런 가운데 CHCA의 존재는 인간의 존엄을 지켜내는 작은 섬과도 같다.

6장에서는 환경 컨설팅 기업 EA 엔지니어링을 창립해 직원 500명을 고용하고 연간 1억 4,000만 달러의 수익을 올리는 생태과학자 로렌 젠슨Loren Jensen을 만난다. 이 업체는 한때 나스닥에 상장되기도 했다. 단기 이윤 극대화라는 압력 때문에 사장이 세 번이나 갈렸고, 결국 회사 분위기가 완전히 무너져 증권감독위원회와도 문제를 빚었다. 창업자 로렌은 회사를 다시 사들여 직원 소유의 공익-영리법인으로 전환시켰고, 그 거버넌스의 틀에 공공선에 대한 책임을 분명히 명시했다. 이는 공정과 지속 가능성의 시대에 걸맞은 기업 모델 설계로, **민주적 소유권의 원칙**을 체현하는 것이다. 또 주주의 수익 극대화에 최우선으로 복무한다는 신의·성실 의무를 첫 번째 사명이라 믿는 기존의 추출적 기업 모델을 넘어서 새로운 방향으로 진화해나갈 잠재력을 보여준다.

7장에서는 우리의 동료이자 젊은 변호사인 카를라 산투스 스칸디어Carla Santos Skandier를 만날 것이다. 리우데자네이루 환경보호청에서 일한 스칸디어는 지지부진한 기후 위기 대처에 박차를 가하기 위해 파격적인 아이디어를 내놓는다. 연방 정부의 힘으로 미국의 25대 화석 연료 기업을 모두 사들인다는 것이다. **지속 가능성의 원칙**을 상징하는 움직임으로, 지구에서의 삶을 지속하는 과제 앞에서 단기적인 금전 이득보다 우선할 것이 무엇인지를 보여준다.

8장에서는 영국 프레스턴의 시의회 지도자 매튜 브라운Matthew Brown 이야기를 하려 한다. 대기업을 유치하려던 소도시 프레스턴은 2008년 세계 금융 위기 이후 노력이 실패로 돌아간 뒤 이를 멀찍이 뛰어넘어 새로운 신용 조합, 수탈적이지 않은 서민 대출 기관, 마을 공동체가 소유한 은행 등 새로운 모델을 만들어냈다. 여기서는 **윤리적 금융의 원칙**이 작동한다. 사람들과 공동체를 위해 대출이 이뤄진다는 것으로, 우리의 운명을 추출적 금융의 비인격적인 힘들로부터 되찾아오는 결정적인 요소다.

언급한 곳 모두가 **민주주의의 실험실**이다. 대공황 당시 대법원 판사였던 루이스 브랜다이스Louis Brandeis의 발상, 각 주를 '미국 전국 규모로 새로운 사회적·경제적 실험을 펼치는 위험을 덜어주는 국지적 실험실'로 보자는 데서 나온 말이다.[23] 대공황이 닥치자 농민들은 거대 기업 집단에 맞서기 위해 협동조합과 연맹을 조직했다. 알래스카에서는 돌볼 사람 없는 노인에게 보조금을 교부했고, 도시와 농촌 가릴 것 없이 여러 지도자가 공공 하수도, 상수도, 전력 시스템 등을 세웠다.

이런 자발적 실험들을 기초로 저 유명한 사회 보장 제도, 전국 농업 투자, 테네시 사업청TVA: Tennessee Valley Authority 등이 생겨난 것이다. 이 책에서 살펴볼 실험들도 규모를 확대한다면 한층 차원 높은 제도로 발전할 잠재성이 있다. 각 장에서 그 가능성을 살펴볼 것이며, 우리 모두가 할 수 있는 일, 그리고 남아 있는 굵직한 질문들을 간추려보는 것으로 마무리할 것이다.

새로운 것에 굶주리다

현행 경제 시스템이 이미 망가졌다는 사실을 우리 모두가 알고 있다. 미국인 71퍼센트가 이 경제 시스템이 자기들에게 불리하게 조종되고 있다고 말한다.[24]

이상하게 들리겠지만 시스템 붕괴는 진짜 문제가 아니다. 물론 이 시스템은 망가졌다. 하지만 더 큰 문제는 우리가 이 문제점의 어마어마한 규모에 질린 나머지 할 수 있는 게 없다고 지레 절망해버린다는 데 있다. 우리가 정복할 적은 무력감, 마비 상태, 서로를 힘 빠지게 만드는 태도 같은 것들이다. 미래에 다가올 경제 시스템의 비전과 실천 방안을 공유하지 못한 채, 대안 시스템을 구축할 수 있다는 가능성조차 믿지 않는 것이다. 그래서일까, 자본주의의 종말이 아니라 아예 세상의 종말을 그리는 이야기가 횡행한다. 그게 더 쉽게 그려지니까.

곳곳에서 다양한 사람이 에버그린 세탁 협동조합을 찾는다. 정책 입안자, 여러 도시의 시청 고위직, 경제 개발 지도자, 투자가, 병원 행정가, 재단 임직원 등. 이런 사람들이 구태여 찾아와 소유주이자 노동자인 직원들이 대형 세탁기를 돌리는 광경을 뚫어지게 바라보는 이유는 뭘까. 가능성 때문이다. 아주 작은 것이나마, 적어도 이곳에서만큼은 뭔가 새로운 것이 나타날 거라는 가능성. 세인트폴, 밀워키, 앨버커키, 로체스터(뉴욕주), 리치먼드(버지니아주) 등 수많은 곳에서 에버그린에서 영감을 얻은 여러 모델이 생겨나고 있다.

한때 영국의 '자살 도시'로 불리던 프레스턴은 에버그린에서 힘을 얻어 원대한 모델을 구상했고, 2018년에는 마침내 영국 최대의 회계 감사 법인 PwC와 런던의 싱크탱크 데모스Demos가 '가장 크게 개선된 영국 도시'로 거명하기에 이르렀다.[25] 프레스턴은 다시 잉글랜드, 스코틀랜드, 웨일스는 물론 멀리 아프리카 탄자니아에 이르기까지 무수한 도시에 영감을 불어넣어 지역과 마을에서 어떤 일을 벌일 수 있는지를 검토하게 만들었다. 또 프레스턴의 성공은 영국 노동당에 지역 사회 자산community wealth[26] 조성 담당 부서가 생기는 발단이 됐다. 『이코노미스트』는 당시 영국 노동당 당수 제러미 코빈Jeremy

Corbyn의 이름을 따 이 도시를 '코빈의 시범 도시'라고 불렀다.

좌파와 노동당 지도자만 프레스턴에 관심을 보인 것이 아니다. 2018년 미국 의회에서 노동자 소유 기업 관련 새 법안이 통과되었는데, 공화당 의원도, 민주당 의원도 모두 찬성표를 던졌다.[27] 잉글랜드에서는 보수당 지도자 에드워드 카펜터Edward Carpenter가 선거구 로치데일에서 지역 사회 자산 조성 방안을 연구하고 있다.[28] 미국 앨버커키 시장을 지낸 공화당 하원 의원 리처드 베리Richard Berry는 마을 보건 연합Healthy Neighborhoods Albuquerque을 만드는 데 참여했다. 이곳은 클리블랜드를 모델 삼아 규모 큰 앵커 기관들이 지역 안에서 소비하도록 촉진하고 있다.[29]

클리블랜드 모델과 프레스턴 모델이 사람들을 끌어들이는 이유는, 장차 다가올 경제 시스템의 정체를 감도 못 잡고 있는 상태에서 우리가 실상 너무나 굶주려 있기 때문이다. 정치·경제·생태적 혼란이 점점 심각해지는 와중에도 이들 도시에서는 선한 뭔가가 나타날 수 있다는, 도저히 불가능할 것 같고 심지어 무모해 보이는 믿음이 현실로 구현되고 있기 때문이다.

* * *

클리블랜드의 크리스 브라운은 에버그린에서 일하면서 경력에 큰 획을 그었다. 그는 이제 세탁소를 떠나 세계적인 기업에서 연봉 6만 달러의 일자리를 얻었다. 그가 보낸 메일에는 이렇게 적혀 있었다.

“다른 곳에서는 제게 기회를 주지 않았지만 에버그린이 그 기회를 줬습니다. …에버그린은 리더가 되는 데 필요한 기술과 자신감을 심어줬습니다!”[30]

에버그린 세탁 협동조합은 최근 연간 실적이 흑자로 돌아서면서 전 직원이 이윤 배당 상여금으로 약 4,000달러를 받게 되었다. 에버그린의 노동자 중 21명은 대략 월 400달러의 급여 공제와 재산세 감면 프로그램으로 1만 5,000~3만 달러 이내의 재생 주택을 구입할 수 있는 혜택을 받고 있다. 세탁 협동조합 차량 기사로 시작해 고객 서비스 매니저로 승진한 팀 콜먼Tim Coleman은 이 덕에 2014년 글렌빌에 집을 샀다. 방 네 개에 욕실 두 개가 딸린 집은 2019년 온전히 그의 소유가 됐다.[31]

클리블랜드 모델은 민주적 경제의 새싹이라고 할 만하다. 정말 값지고 귀한 뭔가가 이곳에서 생겨나고 있다. 크리스는 에버그린을 떠나기 전 데일 머해리지Dale Maharidge 기자에게 이렇게 말했다.

“옛날엔 없던 것을 지금은 갖고 있어요. 희망 말이에요.”[32]

1

사람들의, 사람들에 의한, 사람들을 위한 경제

곳곳에서 일어나는 거대한 물결

민주적 경제 원칙 대 추출적 경제 원칙

공기처럼, 일어나리라

— 마야 앙겔루MAYA ANGELOU

"쓰나미가 다가오고 있다는 걸 느낄 거예요. 거대한 물결이 일고 있습니다. 이제 막 시작되긴 했지만, 그 엄청난 힘을 느낄 겁니다."

샌프란시스코의 여러 마을 재단이 함께 주관한 모임에서 샌디 위긴스Sandy Wiggins가 한 말이다. 특정 장소에 뿌리를 둔 임팩트 투자를 배우기 위해 20여 명 정도가 그 자리에 함께했는데, 각자 살고 있는 도시에서 사회적으로나 생태적으로 좋은 일을 하면서 돈을 버는 것이 이들의 목표였다. 이 책을 쓴 마저리 켈리도 맞춤형 금융 설계 전문가로 이 자리에 참여했다. 샌디는 미국 녹색건축위원회US Green Building Council 의장을 지내고, 마을 생활 경제와 RSF 사회적 금융RSF Social Finance을 위한 사업 동맹의 일원으로 참여하고 있었다.[1]

그날이 이 모임의 첫 번째 회합이었고, 한 재단 대표가 이렇게 물었다.

"임팩트 투자가 뭔가요?"

행여 무지가 드러나도 흉이 되지 않는 자리였기에 충분히 나올 법한 질문이었다. 이후 18개월 동안 함께하면서 여러 재단에서 온 참가자 대부분(남부 농촌부터 로드아일랜드 도시 지역까지, 출신 지역은 다양했다)이 각자 장소에 맞는 투자 프로젝트를 시작했다. 이들 덕에 주차장 터가 다양한 프로젝트가 둥지 트는 다목적 공간으로 변신했고, 마을 투자 기금이 설립됐고, 식품 사막food desert2 지역에 대형 도시 농장이 생기고, 재원이 10억 달러에 달하는 재단 이사회가 그 5퍼센트를 지역 기반 임팩트 투자에 출연하게 됐다.

자선 운동 지도자들이 한데 모이자 실로 놀라운 열기와 열정이 샘솟았다. 수억 달러 가치의 자산을 돌보는 이들이 모여 마치 기숙사에서 혁명을 모의하는 풋내기 학생들처럼 모략을 꾸몄다. 그리고 각자 제자리로 돌아가서는 무모한 짓 말라며 윽박지르는 소심한 이사진이나 투자 자문과 씨름하면서 진짜 프로젝트를 실현해낸 것이다.

민주적 경제를 만드는 운동은 또 다른 종류의 혁명이다. 물론 활동가, 풀뿌리 지도자, 진보적 정치가에게 의지하긴 하지만 동시에 이런 재단 지도자, 임팩트 투자가, 진보적 사업가, 큰 부를 관리하는 혁신가 등 전혀 낯선 이들과도 동맹을 맺는다. 여기에 주지사와 시장, 경제 개발 지도자, 비영리 단체 대표 등도 참여한다. 전혀 어울리지 않을 것 같은 사람들의 재능과 열정과 대담성을 한 냄비에 넣어 맛있는 찌개를 끓여내는 것이다.

보이지 않는 군대

시스템의 근본을 다시 설계하는 운동은 이미 진행 중이다. 그럼에도 그 운동이 얼마나 광범위하게 벌어지고 있는지를 이해하는 사람은 없다시피한 상태다. 비영리 단체들이 일자리를 얻기 힘든 사람들을 고용하는 사회적 기업을 운영하고 있다. 미네아폴리스의 테크 덤프Tech Dump도 그런 곳이다. 여기서는 감옥에서 출소한 이들에게 전자 제품 재생 기술을 가르친다. 사회적 기업이란 여러 사회 문제에 대처하기 위해 영리사업 방식을 활용하는 조직이다. 사회적 기업 연맹Social Enterprise Alliance에는 미국 42개 주의 기업 900개가 가입했다.[3] 이제 사회적 기업은 옥스퍼드, 하버드, 예일 대학교 경영대학원에서도 다룬다.

지역 경제 발전에 힘쓰는 비영리 병원도 늘고 있다. 시카고의 웨스트사이드에 있는 러시 대학교 병원은 순자산 17억 달러, 총영업 이익이 24억 달러에 달한다.[4] 병원이 자리한 곳은 유색 인종이 모여 사는 동네, 빈곤이 뿌리박은 곳이다. 병원은 고용, 각종 조달, 지역 투자 등 모든 자원을 활용해 이 지역의 고질적인 일자리 부족 문제, 교육 품질 문제, 폭력 문제 등을 해결하고, 건강의 사회적 결정 요인 social determinants of health을 개선하기로 했다. 미국 내 병원과 보건 시스템 부문에서 지출하는 금액은 매년 7,820억 달러가 넘는다. 고용인은 560만 명, 투자 포트폴리오는 4,000억 달러에 이른다. 러시 대학교 병원처럼 소속 지역과 공동체를 위해 일한다는 책무를 표방한 병원이 갈수록 많아지고 있다. 이들에겐 근본적으로 판도를 뒤집을 만한 잠재력도 상당하다.[5]

노동자가 소유한 협동조합도 빠르게 성장하고 있다. 브루클린의 청소 용역 업체 '그래, 할 수 있어!Si Se Puede!'[6]의 소유주는 주로 라틴계 이민자 출신 노동자들이다. 멕시코에서 와서 혼자 아이를 키우는 크리스티나처럼 이 협동조합에 가입한 뒤 시간당 임금이 7달러에서 20달러로 뛴 경우도 있다.[7] 노동조합들은 또 그들대로 노동자 협동조합을 만든다. 미국 통신 노조 7777지부가 덴버에서 키운 그린 택시Green Taxi 협동조합이 그런 예다. 이사장을 포함해 이 업체의 이사회 사람들은 전부 동아프리카와 모로코에서 온 이민자 운전 노동자다.[8] 뉴욕, 뉴아크(뉴저지), 오클랜드(캘리포니아), 로체스터(뉴욕), 매디슨(위스콘신) 등 노동자 협동조합을 출범시키는 도시도 많다.

미국 내에서 우리사주 제도를 채택한 회사는 6,600개가 넘는다. 이들의 보유 자산은 1조 4,000억 달러에 육박한다.[9] 직원 1,100명을 고용한 여성 의류 업체 에일린 피셔Eileen Fisher, 인기 맥주 팻 타이어Fat Tire 제조사이자 미국에서 네 번째로 큰 수제 맥주 회사인 뉴 벨지움 맥주New Belgium Brewing 등도 여기에 포함된다. 이 회사의 지분은 100퍼센트 직원들에게 있다.[10]

노동자 소유권은 영국, 스코틀랜드, 그 밖의 여러 나라에서 발전하고 있다. 2018년 102억 파운드의 수입을 올린 영국 최대 백화점 체인 존 루이스John Lewis도 이런 유형이다. 이 회사의 직원 8만 5,500명은 모두 동업자로, 한 사람 한 사람이 회사 운영에 발언권을 갖는 민주적 시스템을 1세기 가까이 유지하고 있다.[11]

또 미국의 34개 주에서 공익-영리법인 형태의 법인체가 5,400개가량 활동하고 있다. 킥스타터Kickstarter와 킹 아서 제분King Arthur Flour 등은 주 법령 아래에서 공공선을 추구한다는 책임을 명시해 내걸었다. 근본적인 변화가 일어나고 있음을 분명히 보여주는 사례다. 비영리 단체 'B랩B Lab'은 미국을 비롯한 60개국에서 이와 비슷한 'B콥B Corporations' 2,655개에 인증서를 발행했다.[12]

미국에서는 협동조합 부문, 즉 수혜자가 곧 소유자인 사업체 부문이 이미 5,000억 달러 이상 수입을 올리는 수준으로 성장했다. 고용 인원도 200만 명이 넘는다. 그럼에도 놀라울 만큼 알려진 바가 없어 경영대학원에서도 거의 언급되지 않는다. 협동조합 부문에는 성원들이 소유권을 갖는 신용 조합, 선키스트Sunkist나 오션 스프레이Ocean Spray, 랜드 오 레이크스Land O' Lakes, 오개닉 밸리Organic Valley 같은 농업 협동조합, REI 같은 소비자 협동조합도 들어간다. 전 세계 협동조합의 고용 인원은 1,260만 명에 이르고 조합원 수는 10억 명이 넘으며,

수입 총액은 3조 달러 이상이다. 규모가 가장 큰 것은 스페인의 몬드라곤 협동조합Mondragon Corporation이다. 노동자 소유 협동조합 98개가 모인 이 연맹은 노동자 8만 명을 고용하고 있고 수입은 120억 유로 정도다. 전 세계로 제품을 수출하며, 자체 은행, 대학, 창업 인큐베이터, 사회 복지 기관까지 갖추고 있다.[13]

캐나다, 특히 퀘벡에서는 이른바 '사회적 경제'가 상당한 규모로 발전했다. 퀘벡에는 7,000개가 넘는 집단 소유 사업체가 있는데, 이들의 연간 총수입은 400억 달러가 넘는다. 퀘벡주 정부는 이 부문 육성책으로 여러 해에 걸쳐 무려 1억 달러를 지출하기로 약속하고, 연방 정부는 사회적 경제 전략 발전을 위해 전국에서 전문가를 모아 공동 기획단을 구성했다.[14]

2008년 금융 위기의 여파로 세계 곳곳에서 '공공 소유'가 다시 대안 전략으로 등장했다. 한때 투자가 소유의 대단히 추출적인 벤처 사업체들에 상하수도 시스템을 넘기는 실험이 진행된 적이 있다. 결과는 재난에 가까운 실패였고, 이후 상하수도 시스템을 공동체 소유로 되돌리자는 운동이 남미에서 시작되어 전 세계로 퍼져나갔다. 이에 따라 상하수도 소유권이 다시 공공으로 넘어간 사례가 37개국에서 235건이 넘으며, 이로써 1억 명이 혜택을 보게 되었다.[15] 영국에서는 마거릿 대처 총리가 이끈 사유화 정책에 적대적인 방향으로 여론이 반전했다. 자유 시장을 지지하는 싱크 탱크 레거툼 연구소Legatum Institute는 2017년 자체 여론 조사 결과, 다양한 산업의 국유화

지지 여론이 압도적으로 높은 것을 확인하고 경악했다. 상하수도 공공 소유를 지지하는 여론이 83퍼센트, 전기와 가스 77퍼센트, 기차는 76퍼센트, 방위 산업과 항공 우주 산업은 66퍼센트, 은행은 50퍼센트나 된 것이다. 이 책을 쓴 두 저자의 동료 토머스 해나Thomas Hanna의 말처럼 '공공 소유는 아주 오랫동안 과거의 유물로 무시당했지만' 더 나은 미래를 만드는 전략으로서 '올바른 위상을 되찾을 것이다.'[16]

인도, 중국, 독일, 남미 등지에서는 국가 소유 은행이 2008년의 경제 위기 극복에 큰 역할을 했다. 유럽 연합에는 공공 은행과 준공공 은행이 200개 이상 있다. 이에 더해 80개가 넘는 자금 지원 기관이 전체 금융 자산의 20퍼센트를 차지한다. 독일은 공공이 소유한 지역 저축 은행 슈파르카센Sparkassen이 143개나 있으며, 그 자산 총액은 1조 2,000억 유로 이상이다. 『이코노미스트』에서 말하듯, 이 은행들은 전 세계에 금융 위기가 닥쳤을 때도 '거의 털끝 하나 다치지 않았다.'[17]

또 다른 모델을 보자. 미국에는 지역 개발을 위한 금융 기관이 1,100개 이상 있는데 자금은 대부분 투자가들로부터 나온다.[18] 이들은 세계 전역에서 빠르게 성장하고 있는 임팩트 투자의 일부다. 글로벌 임팩트 투자 네트워크GIIN: Global Impact Investing Network의 조사에 따르면 2016년 임팩트 투자가들은 약 8,000건에 221억 달러를 투자하기로 약정했다고 한다. 자금을 댄 투자가는 총 1,140억 달러에 육박하는 자산을 조성했다. GIIN의 공동 창업자이자 CEO인 아미트 부리Amit Bouri는 "임팩트 투자는 '뉴 노멀'의 일부가 될 것이며, 자본 시장에 강력한 영향력을 미쳐 빈곤, 불평등, 환경 파괴 등 지구적 과제에 맞서고 나아가 해결책을 제시하는 중대한 역할을 할 것"이라고 예측한다.[19]

지금까지 나열한 사례들을 한데 모아보자. 이 가운데 개개인이 아는 것은 한두 개 정도라 쳐도 다 합치면 미처 상상하지 못한 규모가 된다. 붕괴를 눈앞에 둔 우리 사회는 근본적인 재설계 시점에 다다랐다. 우리 '협력하는 민주주의'와 함께 작업한 마을 공동체에서 자주 보던 활기와 힘의 원천이 이러한 사실을 입증한다. 꽁꽁 얼어붙었던 뭔가가 녹아 흐르기 시작했다는 기미가 곳곳에서 느껴지고 있다. 이 물결이 우리를 꼼짝 못 하게 만드는 공포, 무기력, 혼동(이를테면 "임팩트 투자가 대체 뭐야?") 따위를 저만치 멀찍이 밀어내고 있는 것이다.

어째서 경제에 민주주의를 도입하자는 것인가

이 책의 모든 이야기를 아우르는 중심 개념은 민주주의다. 이유는 철학자 존 듀이John Dewey가 명징하게 밝혔다. 민주주의는 '단순히 정부의 형식'에서 그치는 것이 아니라 윤리적 이상이며, 경제와 일터를 위시한 여러 사회 영역에 다 적용되는 개념이라는 것이다. 듀이의 말을 빌리면, 사람이 성숙한 도덕적 행위자로 성장하고 또 자유와 인간 존엄을 체험하게 만드는 과제에 있어서 가장 좋은 방법은, 민주주의를 기초로 따뜻하고 인간적인 규모로 윤리적인 방식에 따라 설계된 사회 제도 안에서 일하고 살아가는 것이라고 한다.[20]

듀이 사상의 맥락에서 아마르티아 센Amartya Sen의 사상도 이해할 수 있다. 노벨 경제학상 수상자인 센은 경제 발전을 '선택의 여지가 없다시피 한 상태에서 겪는 다양한 비자유(경제적 기회 결핍과 빈곤)'를 없애는 과정이라고 묘사했다. 센은 경제 발전 개념을 GDP 생산이나 기술 발전 같은 협소한 경제 발전 척도들과 대조한다. 듀이와 센 모두 오로지 민주적 경제에서만 자유의 비전을 성취할 수 있다고 강조한다. 이때 자유란 대기업이 금전적 추출을 극대화하려고 온 지구를 쑤시고 다니는 자유가 아니라, 모든 사람이 실질적으로 번영을 누리는 것을 말한다.[21]

추출적 경제는 대조적으로 소수의 특권을 최고 목적으로 삼는다. 그 핵심인 자본 편향은 지위 상승을 좇는 인간의 마음에 뿌리를 둔다. 이러한 가치 체계를 드러내는 것이 바로 부를 소유한 자들에게 유리하게 만들어진 제도, 과정, 정책 들이다. 수많은 가치와 제도가 결합해 소수의 자본 소유자와 나머지 모든 사람 사이에 특권, 자원, 권력을 불평등하게 분배하는 결과를 낳는다.[22]

재산으로 사람을 차별하는 편향도 인종이나 성에 기반한 차별과 마찬가지로 결코 정당화될 수 없다. 여전히 곳곳에 깊이 박혀 있긴 해도 인종주의와 성차별주의는 최소한 더 이상 대놓고 정당성을 주장하지는 못한다. 그런데 세 번째 차별 편향인 자본주의만큼은 거침없이 스스로 정당하다고 외쳐댄다.

자본을 다른 말로 **자산**이라고도 부른다. '협력하는 민주주의'의 공동 창립자이자 정치경제학자인 가 알페로비츠Gar Alperovitz가 자주 말하듯, 사실상 모든 경제에서 자산을 누가 소유하고 통제하느냐야말로 그 경제의 성격을 규정짓는 핵심이다. 군주정에서는 왕과 귀족이 농업 사회의 최고 자산인 토지를 소유했다. 공산주의에서는 생산 수단을 국가가 갖는다. 자본주의 초기에는 막 생겨나던 산업 경제의 인프라를 '날강도 귀족robber barons'이 소유했다.[23] 우리 시대에는 소유권이 금융 시장으로 넘어갔으며, 우리가 자산을 화폐 단위로 생각하게 된 이유도 여기에 있다. 추출적 경제에서는 경제의 과정을 '자산 소유자에게 어떤 혜택이 돌아가는가'로 이해한다. 즉 주가 상승, 이윤 극대화, 투자 포트폴리오의 수익 상승 등이 어떤 추세를 보이는가로 경제 과정을 이해하려 드는 것이다.

개인이 얻는 결과는 의도한 바와 항상 일치하지는 않는다. 늘 우발적인 요소가 끼어들기 때문이다. 하지만 어떤 시스템이 내놓는 결과물은 예외적인 우발성의 결과물이 아니다. 이는 그 시스템이 어떻게 구축되었으며, 무엇을 목표로 작동하며, 권력을 쥔 것은 누구인가 등의 논리에서 도출되는 필연적인 결과물이다. 우리가 민주적 경제의 정신과 비전에 일치하는 결과를 얻고자 한다면 이제는 산발적인 노력에 그칠 것이 아니라, 원하는 결과가 나오는 방향으로 시스템 설계를 바꿔야 한다. 인간이 만들어내는 모든 시스템의 정수는 그 으뜸 원칙에 담기게 마련이다.

민주적 경제의 일곱 가지 원칙

공동체의 원칙: 언제나 공공선이 우선한다. 민주적 경제의 기초 원리는 공동체다. 이러한 시스템은 모두가 스스로를 공동체의 일원으로 바라보는 데 기초한다. 생태경제학자 허먼 데일리Herman Daly와 신학자 존 콥John Cobb이 정초한 '공동체 내의 인격적 개인person-in-community' 개념으로 보건대, 자기 혼자 만족하며 살 수 있는 개인이란 현실에 존재하지 않는다. 인간적인 삶이란 무엇보다 사회적 특성이 강하기 때문이다. 우리 한 사람 한 사람의 삶이 피어나기 위해서는 여러 조건이 필요하며, 이런 조건을 만들어주는 것이 바로 공동체다. 수많은 공동체 가운데 궁극의 공동체는 지구다. 생태 환경 시스템의 건강이 보장되지 않는다면 좋은 삶은 원천적으로 불가능하다.[24]

이와 대조적으로, 추출적 경제가 그려내는 우리의 이미지는 고립된 개인이다. 개인적인 이득을 극대화하려는 합리적인 경제인, 사업 세계에서 보자면 자수성가한 사람의 이미지다. 이런 개념들이 머릿속에 자리 잡으면 사람들은 혼자 힘으로 얼마든지 승승장구할 수 있다는 환상에 빠지며, 이는 사람들의 행위를 파괴적인 방식으로 규정하고, 공격성을 조장하고, 다른 이들이 겪는 빈곤의 고통을 부정하고, 성숙한 인간으로서는 도저히 용납 못 할 방종을 자유라고 착각하게 만든다.

포용의 원칙: 오랜 기간 배제된 이들에게 기회를 만들어준다. 지구가 도는 궤도의 중심에 태양이 있듯 민주적 경제의 중심은 보통 사람들의 번영이다. 이는 오랫동안 배제된 이들을 포용한다는 원칙이다. 특히 수백 년간 인종 차별이라는 이름으로 벌어진 착취와 수탈을 생각할 때, 가장 근본적인 원칙은 인종적인 포용이 된다. 민주적 경제의 감수성으로 보면 현행 경제 시스템이 인종 차별 위에 구축되었음을 인정하지 않을 수 없다. 오래전 이 자본주의 시스템이 막 태어나던 시절을 돌아보자. 어떻게 자본주의가 그토록 피도 눈물도 없이 멀쩡한 사람들을 '소유물', 아무 존엄성도 갖지 못한 상품으로 전락시킬 수 있었는지를 훨씬 잘 이해하게 된다.

추출적 경제는 앤드루 카네기, 스티븐 제이 굴드, 코닐리어스 밴더빌트, 존 데이비슨 록펠러 등 대기업 창립자들이 활약하던 19세기의 윤리를 유전자에 고스란히 간직하고 있다. 그 시절 미국은 흑인을 노예 삼고 원주민을 인종 청소했으며, 여성의 시민권을 부정했다. 조직을 피하던 노동자는 총에 맞아 죽었다. 사회 질서 속속들이 인종, 성, 재산에 기초한 각종 차별의 편향이 스며 있던 시대였다.

장소의 원칙: 마을의 부를 그 공동체 안에 머물게 한다. 민주적 경제를 건설하는 작업은 자연스럽게 특정 장소에 대한 충성심에 뿌리박게 된다. 일자리, 가족, 토지로 이뤄지는 실물 경제는 항상 특정한 지역과 장소에 터전을 마련하게 되어 있다. 크고 작은 도시는 사람들이 서로 깊이 관심 갖는 장소이며, 따라서 공공선을 위해 힘을 합쳐 일한다는 게 무엇인지를 직감할 수 있는 장소다.

민주적 경제는 마을 공동체의 부를 여러 갈래로 다양하게 구축하는 데서 시작된다. 그 부는 사회적 네트워크, 조성 환경, 문화적 풍요, 개개인의 숙련도, 생태적인 자산 등 여러 모습으로 나타난다. 이러한 부가 다른 곳으로 빠져나가지 않고 지역 안에 머물게 한다는 것은 곧 그 소유권을 지역 내에 안착시킨다는 뜻이며, 또한 이상적으로는 가급적 많은 이에게 배분되는 것을 뜻한다. 그리하여 마을 공동체 전체가 함께 번영을 나눌 뿐만 아니라 무슨 일이 닥쳐도 곧 회복할 수 있는 탄성을 갖추는 것이다. 마을 공동체의 부를 만들어내는 작업에는 병원과 대학 등 그 지역에 닻을 내린 앵커 기관들의 힘이 밑불이 된다. 이런 기관들은 미국 GDP 총액의 9퍼센트에 육박하는 1조 7,000억 달러 이상을 지출한다. 농업·공익 시설·광업 부문을 합친 것보다도 크고, 정보 산업 부문과 맞먹는 규모다.[25] 이렇게 비영리 앵커 기관들이 지역 안에서 구매, 고용, 투자하면 자연히 돈이 마을 안에서 돌고, 승수 효과를 일으키며, 공동체의 안정성이 좋아지면서 모두가 안녕해진다.[26]

반면에 지구화와 금융화financialization는 추출적 경제의 표상이다. 이런 경제를 추동하는 곳은 아예 장소라고 말할 수도 없는 곳이다. 투자는 마우스 클릭 한 번으로 국경을 넘나들며, 기업은 미국처럼 연간 1,000억 달러에 달하는 정부의 인센티브를 따라 이리저리 장소를 옮긴다. 모든 것이 추상적인 상품으로 바뀐 세계관을 그대로 체현하는 경제이기 때문이다.[27] 기업 소유권은 대개 부재 소유자와 지배 엘리트에게 있고, 주식 전체의 84퍼센트를 부유한 상위 10퍼센트가 보유하고 있다.[28] 낙수 효과라는 말로 상층의 부가 하층에도 침투할 거라고는 하지만, 실제로는 지역 공동체로부터 뽑아낸 부를 허깨비 같은 투기적 거래 세계로 보내는 것이 이 시스템의 본색이다.

좋은 노동의 원칙: 노동이 자본에 우선한다. 민주적 경제는 일하는 이들이 생활 임금을 받으면서 좋은 노동을 하는 것이 중심 목표다. 노동자는 존엄성을 가지며 노동 자체도 명예로운 것으로 간주한다. 철학자 마사 누스바움Martha Nussbaum이 인간의 '여러 역량'을 최고로 발전시킨다고 한 말의 핵심이다.[29] 노동은 '자본보다 우월'하며, 따라서 '훨씬 높은 위상으로 고려할' 자격이 있다는 에이브러햄 링컨 대통령의 말도 이런 원칙을 천명하는 것이다.[30]

추출적 경제는 자본에게 돌아가는 소득을 극대화하는 구조이며, 노동에 돌아가는 소득은 극소화된다. 손익 계산서의 구조 자체에 이러한 지상 명령이 내장되어 있다. 자본이 얻는 소득을 이윤, 즉 증가시켜야 할 것으로 정의하는 반면, 노동에 돌아가는 소득은 **비용**, 끝없이 줄여야 할 것으로 정의하기 때문이다. 기업의 목적을 자본 이득에 둔다든가, 이사회 구성을 자본 측으로 제한한다든가, 자본 소득 극대화를 최우선 목표로 설정하는 투자 문화라든가 하는 것들도 똑같이 담고 있는 편향이다.[31] 투자가가 거둬가는 소득은 아무리 많아도 지나치지 않다고 여기는 관습이다. 이러한 자본 편향 때문에 수단과 방법만 있다면 어떻게 해서든 노동 소득을 경제 시스템에서 추방하려는 노력이 이어지고 있다.

민주적 소유권의 원칙: 새로운 시대에 맞는 기업을 설계한다. 민주적 경제에서는 기업을 공동체로 이해한다. 소유권은 여러 종류의 단체에 집단적으로 주어질 수 있다. 단체는 노동자들일 수도 있고, 지자체일 수도 있고, 적절한 경우라면 투자가들일 수도 있다. 공공 소유, 개인 소유, 협동조합 소유, 직원 소유, 코먼스 소유 등을 다양한 규모로, 또 여러 부문에서 조직해 우리가 추구하는 바람직한 결과를 만들어낼 수 있다. 민주적 소유권이라고 해서 단순하게 경영상의 결정을 직접 투표로 한다는 뜻은 아니다. 기업마다 존재의 사명이 다르다면 거버넌스 또한 그 목적에 맞춰 설계하며, 그 조건 아래에서 효율적으로 운영하는 데 필요한 적절한 권위를 경영진에 위촉하는 것이다.

우리 경제가 생태적인 압박 앞에서 적절한 태도를 취하려면 기업 설계 또한 추출적 설계를 버리고 새로운 모습으로 진화해야 할 것이다. 기존의 소유권 설계에서는 기업이 단기적인 목표를 지향하고, 무한 성장을 요구하며, 이윤과 주가를 성공의 척도로 삼을 수밖에 없다. 또 각종 사회적 비용을 외부 환경에 전가하고, 의사 결정에서도 윤리를 제껴둘 때가 너무나 많다. 민주적 기업은 규모가 적정하고, 임무가 선명하며, 의사 결정에 도덕성을 포함시킨다. 이런 과정은 기업의 소유권이 지역에 뿌리를 둘 뿐만 아니라 일상적인 운영과 밀접할 때 성공할 가능성이 높다.[32]

추출적 경제는 기업을 살아 있는 시스템으로 보지 않고 자산 계급이 소유하고 매각할 수 있는 여러 조각의 소유물로 본다. 여성과 흑인의 참정권이 부정당했던 것처럼 노동자는 경제적 참정권을 부정당한다.[33]

지속 가능성의 원칙: 삶의 기초인 생태계를 보호한다. 추출적 경제에서는 이윤 극대화라는 틀에 맞아야만 기업이나 투자가와 지속 가능성 문제를 논할 수 있다. 따라서 지속 가능한 여러 실천이 돈을 더 많이 버는 데 어떻게 도움이 될지를 보여줘야만 한다. 미국을 건국한 세대는 결코 영국 왕의 입맛에 맞춰 뜻을 굽히지 않았다. 자기들이

믿는 바를 또박또박 자명한 진리로 제시했을 뿐이다. 지속 가능성이란 현재의 필요와 미래 세대의 필요를 모두 충족시킬 수 있도록 그 능력을 위태롭게 하지 않는 것이라고 UN 「브룬틀란 보고서*Brundtland Report*」도 정의 내렸다.[34]

이것이 새로운 경제 윤리다. 지속 가능한 세계에서는 만사만물이 이런 틀에 스스로를 맞춰야 한다. 전체의 관점에서 행동하는 것이다. 새로운 물리학은 전체의 관점을 제시하고, 세계란 여러 객체를 단순히 모은 것이 아니라 주체들이 영적으로 교감하는 향연이라고 설명한다. 인간은 지구의 주인이 아니라 구성원일 뿐이다.

추출적 경제는 자연과 전쟁을 치르고 있다. 일부러라기보다는 부주의해서 벌어진 결과다. 자기가 자연 세계에 어떤 충격을 입히는지 눈에 보이지 않기 때문이다. 산 정상에 있는 탄광 때문에 시냇물이 망가진다 해도 탄광 회사의 재무제표에는 문제가 전혀 나타나지 않는다. 이 시냇물은 탄광 회사의 자산이 아니므로 회사가 냇물을 잘 유지해야 한다는 신의·성실 의무도 없다. 시냇물 손상은 '현실적material'인 게 아니라고 간주된다. 재무제표는 자본 소유자의 이익만 현실로 다룬다. 수천 년 흘러온 시냇물이 무지막지한 폐기물에 끊겨도 이는 현실이 아니라는 것이다.

윤리적 금융의 원칙: 사람과 장소가 투자와 대출의 우선 목적이다. 윤리적 금융의 목표는 사회적·생태적 이익이다. 돈을 버는 것은

이 목표를 달성한 결과다. 책임 있는 금융 기관과 임팩트 투자가 돈을 현실 세계로 되돌리는 데 결정적인 역할을 맡는다. 그래서 현실의 기업들이 운영 자금을 마련하고 투기성 강한 카지노 경제의 비중을 줄여나간다. 불평등 문제와 생태 위기에 빠진 세계에서는 무한 성장이 불가능하다는 인식이 확산되고 있다. 이에 따라 소득을 어떻게 분배하느냐가 한층 결정적인 문제로 대두되면서, 윤리적인 투자가들은 부의 축적을 제한할 도덕적 의무가 있음을 인식하기 시작한다. 은행과 금융 당국은 회복력이 강한 생태계를 만들기 위해 자산 배치를 바꾸고, 다수를 위한 자산을 구축하고, 민주적 경제의 여러 기관을 성장시키려 노력한다. 새로운 상상력으로 보면 이것이 진짜 '신중한 투자가prudent investor'다.

추출적 경제에서는 자본이 불러온 부정적인 결과에 아무런 비용도 치르지 않으면서 수익만 극대화하려 한다. 투자 결정 권한은 금융 관리자들이 휘두르며, 이들은 다시 수익을 극대화할 때만 그 권력을 유지할 수가 있다. 자본 관리자도 자본 소유자도 시스템이 낳는 해악에 대해서는 책임을 느끼지 않는다. 기업 중역, 투자 자문, 재산 소유자, 재단 관계자 등 이 시스템 안에 있는 이들 중에도 이런 문제에 관심을 두는 이들이 많지만, 그들 역시 시스템이 요구하는 대로 행동해야 한다는 압박을 받는다. 투자가들의 수익을 극대화해야 한다는 신의·성실의 의무가 영리 기업의 으뜸 의무라는 믿음이 워낙 확고하기에 사실상 유일한 의무가 되고 만다. 마을 공동체, 직원, 자연환경 등의 안녕 같은 사항은 오로지 자본 수익에 미치는 영향 관점에서만 고려된다.

엄격하고도 자애로운

민주적 경제 개념은 진보적 세계관과 보수적 세계관의 간극을 넘어서 양쪽을 연결시키고자 한다. 다시 말해 엄격함을 강조하는 보수주의의 관점과 자애로움을 강조하는 진보적 관점을 적절히 섞는 것이다.[35] 민주적 경제는 재정적인 책무에는 엄격하되, 동시에 생태적 엄격함, 즉 생태 환경에 대한 책임도 포함한다. 공공선에 대해서는 자애로운 관심을 두지만, 보수주의자와 진보주의자 모두가 목표로 삼는 것처럼 개인이 번창할 자유에도 높은 가치를 부여한다.

민주적 경제는 두 세계관이 모두 성숙했을 때 나타난다. 앞에서 말한 원칙들과 그에 담긴 새로운 패러다임이 이 어려운 시대에 나침반이 되어줄 수 있는 이유는 이렇게 깊은 도덕적 구조가 아래에서 받쳐주기 때문이다.

지금까지 민주적 경제의 다양한 원칙을 개략했다. 하지만 이는 어디까지나 이상일 뿐 현실은 엉망진창, 아주 복잡하다는 사실을 우리도 잘 알고 있다. 우리는 날개를 달고 이상 세계로 날아오른 경험보다 엉망이 된 현실로 묵묵히 걸어 들어간 적이 더 많다. '협력하는 민주주의' 팀에서 우리가 그랬듯이 이제부터 이야기할 모든 프로젝트에서도 사람들은 큰 실수를 수두룩하게 저질렀고 지금도 그러고 있다. 어쩔 수 없다. 모든 것을 새로이 발명해야 하는 상황에서 어찌 실수를 피하겠는가? 거대한 물결이 일고 있는 것은 분명하지만, 그 물결이 우리가 원하는 곳으로 아무 고생 없이 사뿐히 옮겨줄 리는 없다. 샌프란시스코 그룹의 참가자가 말했듯이 '우리가 바로 쓰나미다.'

2

공동체의 원칙

공공선이 우선한다

인디언 구역의 재생적 공동체

우리는 이 땅의 원주민이다.
…우리에겐 이 세상에 보낼 메시지가 있다.
— 제임스 래틀링 리프JAMES RATTLING LEAF, 시캉구 라코타족

길 한편에 선 버스 안에서 닉 틸슨은 창밖의 운디드니 기념관을 가리켰다.

"폭우 때문에 잘 보이지는 않지만 저기에 있습니다."

2015년 5월 말이었고 어둑어둑 늦은 오후였다. 버스에는 우리 '협력하는 민주주의' 동료들과 원주민 리더 20명이 타고 있었다. 사회적 기업이나 노동자 소유 회사의 창립과 확장을 돕는 '배움/행동 랩Learning/Action Lab' 프로젝트를 여러 해째 진행하는 중이었다.[1] 사우스다코타의 파인 리지 인디언 보호 구역 방문은 이미 몇 달 전부터 세운 계획인지라, 무지막지한 폭우에도 닉은 뚝심 있게 답사를 관철시켰다. 우리가 쏟아지는 빗줄기 너머를 응시하는 동안 그는 잠시 침묵

을 지키며 서 있었다.

기념관의 모습을 뚜렷하게 그려본 건 아니었지만 그래도 이건 아니었다. 연철 아치 입구 뒤로 오르막길이 있었을 뿐, 길 끝은 아무것도 없는 허허벌판이었다. 그게 다였다. 관람객을 맞는 안내원도 없고 엽서를 파는 매점 따위도 없었다. 심지어 앉을 곳조차 없었다. 그저 세월의 풍파를 견딘 기념탑 하나가 벌판에 덩그러니 서 있을 뿐이었다. 빗줄기가 워낙 거세 잘 보이지는 않았지만 그 너머로 쇠사슬 울타리를 친 집단 무덤이 있다는 건 우리도 알고 있었다. 1890년 미국 제7기병대는 아이들과 여성을 포함해 라코타족 300명을 집단 사살한 뒤 이곳에 한꺼번에 파묻어버렸다.

운디드니 학살 사건은 역사적 의미가 크다. 미국에서 원주민을 대상으로 벌인 오랜 전쟁이 마침내 마지막 날(크리스마스 나흘 뒤였다), 마지막 부족에게 마지막으로 폭력을 행사하며 종식된 곳이 바로 이곳이다. 또 미국 정부가 원주민들과 맺은 조약을 깨뜨리고 이들의 자산을 함부로 다룬 것 등에 대해 미국 인디언 운동AIM: American Indian Movement이 1973년 수사를 요구하면서 연방 경찰에 맞서 71일이나 대치를 벌인 곳도 바로 여기였다. 그야말로 역사로 깊이 물든 땅이다.

아직 추위가 가시지 않은 이른 봄이었고, 일행 대부분이 옷을 든든히 입지 않아 모두 버스 안에 웅크린 채였다. 아무도 입밖에 내지는 않았지만 사실은 밖으로 나갈 수 없다는 것이 차라리 다행스러웠다.

차마 뻔뻔스럽게 이 땅을 밟고 지나갈 자신도 없었고, 분명 여전히 아물지 않은 상처를 헤집는 기분이 들었을 테니까.

우리 시대에도 집단 학살은 일상처럼 벌어진다. 그래도 제 총이나 사제 폭탄을 휘두르는 외톨이 미치광이들의 소행일 뿐이다. 하지만 운디드니에서 학살을 자행한 무리는 무려 500명이나 됐고, 미친 사람들도 아니었다. 이들은 '야만인'을 뿌리 뽑는 데 혈안된 사회가 파견한 자들이었고, 마치 버펄로 물소 사냥하듯 냉혹하게 원주민을 쏘아 죽인 것이다. 변방 개척과 정복을 미국의 운명이라 믿는 자들이 극성스럽게 날뛰며 이 나라를 이끄는 가운데 원주민들은 쓰러져갔다. 미국 건국 신화는 이런 식의 '확고한 운명'들로 이뤄졌다. 토머스 제퍼슨은 미국이라는 나라에 '우리 후손이 천대 만대' 쓰고도 남을 땅이 있다고 선포했다.[2] 수천 년간 원주민들이 뿌리내리고 누벼온 곳이건만, 미국의 사법부는 이 땅을 주인 없는 땅으로 공표했다. 링컨 대통령은 남북 전쟁 당시 자영 농지법Homestead Act을 제정해 땅을 경작하는 이들에게 무상으로 토지를 나눠줬다. 대단히 관대하고 도량 큰 조처로 보일지 모르겠지만, 그 대상은 어디까지나 백인 정착민에 한정했다.

미국 대륙 횡단 철도가 건설되면서 원주민들의 경제는 무너지기 시작했고, 이곳 운디드니에서 기병대가 총을 난사한 것이 그 과정을 완결 짓는 '황금 못golden spike'이었다.[3] 태평양에서부터 철도를 건설해온 유니언 퍼시픽의 회장 찰스 애덤스Charles Adams는 "우리 철도가 인디언 문제를 다 해결했다"고 했다.[4] 미국 경제가 완전히 탈바꿈한 사건이었다. 밴더빌트, 카네기, 굴드, 모건 등 철도왕들과 거기에 돈을 댄 금융가들은 막 떠오르는 산업 경제에 철길을 닦았고, 그렇게 해서 자라난 산업 경제를 모태 삼아 지금의 추출적 경제가 탄생했다. 캘리포니아와 사우스다코타의 블랙 힐스에 금이 묻혀 있다는 사실이 알려졌고(수족 영매 '검은 큰 사슴Black Elk'은 금을 '백인들이 숭배해 마지않으며 미쳐 날뛰는 노란 쇠붙이'라 불렀다), 이에 금광을 캐 한몫 잡으려는 이들이 우르르 몰려들었다.[5]

공동체에 기반한 원주민 경제는 토지를 손상시키는 법이 없었다. 하지만 그런 경제는 이제 사라지다시피 했다. 한때 미국의 들판은 3,000만 마리가 넘는 버펄로 물소로 가득했지만 이미 운디드니 학살 사건이 벌어지던 시점에는 거의 다 사냥당해 어쩌다 한두 마리가 유령처럼 떠돌 뿐이었다. 원주민의 경제도 버펄로 물소의 운명을 따라 그렇게 사라져갔다.

인디언 나라에서 민주적 경제를 건설하다

그런데, 버펄로 물소들이 돌아오고 있다. 우리 버스에 함께 타고 있던 닉의 아버지 마크 틸슨Mark Tilsen은 물소 떼가 돌아오게 만드는 일을 한다. 변화를 위해 그는 민주적인 기업을 차렸다.

마크 틸슨과 동업자인 칼린 헌터Karlene Hunter는 탕카 바Tanka Bar라는 제품을 개발했다. 크랜베리를 쓰는 원주민 전통 방식으로 버펄로 고기 육포를 만들었는데, 방부제를 전혀 쓰지 않는 것이 이 제품의 장점이다. 이들은 '미국 원주민 자연 식품NANF: Native American Natural Foods'사를 창업했고, 회사는 곧 수백만 달러의 매출을 올렸다. 홀 푸즈와 코스트코 등 상점 수천 곳에서 이들의 제품을 판매한다. 이 회사는 원료인 버펄로 고기의 25퍼센트를 원주민 생산자에게서 구매하는데, 장차 이를 100퍼센트까지 끌어올리는 것이 목표다. 원주민 가정이 경제적으로 자립하는 결정적인 열쇠는 자산 소유권이라고 믿는 마크와 칼린은 회사 소유권 역시 직원들과 나누었다. '협력하는 민주주의'가 이러한 방향 전환을 돕는 역할을 맡았다.

탕카 바는 육류 간식류에 완전히 새로운 범주를 만들어낸 선구적인 작품이었다. 워낙 크게 성공해 경쟁사들도 솔깃하지 않을 수가 없었다. 한 예로 제너럴 밀스General Mills에서 나온 버펄로 육포 '에픽Epic'의 포장지에는 '샤먼의 축복shaman blessed'이라는 문구가 적혀 있다. 칼린은 "심지어 그들은 개 이름도 '라코타'라고 지었다더라고요"[6]라고 전했다.

매장에서 한자리를 얻기 위해 거대한 식품 대기업과 벌여야 하는 전투가 만만치는 않지만, NANF는 여전히 잘 버티고 있다. 마크는 이후 새로운 형태의 기업을 세우는 데 손을 뻗었다. 버펄로육을 생산하는 원주민 협동조합 '탕카 회복력 농업Tanka Resilient Agriculture'이다. "버펄로가 우리 보호 구역에 돌아오게 만드는 것, 들판으로 되돌려 놓는 것, 그것이 우리 임무 가운데 하나"라고 그는 말한다.

* * *

운디드니는 마크가 '인디언 나라Indian country'(마크와 닉이 자주 쓰는 표현)를 향해 여정을 시작한 곳이다. 마크의 아버지는 미네소타주 세인트폴의 저명한 민권 운동 변호사로, 운디드니에서 AIM 운동가들의 저항이 있은 뒤에는 그들을 변호하기도 했다. 마크가 아내 조앤 톨을 만난 곳도 이곳 운디드니다.

"어머니는 이곳에서 벌어진 영적 부흥 운동에 적극적으로 동참하셨습니다."

버스 앞쪽에 선 닉이 말했다.

"운디드니 사건이 없었다면 저도 태어나지 못했겠죠."

버스 지붕을 때리는 폭우의 기관총 같은 소음에 닉의 목소리는 거의 들리지 않았다.

"운디드니 학살을 벌인 기병대는 그 일로 의회에서 명예 훈장을 열일곱 개나 받았습니다."

닉의 목소리가 높아진다.

"예전에는 여기 표지판에 이렇게 쓰여 있었어요. '운디드니 전투가 벌어진 곳'. 사람들은 '전투'라는 말 위에 판자를 덮어 '학살'이라고 고쳐 썼습니다. 우리 원주민의 정신과 영혼이 깨져버린 곳이 바로 여기라고 믿는 이들도 있습니다."

그는 잠깐 쉬었다가 말을 이었다.

"하지만 이곳은 새로운 길이 열린 곳이기도 합니다."

더 좋은 사회 설계하기

2013년 캘리포니아 오클랜드의 호텔 회의장에서 처음 '배움/행동 랩'이 모였다. 티셔츠와 청바지 차림에 검은 머리를 땋아 늘어뜨린 닉이 생기 있는 미소를 띠고 그 자리에 나왔다. 곧 그가 파인 리지 지역에서 전통 영성 의식 부흥 운동을 벌이는 청년 운동가라는 것을 알게 되었다. 당시 닉이 만들던 재생적 공동체는 버락 오바마 대통령이 공식 석상에서 칭송하고, 주택·도시개발부 장관 훌리안 카스트로Julian Castro가 방문한 곳이었다. 닉은 특출한 지원 협력단을 조직했다. 여기에는 미주리주 캔자스시티에서 지도적 역할을 하는 친환경 건축·도시계획가 BNIM의 밥 버크바일Bob Berkebile 같은 명사도 있었다. 그는 닉이 구상한 재생적 공동체의 초기 설계도를 만들어줬으며, 이 도면은 뉴욕 맨해튼의 쿠퍼 휴잇 스미소니언 디자인 박물관에 전시되어 있다. 제목은 이렇다. 「보통 사람들에 의한: 더 나은 미국 설계하기*By the People: Designing a Better America*」.[7]

그로부터 5년 동안 닉과 함께 일하면서 우리는 그의 잠재력을 확인했다. 그는 아쇼카 펠로우로 선정되었고, 파인 리지가 프로미스 존 Promise Zone[8]으로 지정받도록 돕고, 전국을 다니며 강연하고, 수백만 달러 규모의 연방 정부 교부금을 놓고 협상을 벌였을 뿐만 아니라, 고작 세 명이던 직원을 40명 이상 늘려나갔다. 우리는 이 모든 것을 지켜보았다. 그는 영성 훈련으로 얻는 비전의 인도를 따라 길을 헤쳐갔으며, 그 비전으로 또 다른 이들을 이끌었다.

1978년 이전에는 보호 구역에서 원주민들의 종교 전통 일부가 불법일 때가 있었다. 그러나 맥이 끊긴 전통을 되살리자는 운동이 일면서 닉 같은 젊은이들을 끌어당겼다. 이들은 함께 스웨트 로지 sweat lodges[9]를 세우고, 라코타 언어와 의례용 노래를 배웠다. 닉은 『인디언 컨트리 투데이 *Indian Country Today*』 인터뷰에서 이렇게 말했다.

"함께 의식을 치를 때마다 문화의 힘을 크게 느낍니다. …우리 의식에서 배운 것들과 우리의 공동체에서 실제로 벌어지고 있는 일들 사이에 큰 간극이 있다는 것도 깨달았습니다. 우리가 정부의 복지 정책에 의존해 살아가는 데 깊이 찌들었다는 것도 알게 되었습니다. 우리는 덜렁 손만 내밀고 사람들이 뭐든 쥐여주기만 기다린 겁니다."[10]

무수한 세대를 거듭하는 동안 원주민 부족들은 자급자족했다. 하지만 원주민 인구의 90퍼센트가 질병과 학살로 죽고 얼마 남지 않은 소수마저 보호 구역으로 밀려나면서, 그들은 전적으로 정부 지원에 의지해 생활할 수밖에 없는 지경으로 내몰렸다. 가족과 친족이 깨지고, 땅도 잃고, 전통마저 끊겨버리니 당연히 문화적인 트라우마가 생겼다. 트라우마는 충격적인 알콜 중독률, 청소년 자살률, 대규모 빈곤 등으로 나타난다. 파인 리지는 미국에서 가장 가난한 지역이다. 인프라도, 일자리도 없다시피 하고, 부족 지도부가 그나마 남아 있는 유일한 경제 동력이다.

젊은 운동가들은 전통적인 수련 속에서 조상의 영으로부터 메시지를 받는다. 닉이 전하는 메시지는 이렇다.

"네 아이들의 미래를 남들이 결정하도록 내버려둘 셈이냐? 대체 얼마나 더? 너희들은 전사가 아니더냐? 이제 말은 그만두고 행동으로 보여줄 때다. 공포와 두려움의 공간을 떠나 희망의 땅으로 가라."

닉과 청년들은 선더 밸리 마을 발전 회사Thunder Valley Community Development Corporation를 창업한다. 부족 지도부와는 별개로 독립적인 비영리 기구였다.[11] 이들은 공동체 성원과 수많은 회합을 조직해 함께 미래 비전을 만들었다.

"난생처음 '무엇을 원하는가'라는 질문을 받아본 거예요. 그때까지는 남들이 '이것이 필요하다'고 해도 듣고만 있던 사람들이었죠."

이 운동이 진전을 보이면서 여러 기술자, 건축가, 재단이 이들을 지원하고 나섰다. 그중에는 북서 지역 재단Northwest Area Foundation, 마을 기업 동반자Enterprise Community Partners, 미네소타 주택 파트너십Minnesota Housing Partnership 등이 있었다. 자금은 농무부와 주택·도시개발부, 사우스다코타 주지사 사무실 등에서 지원받았다. 그리하여 선더 밸리 CDC는 라코타 기금Lakota Funds, 오글랄라 수 주택 기관Oglala Sioux Housing Authority, 와일드 호스 버트Wild Horse Butte 마을 발전 회사 등 파인 리지에 있는 다른 기구와 힘을 합쳤다.[12] 그리고 단계를 거칠 때마다 여러 공동체 집단으로부터 재생적 공동체를 세울 비전과 힘을 얻었다.

그 결과로 6,000만 달러 규모의 자활 공동체 건설 계획이 나왔고, 현재 선더 밸리는 13만 7,000제곱미터의 소유지에 마을을 세우고 있다.[13] 마을 설계는 종합 개발 계획에 따랐다. 주민들이 간절히 바라는 저렴한 주택과 월세, 전통 집회powwow용 마당, 야외 극장, 놀이터와 농구장과 스케이트장 등 청소년 시설을 갖추고 있다. 거주자들은 자기들이 살 집을 짓는 데 직접 참여해야 한다. 노동 제공형 주택 소유제sweat equity로 주민들은 돈을 절약할 수 있다.

"이 개발 사업 전체가 재생적이고 지속 가능성이 큽니다."

닉이 설명했다.

"주택은 전부 태양광을 최대치로 활용하는 패시브 하우스입니다. 물도 100퍼센트 재활용하고요. 자재도 지속 가능한 친환경 소재들입니다. 이 마을은 탄소 중립net zero 공동체로,[14] 사용하는 모든 에너지를 스스로 생산할 겁니다."

이곳은 실업률이 무려 85퍼센트에 달할 정도로 산업과 경제가 파괴된 곳이다. 따라서 외부에서 돈이 들어온다 해도 지역에 머물지 못하고 이틀이면 밖으로 빨려나간다. 따라서 재생적 공동체는 상점뿐만 아니라 원주민 소유의 사업체를 키워낼 공간과 기술 훈련소까지 갖춰야 한다.[15] 청소년은 집 짓는 과정에 참여하면서 건설 기술을 배운다. 여기서 그들 말로 '건설'을 뜻하는 '티카그Thikağa'라는 직원 소유 기업이 탄생했다. 또 선더 밸리 CDC는 사회적 기업 프로그램을 꾸려 원주민 소유 사업체 여러 개의 창업을 도왔다. 첫 번째 업체는 선더 밸리 농장으로, 2017년 말 닭 500마리를 인수하는 성과를 올렸다. 닭 한 마리를 구하려면 차로 130킬로미터를 나가 손질도 안 된 냉동 닭을 사와야 하던 주민들로서는 식량 주권을 향한 큰 발자국을 뗀 셈이었다. 그리고 보호 구역의 원주민 여성들은 오윙자 퀼트 협동조합Owiŋža Quilters Cooperative을 만들었다.[16]

닉에 따르면, **재생**regeneration이란 어떤 유기체가 본래 갖고 있다가 상실한 기능을 다시 키우거나 회복하는 능력을 뜻한다고 한다. 선더 밸리 CDC는 건물만 짓는 것이 아니다. 여러 종류의 부를 재생하기 위해 계속해서 시도한다. 공동체 정신, 청소년 기술 훈련, 식량 주권, 경제적 자급자족 같은 것들이다. 또 가정이 앞날을 스스로 책임지는 역량도 끌어올리고 있다. '재생적 공동체'는 빈곤을 줄이고 지속 가능한 마을 공동체를 건설하는 '살아 있는 실험실'이라는 게 닉의 말이다.

"전국형 모델, 심지어 세계적인 규모의 모델로 성장할 잠재력과 가능성이 여기에 있습니다."[17]

* * *

선더 밸리는 마을 자산 혹은 공동체 자산을 구축하고 있다. 이것이 프로젝트 참가자들에게 '협력하는 민주주의'가 소개한 틀이다. 많은 이가 미국 원주민 문화와 아주 자연스럽게 어우러질 것이라고 예상하고 있다. 한 참가자의 말처럼 "'새로운 경제'라는 것도 우리에게는 대대손손 아주 익숙한 길로 되돌아가는 것일 뿐입니다."

한편으로는 '협력하는 민주주의'에서 일하는 우리도 '배움/행동 랩'을 꾸려나가면서 여러 가지 실수를 저질렀다. 처음에는 원주민 대표들 앞에서 강의를 하면 된다는 생각에 파워포인트 자료를 준비해 갔다. 그런데 참가자들은 즉각 반발하며 우리더러 잠깐 자리를 비켜 달라고 요청했다. 그들은 자기들에게 필요한 것들을 의논했고, 몇 시간 후 우리는 모두 같이 **함께 배우기**로 전환할 방법을 궁리했다. 의논 끝에 우리는 강의 대신 여러 전문가를 초빙해 참가자들과 일대일로 상담하는 방안을 생각해냈다.

한번은 마저리 켈리, 그리고 '협력하는 민주주의'의 동료이자 이 프로젝트의 디렉터가 된 세라 맥킨리Sarah McKinley가 유용한 웹사이트 목록을 만들어 나눠준 적이 있다. 우리는 디자이너에게 목록 한구석에 깃털 그림을 하나 넣어달라고 했다. 그런데 참가자들은 배를 잡고 웃으며 우리를 놀리기 시작했다. 이후 우리가 어줍잖게 원주민 문화와 연결 지으려다 낭패할 때마다 "왜, 깃털도 하나 그려넣으시죠?"라는 말이 농담이 되고 말았다(아직 목록이 많이 쌓여 있으니 관심 있는

분은 연락하시기를).

제대로 먹힌 것도 있었다. 지금은 은퇴했지만 당시 핀초트 대학(현재 프레시디오 대학원) 학장으로 우리 팀의 일원이던 질 뱀버그Jill Bamburg의 능숙한 지도 아래 우리는 언제나 원형으로 둘러앉았고, 모임의 시작과 끝에는 항상 돌아가며 한마디씩 나누는 규칙이 생겼다. 그리고 시작할 때는 항상 참가자 한 사람이(닉이 가장 많이 했다) 기도를 올렸다(수족 지도자 '검은 큰 사슴'은 1934년에 출간된 『검은 큰 사슴이 말한다*Black Elk Speaks*』에서 이렇게 말했다. "인디언은 뭘 하든 원을 지으며, 우주의 힘 또한 항상 원을 이루며 작동한다. …바람은 가장 힘이 셀 때 회오리를 일으키면서 돈다. 새들은 우리와 같은 신앙을 갖고 둥그런 둥지를 만든다." 그에 따르면 계절의 순환 역시 원형이고 "인간의 삶 또한 어린 시절에서 어린 시절로 둥글게 흐르니, 기운이 움직이는 모든 것에 원이 깃들어 있다").[18]

우리가 만든 그룹 모두가 상당한 도전에 부닥쳤다. 프로젝트 대여섯 개를 진행했지만 5년째에 들어설 즈음 몇 가지는 완전히 실패하고 말았다. 성공한 것들도 성과가 대단치 않았다. 어느 팀이랄 것 없이 모두 스태프가 심하게 들고 났다. 그래도 원은 유지되었다. 그룹 성원 모두 농담과 장난을 즐기고, 활기 넘치면서 친밀한 문화를 지녔거니와, 이 문화만큼은 전혀 손상 없이 유지되었다. 실로 실천의 공동체라고 할 만했다.

미타쿠예 오야신Mitakuye Oyasin, '나의 모든 관계'라는 라코타족의 말

그 문화의 중심에는 **공동체의 원칙**이 있었다. 미국 원주민에게 공동체 자산 구축이라는 경제 개발의 틀이 문화적으로 아주 깊이 연관되는 것도 이 때문이다(이것만큼은 굳이 깃털을 그려넣을 필요가 없었다). 원주민이자 스포케인 부족 네트워크Spokane Tribal Network의 디렉터였던 버니 라스무센Bernie Rasmussen은 테드 하워드에게 보낸 편지에서, 마을 자산 구축 개념이 '이미 원주민들의 경제 모델에 내재'해 있으며 '적절한 기회만 생기면 번창할 것'을 확신한다고 이야기했다.[19] 그리고 우리는 그 '적절한 기회'를 확인했다.

선더 밸리에서 사회적 기업 디렉터로 일한 적 있는 스테퍼니 구티에레즈Stephanie Gutierrez는 나중에 합류했다. 스테퍼니는 마을 자산 구축의 틀을 이해하고 따라잡은 뒤, 당시 선더 밸리의 사회적 기업 프로젝트 프로그램 코디네이터였던 래 톨Rae Tall과 함께 파인 리지의 성원들과 토론을 거듭했다. 그런 끝에 래는 마을 자산 구축의 틀을 라코타족의 말로 옮겼다[표1]. 스테퍼니는 크리스틴 와그너Kristen Wagner와 동업해 컨설팅 기업 '희망의 나라Hope Nation'를 차렸고, 이런 접근법을 원주민 공동체에 폭넓게 적용했다. 원주민 여성들이 이 틀을 받아 안아 자기들 방식으로 소화해나간 것은 우리로서는 전혀 예측하지 못한 행운이었다.

또 다른 일도 있었다. 닉은 선더 밸리의 수장 자리에서 물러나겠다고 공표했다. 원주민 비영리 단체 20개, 선더 밸리를 찾아온 40여 부족과 함께 일하면서 같은 목적의 조직 'NDN 컬렉티브'를 만들기 위해서였다. 닉의 목표는 수백만 달러를 운용하는 투자 펀드, 컨설팅 기관, 재단, 네트워크, 옹호 단체 등을 만들어 '선더 밸리 같은 조직 수백 개가 활동하는 세상을 만드는 것'이었다. NDN이란 인디언을 뜻하는 은어라고 했다. 동시에 N은 '원주민Natives'의 머리글자고, D는 '지키기defending', '발전하기developing', '탈식민화decolonizing'의 첫 글자라고 했다.[20]

그리고 선더 밸리 CDC의 부사장을 지내고 우리와 가깝게 일한 셔리스 데이비즈Sharice Davids가 캔자스시티로 돌아가 2018년 선거에 당선된 일도 있었다. 셔리스는 미국 하원에서 처음으로 자리를 얻은 원주민 여성 두 사람 가운데 하나였다.[21]

우리 배움/행동 랩의 마지막 모임에서 스테퍼니는 식민지가 되어버린 보호 구역에서 경제 발전을 위해 지금까지 취한 접근법들을 이야기했다. 이들은 추출적 경제가 자기네 땅과 이웃, 존재 방식에 어떤 상처를 남겼는지를 탐구하기 시작한 것이다.

하지만 이런 식의 마을 자산 조성 접근법은 공동체가 이를 자기네 언어로 번역하기 시작한 뒤에야 비로소 반향을 얻기 시작했다. 우리와 일하던 원주민 한 사람이 마을 사람들에게 이렇게 말했다.

"오래전에는 '부'가 물질을 말하는 게 아니었습니다. '부'는 우리가 줄 수 있는 것을 뜻했습니다."

라코타족 문화에서 전사란 가진 것이 제일 없는 이에게 선물을 내놓는 이를 말했다. 스테퍼니와 래의 설명에 따르면 이들이 식민화되기 전에는 **티오스파예**tiospaye(여러 가족으로 구성된 더 큰 집단)가 먹고살기 힘든 집을 도왔다고 한다.[22]

라코타족 말로 부란 곧 '행복하고 조화로운 삶, 창조 활동과 균형을 이루면서 육체적·정신적으로 건강한 삶'이다. 또 마을 공동체는 '지리적 장소와 친족 관계를 모두 함축하는 말'이다. 이들의 문화는 '친족 그리고 우리를 둘러싼 사람들, 식물, 동물, 별, 땅 등 모든 것과의 관계에 기초'하기 때문이다. 식민화되기 전에는 '토지를 공동 소유할 뿐만 아니라 가족 구조 또한 유목민적인 모계 확장 가족'이었다. 그리고 땅과의 관계는 오늘날에도 여전히 유지되고 있다는 것이다.[23]

스테퍼니는 미네소타 노스필드에서 있었던 '중심가 프로젝트Main Street Project'에 참여한 경험을 들려줬다. 이곳에서는 가금류 위주의 재생적 농업 시스템을 개발하고 있었다. '암탉들이 자유롭게 돌아다니며 먹이를 잡고, 닭똥이 거름이 되고, 푸성귀 이파리와 씨앗을 먹으면서' 커다란 순환의 고리를 잇는 방식은 오래전 라코타족이 농사짓던 그대로였다. 땅에서는 꼭 필요한 만큼만 수확하고, 버리는 것을 없애고, 자연 질서의 지혜가 피어나도록 하는 것이다.

추출적 경제의 에토스

이러한 공동체 기풍과 연대 정신은 밴더빌트, 카네기, 모건 등 추출적 경제를 구축한 이들의 정신과는 천지 차이다. 후자는 서양 강대국들이 세계를 식민화하던 시대의 것이었다. 열등한 인종은 지배당하는 것이 숙명이라는 생각이 지배하던 시절이었다. 자수성가한 억만장자를 영웅시하는 지금도 이 고릿적 풍조가 다시 반향을 얻고 있다. 하지만 운디드니 계곡은 다르다. 이곳에서는 서부 개척자들의 신화가 전혀 다른 관점으로 조명된다. 최전선에서 식민화된 이들이 어떤 고난을 겪었는지, 그러나 어떻게 죽어 없어지지 않고 다시 생명력을 되찾았는지 그 서사가 되살아나는 것이다.

운디드니에서는 상이한 세계관이 충돌하니, 이는 제각기 인간 개인을 바라보는 전혀 다른 비전에서 비롯됐다. 첫 번째는 근대 경제학의 핵심 개념인 **호모 이코노미쿠스**, 다시 말해 자기 이익을 최적화하려는 합리적 개인이다. 생태경제학자 허먼 데일리와 신학자 존 콥은 『공공선을 위하여*For the Common Good*』에서 이런 개념을 비판했다. 비주류 경제 이론이 아직 다양하지 못하던 1989년에 출간된 책이긴 하지만, 정통 주류 경제학에 대한 비판은 지금도 유효하다. '경제학자들은 영리한 개인의 이득 추구를 합리성과 동일한 것으로 보며, 따라서 이와 다른 행동 양식은 합리적이지 못하다고 암시한다'라든지, '합리적 행태, 즉 자기 이익을 추구하는 개인의 행태를 허용하면 사람들은 대부분 거기서 혜택을 얻을 것이라고 생각한다'는 구절 등이 그렇다. 이들은 호모 이코노미쿠스와 대조적인 비전을 제안한다. 바로 **공동체 속 개인**이다.

"사람들은 관계로 구성된다. 우리는 여러 관계 안에서 존재하며, 그 관계와 분리해서는 정체성을 갖지 못한다."

우리의 감정과 생각, 열망과 공포 그 모든 것은 사회적으로 형성되기 때문이다.[24]

깊은 곳에 숨어 있는 이야기들

사람들이 품는 문화적 내러티브는 대개 의식 세계의 저변에 깔려 있다. 회합에서 돌아오는 길, 마저리 켈리는 덴버 공항 검색대에서 선더 밸리에서 온 참가자 조 화이트Jo White와 우연히 마주쳤다. 검색대를 통과해 헤어지면서 마저리는 손을 흔들며 소리쳤다.

"추수감사절 잘 보내세요!"

그러다 잠깐 멈칫했고, 이내 다시 물었다.

"그런데 여러분도 추수감사절을 지내기는 하나요?"

조가 소리 내 웃고는 대답했다.

"그럼요. 우리가 백인 이민자 여러분의 첫해를 버티게 해준 걸 기념해야죠!"

조금도 심각하지 않은 대화였다. 조도 마저리가 기분 상하지 않도록 배려하며 명랑하게 답했다. 이 짧은 대화는 내러티브의 힘을 아주 잘 보여준다. 우리는 부지불식간에 의식 깊은 곳에 깔려 있는 이야기들을 사용해 세상을 헤쳐나가곤 한다.

우리 하의식에 가장 깊숙이 뿌리박은 이야기 가운데 하나가 **경제적 개인**이다. 우리는 선더 밸리에서 '경제적 개인'도 공동체를 필수불가결한 존재로 삼고 그러한 개인들을 중심으로 경제 체제를 구축할 수 있다는 사실을 발견했다. 라코타족의 세계관은 개인의 이익이 인간의 마음에 자연스럽게 생겨나는 유일한 가치가 아니라는 걸 보여준다. 너나없이 출세와 부를 좇는 풍조가 세상을 지배하지만, 이는 어디까지나 사람들을 그렇게 몰고 가는 문화의 산물일 뿐 인간 본성에서 필연한 것은 아니라는 것이다.

스스로가 '공동체 속 개인'이라는 인식은 대부분의 원주민 문화에서 아주 자연스러운 일이다. 우리 프로젝트 참가자들은 여러 부족이 섞여 있었다. 화이트 어스 보호 구역 아니시나백족Anishinaabeg族의 미시시피 지파에서 온 위노나 라듀크Winona LaDuke는 전 세계에 분포한 원주민을 5억 명 정도로 추산한다. 그런데 이들의 세계관은 공통적으로 '인간은 자연 세계와 긴밀하게 조화하는 가운데서 존재한다'고 말한다. 원주민의 삶이야말로 '지속 가능한 삶의 유일한 방식'이라는 것이다.

"제 경험상 유일하게 지속 가능한 것은 공동체뿐입니다. …공동체야말로 우리가 떠나온 집으로 되돌아갈 수 있도록 인도해주는 길이에요."[25]

* * *

운디드니 학살 사건 당시 라코타 수족의 영적 지도자였던 '검은 큰 사슴'은 회고록 『검은 큰 사슴이 말한다』에서 아홉 살 때 병을 앓다가 환영을 보고 영적 권능을 얻게 된 경험을 회상한다. 세월이 지나 검은 큰 사슴은 춤과 의식으로 사람들에게 계시를 나눴고, 이로부터 부족 지도자로 진화하는 여정이 시작된다.

"비전을 보는 사람은 오직 몸으로 이 땅에 그 비전을 펼쳐내 보여줄 때 비로소 거기에 담긴 권능을 사용할 수 있게 된다네."[26]

닉 또한 그의 비전을 다른 사람들이 볼 수 있도록 몸으로 펼쳐내는 중이다. 세상에는 종말, 끔찍한 디스토피아의 서사를 믿는 사람이 많다. 이들은 다른 사람들에게까지 몸소 이를 펼쳐보인다. 어쩌면 그렇게 해서 어떤 어두운 힘을 불러낼 수 있다는 걸 알고 그러는지도 모른다.

회합 마지막 즈음 닉이 한 말이 머릿속을 떠나지 않는다. 그가 이루 말로 다 할 수 없는 어려움을 모두 견뎌내는 것을 지켜본 뒤였다. 모임 끝자락에 닉은 아무렇지 않다는 투로 한마디 던졌다.

"제 생각에, 인디언 나라의 최고 시절이 이제부터 펼쳐질 겁니다."

[표1] 공동체 자산을 구축하는 일곱 가지 추동 요소의 라코타어 번역본

추동 요소	기존 경제 개발	공동체 자산 구축	공동체 자산 구축의 라코타어
장소	각종 인센티브로 기업을 유치하려 함. 이 때문에 지역 주민의 조세 부담이 늘어남.	제대로 사용되지 않는 지역 자산을 활용해 주민에게 이익을 돌림.	오야테Oyate(사람들)와 운치 마카Unci Maka(지구)에 충성을 바침.
소유권	부재 소유자와 고위층의 소유권을 떠받들며, 이 때문에 지역 주민 소유의 가족 기업 등을 해칠 때가 많음.	소유권을 지역 주민에게 분산시키고 이를 지역 경제 번영의 기초로 삼음.	오야테의 것. 즉 소유권 민주화.
승수 효과	돈이 마을 공동체 밖으로 빠져나가는 데 관심 없음.	핵심 기관들이 지역에서 소비하는 전략으로 돈이 지역에서 순환하게 함.	물물 교환과 지역 내 교역 같은 공식·비공식 경제 활동을 모두 인정.
협력	정부와 기업이 의사 결정을 주도하며, 지역 주민은 그 과정에서 배제됨.	비영리 기구, 자선 기관, 앵커 기관, 시 정부 등 가급적 많은 행위자를 의사 결정 과정에 포괄.	하나 되어 일한다는 전통 미덕을 지키면서 다른 부족에도 손 내밀어 라코타족 전체에 가급적 더 많이 베풀고 도움을 줌.

장소	창출된 일자리 수에만 집착하며, 임금 수준이나 고용 평등 등에는 무관심.	생활 임금이 지급되는 포용적 일자리를 창출해 모든 가정의 경제를 안정시킴.	살아 있는 모든 것을 고려할 것: 사람, 지구, 번영 세 가지가 핵심.
노동력	실제 일의 내용과 연결하는 데는 관심 없고 일반화된 훈련 프로그램에 의존.	훈련과 고용을 연결하며, 취업이 어려운 장애인 일자리에 초점을 둠.	모든 이의 인격과 능력이 적절하게 쓰이도록 고려할 것.
시스템	부의 불평등을 받아들이면서 낙수 효과로 이익이 흘러내리기를 기대.	경제 활동의 뉴 노멀을 확립하기 위해 여러 제도 및 기관과 이를 지지하는 생태계 창출.	'순환하는 시스템' 인식. 라코타족 생활 방식에서는 만물이 연결됨. 지속 가능한 공동체를 의식적으로 재창출.

※ '희망의 나라' 소속 스테퍼니 구티에레즈의 허락 아래 게재.

3

포용의 원칙

배제된 이들에게 기회를

포틀랜드식 경제 개발, 공평을 키워내다

흑인의 역사는
불가능한 일도 이뤄낼 수 있다는
위대한 희망이 현실임을 증언한다.

— 제임스 볼드윈JAMES BALDWIN

무너지고 다시 일어서고. 타이론 풀Tyrone Poole에게는 너무나 익숙한 일이다. 2006년, 타이론은 노숙자였다. 목발에 의지하던 그는 온몸을 쥐어뜯는 고통에 비틀거리며 오리건주 포틀랜드의 작은 버스 터미널 대합실에 쓰러져 심한 구토로 속을 다 게워낸 적이 있었다. 타이론을 발견한 경찰이 YMCA 노숙자 쉼터로 데려가 체육관 바닥에 간이침대를 내줬다. 전 재산이라봐야 그에게는 침대 아래 넣어둔 가방 하나뿐이었다.[1]

타이론의 인생이 내리막길을 걷게 된 건 병원 빚 때문이었다. 포틀랜드 커뮤니티 대학을 졸업하고 소방관 훈련을 받던 중 큰 부상을 입은 것이다. 치료를 받는 동안 의료비로 빚을 잔뜩 떠안았고, 결국 차도 빼앗기고 세든 집에서도 쫓겨났다.

포틀랜드에서 가장 잘나간다는 에버렛 스트리트의 윌리엄스 앤드 데임 디벨롭먼트 빌딩에서 타이론의 사연을 들었다. 그는 이 건물에 무료로 사무실을 쓰고 있었다. 오랜 세월 그를 지지하고 후원하는 이들이 다져온 복잡한 네트워크의 결실이었다. 타이론의 재능과 지칠 줄 모르는 회복력의 싹을 키우고 싶어 한 이들이 공동체를 이뤘고, 그 공동체가 물리적으로 구현된 것이 이 사무실 공간이었다. 타이론은 34세의 흑인으로, 깔끔하게 다듬은 턱수염과 짧고 단정한 머리가 돋보였다. 우리와 만난 날에는 녹색 티셔츠와 새 청바지를 입고 있었다. 그가 차린 스타트업 원앱OneApp은 집을 구하는 이들에게 적절한 조건과 저렴한 가격으로 집을 찾아주는 온라인 플랫폼 회사다. 그는 오리건주의 '올해의 혁신 기업가'로 지명된 이야기, 포틀랜드시 주택사업국의 사업을 따낸 이야기, 다른 주와 여러 도시에서 원앱 서비스를 얻기 위해 줄 서는 이야기 등을 들려줬다.

처음 사업을 구상할 때만 해도 타이론에게는 자원은커녕 도움받을 곳조차 없었다. 쉼터에 머물 때 그는 함께 지내던 사람들이 시 정부에서 받는 각종 바우처로 거처를 마련하는 일을 돕기 시작했다. 오래지 않아 YMCA는 타이론을 가족 변호인family advocate[2]으로 고용했다.[3] 잘해보려고 무척 애를 썼지만 타이론은 곧 현실을 알게 되었다. 바우처로 신청을 해도 집주인이 거절하는 경우가 40퍼센트에 달한다는 것이었다.[4] 저소득 가정은 오갈 데 없는 신세로 전락할 수밖에 없는 시스템이었고, 속속들이 인종 차별이 밴 상황에서 흑인이 노숙자가 될 확률은 백인의 세 배나 됐다. 2011년 포틀랜드 주택사업국의 감사에 따르면 집주인과 부동산 중개업체가 흑인과 라틴계 주민을 차별하는 경우가 전체의 64퍼센트나 됐다.[5]

타이론은 산술로 이 문제를 풀 수 있다고 보았다. 그는 신청자들에게 적합한 기회와 집주인을 짝지어주는 알고리듬을 개발했다.

"신청자는 집주인 등이 심사 과정에서 무슨 기준으로 자기들을 걸러내는지 모릅니다."

왜냐면 기준을 밝히지 않기 때문이라는 것이다.

"연체된 인터넷 요금과 도서관 책 반납이 늦어 생긴 연체료 따위만 갚아도 문제가 해결되는 경우들이 있습니다."

게다가 집 찾기 앱들은 보통 30~50달러를 받는데, 형편이 어려운 이들에게는 아주 부담스러운 돈이다.[6] 타이론은 인터넷 플랫폼을 만들겠다는 생각을 키웠다.

"이 아이디어가 먹힐 거라는 건 분명히 알았죠. 하지만 제겐 사업에 필요한 지식이 없었어요."

그때 그는 포틀랜드시에서 운영하는 창업 기획 경연 대회Startup PDX Challenge를 알게 되었다. 포틀랜드의 경제 개발 부서인 포틀랜드 개발위원회PDC: Portland Development Commission에서 3년째 주최한 경진 대회였다.

* * *

PDC 집행 책임자였던 킴벌리 브라남Kimberly Branam은 어떻게 해서 이 대회가 타이론처럼 기회를 얻지 못한 잠재적 사업가들을 지원하는 방향으로 진화했는지를 설명했다. 애초에 대회는 사업가 지망생을 경쟁에 붙여 5만 달러 가치에 해당하는 지원 패키지를 주는 콘셉트였다. 여기에는 멘토링, 무료 사무실, 법률 지원, 사업 계획 지원, 사업 자금 1만 달러(나중에 1만 5,000달러로 늘었다) 지원 등이 들어 있었다.

경연 대회에서 선정된 첫 번째 사업가들이 한자리에 모였다. 킴벌리는 회상한다.

"방을 둘러봤죠. 거의 다 백인 남자들이었어요."[7]

이듬해에 PDC는 사회적 차별로 기회를 얻기 힘든 사업가 지망생들로 초점을 옮겼다. 여성과 유색 인종을 고려한 것이다. 이를 계기로 PDC는 여성과 유색 인종 포용을 지향하는 조직으로 탈바꿈한다. 여러 임무 가운데 하나로 의미를 더한 것이 아니라, 아예 핵심 가치를 바꿔 조직 전체를 정비한 것이다.

포틀랜드시에서도 곧 알게 되었다. 기회를 얻기 힘든 창업자들에게 사업 초기에 제공하는 씨앗 자본과 멘토링이 얼마나 중요한지를. 그래서 2015년에는 창업자들을 위한 씨앗 자금 관리 전담 펀드 매니저를 구했다. 그리하여 PDC와 멀트노마 카운티, 그리고 오리건주

가 공개적으로 보증하는 기금 200만 달러가 조성됐다. 그 가운데 시가 낸 돈이 75만 달러였다.[8]

2017년 책임자가 된 킴벌리는 '번영하는 포틀랜드Prosper Portland'로 조직 브랜드를 바꿨다. 관습적으로 불리한 처지에 있던 이들에게 초점을 맞춰 방향을 재설정했음을 강조한 것이었다. 새로운 목표는 '공정한 경제 구축Building and Equitable Economy'으로 정했다. 기관 홈페이지에서 밝혔듯 '백인과 유색 인종의 소득 및 자산 불평등 증가 해소'가 이들의 과제다. 그렇다면 해결책은? '유색인 마을들이 자산과 일자리를 늘릴 수 있도록 함께 힘을 모으는 것'이라고 한다.[9]

이미 몇 년 전에 킴벌리와 만난 적이 있다. 원주민을 위해 '협력하는 민주주의'가 준비한 배움/활동 랩에서 킴벌리가 발언을 하기도 했다. 자기가 소속된 기관이 어떻게 인종 배제를 증폭시키는 방식으로 작동했는지를 솔직하게 인정하는 킴벌리의 자세에 우리는 크게 놀랐다. 그는 우리 모임에서뿐만 아니라 베이 지역에서 해마다 열리는 대규모 '사회적 자본 시장Social Capital Markets'에서도 그렇게 솔직했다고 들었다. 킴벌리는 '두 도시 이야기'라는 제목으로 발표를 하면서, 포틀랜드가 진보적인 이미지를 갖고 있긴 하지만 실상은 황당할 정도로 인종 간 격차가 크며, 시청의 경제 개발 기구 역시 이 격차를 벌리고 있다고 발언했다. 포틀랜드시에서 뭔가 대단한 일이 벌어지는 듯했다. 포용의 원칙에 따라 도시 차원의 큰 실험이 벌어지고 있었던 것이다. 좀 더 알아보기 위해 포틀랜드를 찾아갈 필요가 있었다.

내 팀 만들기,
장애물 뛰어넘기

타이론은 절대 혼자만의 힘으로 일어섰다고 생각하지 않고 모든 공을 거대한 조력자 팀에 돌렸다. 맨처음 맞닥뜨린 장벽은 PDX 경연 대회 참가비 150달러였다. 그때 시청 사업개발부 공무원 스티븐 그린Stephen Green이 도움을 줬다. 그린 역시 후에 흑인 사업가로 이름을 날렸고, 타이론은 그를 '구세주'라 불렀다.[10]

이후 들이닥친 장애물이 한두 가지가 아니었다.

"경연 대회 첫날 PDC에서 파티를 열었습니다. 사람들은 멋진 로고가 박힌 티셔츠를 맞춰 입고 있었고, 그 사람들이 하는 말의 절반은 보통 사람들이 못 알아듣는 전문 용어들이었어요. 모두들 자연스럽게 섞여 어울리는데 저는 말을 걸 사람이 한 명도 없었어요."

하나씩 하나씩 경연의 고비를 넘을 때마다 타이론은 이제 떨어질 거라고 생각했다.

"생전 처음 발표란 걸 해봤죠. 다른 사람들은 그림에, 도표에, 파워포인트로 된 발표문을 미리 나눠주더군요."

하지만 그가 준비한 것은 달랑 표 하나를 그린 종이 한 장이었다.

"복사기로 달려가서 잽싸게 뽑았습니다. 단벌 양복을 입고 있었는데 얼마나 땀을 흘렸는지 옷이 흠뻑 젖었습니다."

그러나 발표는 큰 반응을 일으켰고, 덕분에 타이론은 전체 150명

가운데 20등으로 뛰어올랐다.

"일하던 곳에서 보아온 걸 그대로 말했죠. 분명히 시청에서 세입 보증서까지 받았음에도 그걸 들고 집을 얻으려던 가정 중 절반은 길바닥에 나앉았습니다. 제가 병원에서 나왔을 때 얻을 수 있는 집은 전체의 1퍼센트밖에 되지 않았어요. 집 1,000개 중에서 10개뿐이라는 거예요. 이게 모래밭에서 바늘 찾기가 아니면 뭔가요? 집이든 방이든 세를 얻으려면 돈도 들고 시간도 들어요. 아니면 다 거절당하죠. 한 군데 신청서를 내고 심사를 받을 때마다 돈이 필요해요. 하지만 싼 집을 구하는 가난한 사람들이 무슨 돈이 있겠어요. 결국 집을 구하는 집단과 세놓으려는 집단이 합리적인 방법으로 짝을 맞춰야만 합니다. 저는 정보들을 플랫폼 하나에 모두 모았습니다. 집을 구하는 이들이 자기 조건을 모두 넣고 클릭 한 번으로 심사까지 모든 철차를 통과하는 겁니다."

타이론은 경연의 최종 입상자 6명에 들었고, 현금 1만 5,000달러와 여러 지원 서비스를 얻었다. 그의 도전이 막 시작된 것이었다.

"제가 필요한 건 현금이 아니었어요."

이어서 그가 설명한다.

"제 아이디어를 현실화하려면 어디서부터 시작해야 하는지 조언이 절실했죠."

PDC에서는 멘토로 오리건 앤젤 기금OAF: Oregon Angel Fund의 존 매로니Jon Maroney를 연결해줬다. 2007년 설립된 이 기구는 오리건주에 일자리 1만 개를 만든다는 목표로 지역 스타트업 100개에 총 1억 달러를 투자하고 있었다.

"매로니가 제게 2만 5,000달러짜리 수표를 줬습니다."

타이론은 이 돈으로 베타 사이트를 만들었다.

"만들어놓고 보니 완전히 쓰레기였어요."

타이론은 웃으면서 말했다. 하지만 이것으로 아이디어의 개념은 입증할 수 있었다고 한다.

"'번영하는 포틀랜드'에서 받은 것 가운데 가장 중요한 건 사회적 보증이었습니다."

타이론이 말을 이었다.

"사회적 자본이란 건 정말 대단했어요. 저도 진짜 자본처럼 사용했죠."

플랫폼을 구축할 때 주거 신청자의 신용 등급 조회 시스템을 만들어야 했던 타이론은 거대 신용 평가 기관인 트랜스유니언TransUnion에 협조를 타진했다. 하지만 트랜스유니언은 데이터베이스 접근을 허용하지 않았다. 그때 시청의 개발 담당 공무원 캐서린 크라즈나크Katherine Krajnak가 킴벌리 브라남에게 추천서를 써달라고 요청했다.

"그것 하나로 정말 마법처럼 트랜스유니언의 데이터베이스가 열렸습니다. 정말 값진 정보죠. 잘못 썼다가는 바로 감옥에 가는 이 귀한 정보를 그들이 나처럼 아무것도 없는 개인에게 열어준 거예요. 다 포틀랜드시 덕분입니다."

* * *

"사람들의 힘을 북돋워야 해요."

우리는 캐서린을 찾아갔다. 그가 마주 앉자마자 꺼낸 말이었다.

"단순히 이런저런 프로그램을 만들어내는 것보다 그게 훨씬 큰일이에요."

캐서린은 '번영하는 포틀랜드'의 사업가 양성 프로그램에서 일하는 프로젝트 매니저다. 우리와 만날 때는 조직에서 포용 문제를 다루는 평등위원회 회의를 마치고 오는 길이었다. 캐서린은 조직 성원 모두가 여러 가지 훈련과 연습으로 무의식에 깔려 있는 편견을 스스로 발견하게 할 수 있다고 했다.

"자기가 백인, 남성, 비장애인 등이라는 사실을 먼저 자각해야 합니다."

패거리 짓기caucus, 다시 말해 사람들을 피부색이나 성별이 같은 이들과 모이게 하는 것이다.

"우리 모두가 각자 어떤 우월감이나 열등감을 내면화하고 있는지를 이야기합니다. 왜 어떤 사람은 다른 사람의 말을 중간에 끊고 들어가도 된다고 여기고, 또 얕잡아 보는 투로 이야기할 자격이 있다고 생각할까요?"

또 어째서 어떤 사람들은 아예 말을 하지 않는 것일까?

"내면화된 억압이 분명히 존재합니다."

캐서린의 말이다.[11] 제대로 기회를 얻지 못한 집단에는 여성, 유색 인종, 퇴역 군인, 장애인 등이 포함된다.

"여성 기업주들의 평균 수입은 남성 사업주의 5분의 1밖에 되지 않습니다. 여성이 소유한 사업체는 대단히 많지만 제대로 성장하는 경우는 드물죠."

캐서린은 몸의 절반이 건강하지 못하면 나머지 절반도 성할 수 없다고 이야기한다.

"오른팔과 오른쪽 다리를 움직이지 못한다면 나는 온전한 몸을 가진 인간이 아니니까요."[12]

일부 동네 혹은 특정 종류의 사업가 지망생이 도무지 기회를 잡을 수 없는 구조라면 결국 도시 전체가 그 영향을 받게 된다는 것이다. 반대로 인종과 소득에 따른 차별과 분리가 적을수록 여러 지역이 경제적으로 더 길게 번영을 누린다는 연구 결과도 많다.[13]

* * *

포용은 만인이 삶을 꽃피울 수 있도록 설계된 민주적 경제의 근간 원리다. 민주적 경제에서는 한때 노숙 생활을 한 타이론의 시각이 마땅히 발전시켜야 할 가치 있는 자산이 된다. 타이론도 저소득자들을 도울 때는 일반적인 사회 복지 서비스 방식이 아니라 시장의 접근법을 취한다. 포용의 원칙은 혁신적인 사업가 정신, 경제 발전, 제품 개발 같은 기본적인 경제 과정 안에 내장된다. 이것이 민주적 경제 설계의 골자다. 사회적 가치를 경제 위에 단순히 얹는 것이 아니라 경제의 핵심부에 앉히는 것이다.

이는 흔히 보아온 경제 관행과는 크게 다른 접근법이다. 오늘날의 경제는 불리한 위치의 사람들에게 복지만 내줄 뿐이다. 경제적인 발전과 개발 기회, 지원은 부유한 백인들 차지다. 마틴 루서 킹 목사의 말을 빌리면 이런 접근법에는 암묵적인 편견이 반영되어 있다. 낙인찍힌 집단에게는 '역사의 진보'를 앞당길 능력이 없다는 편견이다.[14] 하지만 누군가 잃은 것이 있다면 이는 곧 집단 전체가 뭔가를 잃은 상태임을 기억해야 한다.

포틀랜드시가 경진 대회를 열지 않았다면 어땠을까? 또 멘토링 프로그램을 지원하지 않았다면? 과연 타이론 같은 사람이 지금처럼 미래를 열 수 있었을까? 우리의 추출적 경제에서 기회를 얻지 못해 재능을 피워보지도 못하고 시들어가는 이들이 얼마나 많을지 생각해본 적 있는가?

포틀랜드의 두 도시

킹 목사는 이렇게 일깨워줬다. 인종주의는 '편벽한 소수 극단주의자의 기준에서 이따금 벗어나는 정도'로는 결코 충분치 않다고.[15] 미국에서 인종주의가 가장 끔찍한 얼굴을 드러내는 지역은 남부다. 그러나 인종주의는 부동산 중개인·은행가·고용주·정책 입안자 등 모든 이의 모든 행동에 나타난다. 킴벌리가 인정했듯이 경제 개발 지도자 사이에도 인종주의는 공공연하다. 2014년 포틀랜드 주립 대학교와 유색 인종 공동체 연맹Coalition for Communities of Color이 공동 작성한 보고서는 포틀랜드 거주 흑인의 소득이 백인의 절반에 불과하며, 시와 주정부 모두 '공공연한 인종주의 정책'을 타파하는 데 늑장을 피우고 있다고 통렬하게 지적했다.[16]

이런 배경에는 인종주의로 얼룩진 이 지역의 과거가 자리하고 있다. 오리건은 1859년 미연방의 주가 되면서 흑인 거주를 금지해버렸다. 그 뒤에는 흑인이 토지를 소유하는 것마저 금지했다.[17] 포틀랜드시 도시 재생의 역사도 마찬가지였다. 1956년에는 흑인이 모여 사는 알비나에 대형 경기장을 건설한다는 안이 투표로 통과되어 소중한 집 400여 채가 파괴되었다. 그다음 PDC(번영하는 포틀랜드의 전신)는 고속도로 건설과 레거시 이매뉴얼 병원 건축을 이유로 광대한 북동부 지역을 불도저로 밀어도 좋다고 허가했고, 그 결과 흑인 주민의 주택과 영세 사업체 300여 개가 뿌리 뽑혔다.[18]

이런 과거를 바로잡기 시작한 뒤로 '번영하는 포틀랜드'는 종종 길을 잃었다. 가령 레거시 병원 건설을 위해 밀어버린 지역의 힐 블록이 오랫동안 공터로 남아 있으면서 논쟁이 벌어진 적이 있다. '번영하는 포틀랜드'는 레거시 병원이 이 땅을 흑인 공동체에 내주고, 나아가 공동체가 이곳에서 어떤 일을 할지 직접 결정하는 과정에 투자하기로 약속했다고 공표했다. 하지만 지역 주민들은 거세게 저항했다. 주민이 배제된 뒷전에서 모종의 거래가 이뤄져 종국에는 작은 가게와 사업체 들이 밀려나고 말 것이라는 두려움이 있었기 때문이다. 주민 라산 무하마드Rahsaan Muhammad는 '번영하는 포틀랜드' 이사회에 출석해 이렇게 발언했다.

"당신들 이름은 바뀠는지 몰라도 행태는 하나도 바뀌지 않았소."[19]

논란을 해결하기 위해 '번영하는 포틀랜드'와 레거시 병원과 시청은 공동체의 주축 집단과 논의해 개발 과정을 주민과 함께 설계하기로 했다.[20]

이는 '번영하는 포틀랜드'가 적극적으로 사람들의 의견을 들으려 노력한 예이기도 하다. 비록 논란의 여지는 있지만 상처받은 사람들의 마음을 치유할 가능성도 담고 있는 것이다. 대화를 트는 것, 잃어버린 신뢰를 다시 쌓는 것, 각자의 편견과 편향을 성찰하는 것, 과거의 실패를 인정하는 것 등. 포용은 실로 지난한 과정이며, 이 모든 것이 그 어려운 과정을 이루는 부분들이다. 그리고 궁극적인 의미에서 이 과정에 반드시 들어가야 할 핵심은 우리 경제가 강고한 인종주의의 반석 위에 세워졌다는 사실을 받아들이는 것이다.

자본의 언어에서 사라진 것들

자본주의가 어떻게 생겨났는지를 설명하는 오래된 이야기들은 으레 애덤 스미스의 핀 공장과 자애로운 보이지 않는 손 따위를 찬양한다. 하지만 흑인 저술가들이 전하는 자본주의의 탄생 스토리는 전혀 다르다. 여기에는 핀 공장과 보이지 않는 손 대신, 남부의 면화 농장과 인종 착취의 무지막지한 주먹이 등장한다.

하버드 대학교 교수 월터 존슨Walter Johnson은 이렇게 말한다.

"노예가 된 흑인들이 면화를 심은 땅은 크리크, 체로키, 촉토, 치커소, 세미놀 부족 등으로부터 수탈한 땅이었다."

1800년대에 출현한 자본주의 체제는 '노예가 된 흑인을 담보 삼아' 미시시피강 유역의 대규모 면화 농장과 영국 맨체스터의 방직기, 그리고 뉴욕의 금융가를 하나로 엮어냈다. 농장주들은 수확 때까지 면화 상인에게 돈을 꿔 농장을 운영했는데, 여기서 상인들은 담보물을 요구했다. 그 담보는 '노예가 된 흑인들의 화폐 가치'였다. 흑인 **노예가 곧 자본**이었던 것이다. 1860년대에 이들의 자본 가치는 미국의 철도, 제조업, 농업 용지에 투자된 자본 전체를 합친 금액과 맞먹었다.'[21]

이런 과거를 인정하면 자본의 언어에서 사라진 것들이 무엇인지도 알게 된다. 담보 유동화나 사유 재산 보호 등 겉으로 보면 사람들에게 도움을 주는 것 같은 과정들이, 이면에는 인간을 철저하게 파괴하는 면모를 숨기고 있을 수도 있다는 사실이다. 노예제가 폐지되면서 누구나 노예제에 혐오감을 표하게 됐지만 사유 재산에 대한 맹신은 여전히 진보를 가로막았다. 노예 해방 뒤에도 흑인 노예를 잃게 된 농장주들만 소유권 상실 보상을 받았다. 역사가 케이틀린 로즌솔 Catlin Rosenthal에 따르면 '누구도 흑인 노예에게는 배상하지 않았다. 아무도 노예가 된 흑인들을 수탈 피해자로 여기지 않았다.'[22]

민주적인 경제에서도 물론 소유권을 인정한다. 하지만 인간의 다른 여러 권리, 이를테면 모든 인간이 삶을 꽃피울 포용적 권리, 공공선 보호를 으뜸 목적으로 삼는 것, 부당하게 피해를 입었을 때 이를 보상해야 한다는 도덕적 책무 같은 것들과 균형을 이루게끔 조율한다. 포용적 경제 건설은 모든 종류의 편견에서 벗어나 모든 이의 안녕에 복무하는 사회를 창조하는 길고 긴 운동의 한 부분이다.

경제 개발 과정에서
포용의 규모 키워나가기

포용이라는 가치를 신봉한다는 것은 곧 공감 능력을 키운다는 뜻이다. '번영하는 포틀랜드'의 지도자들이 노력한 바이기도 하다. 타이론이 상을 탄 경진 대회 이래 '번영하는 포틀랜드'는 차별로 기회조차 얻지 못하던 사업가들을 지원하는 생태계를 좀 더 폭넓게 진화시켰다. '포용적 창업 자원 네트워크Inclusive Business Resource Network'라 불리는 이 생태계는 많은 파트너와 연계해 무담보 소액 대출, 종잣돈 조달, 사업 대출, 법률 지원, 회계, 시장 조사 등의 프로그램을 운영하고 있다. 유색 인종, 이민자, 여성, 기타 차별로 기회를 제대로 얻지 못한 창업자와 기업가가 이 서비스를 이용하게 되었고, 매년 600여 개 기업이 혜택을 받는다. '번영하는 포틀랜드'의 2017~2018년 계획은 이 네트워크의 서비스 제공자들에게 250만 달러를 투자해 2022년까지 사업체 1,000개를 튼튼하게 안착시키는 것이다.[23]

포틀랜드에서만 이런 일이 벌어지는 게 아니다. 시애틀, 밀워키, 매디슨, 위스콘신 등에서도 인종 간의 경제적 공정성을 높이기 위해 조치하고 있다. 이들 도시는 '인종과 공정성을 위한 정부 연합Government Alliance on Race and Equity'이라는 전국 네트워크를 결성해 50개에 달하는 시·주·지역 정부 등과 함께 노력하고 있다.[24]

인종 포용은 필수지만 그것만으로는 충분하지 않다. 마틴 루서 킹 목사가 만년에 강조한 바다. 킹 목사는 '가난한 이들의 캠페인'에서 계획한 것처럼 빼앗긴 자 모두의 경제적 정의를 추구하도록 범위를 넓히는 데 초점을 맞췄다. 그는 점점 더 공공연히 자본주의에 대한 불만을 표명했고, 암살당한 운명의 날에도 쓰레기 수거 노동자 1,300명의 파업 집회 자리에 있었다.[25]

이런 변화를 겪으면서 킹 목사는 벗이자 동지인 해리 벨라폰테

Harry Belafonte에게 갈수록 커지는 불안감을 털어놓았다.

"우리는 흑인이 백인 사회에 통합되도록 오랫동안 열심히 싸웠네."

킹은 싸움에서 이길 수 있다고 확신했다. 하지만 만인을 위한 경제 정의 없이는, 즉 이 시스템을 변혁하지 않고는 "내 손으로 동족을 불난 집에 떠밀어 넣는 것이나 다름없다"며 두려워했다.[26]

* * *

포틀랜드를 방문한 뒤에 기사가 났다. 타이론이 만든 플랫폼이 계속 살아 있으며 5,000여 가정이 이 플랫폼에 접속했다는 『포틀랜드 비즈니스 저널』 기사였다. 타이론은 2018년 말 225만 달러를 투자받는 데 성공했고, 이로써 회사가 받은 총 투자액은 약 350만 달러가 됐다. 자금은 초기 벤처 기업을 돕는 앤젤 투자가들에게서 나왔다. 약 50명의 개인 투자가 중 다수는 유색 인종이었다. 타이론은 기관 투자가와 벤처 기금에서도 투자를 유치하려 애썼지만 이들은 돈을 내놓지 않았다.

"그런 류의 자금에는 소수자를 위한 기회란 아예 존재하지도 않아요."

기사에서 타이론이 한 말이다. 연구 조사 기관 'CB 인사이트'에 따르면, 수십억 달러에 달하는 벤처 캐피털 자금 중에서 흑인 창업자에게 가는 비중은 고작 1퍼센트 정도라고 한다.[27] 기사를 읽다 보니 타이론과 처음 회의실에서 만났을 때 그가 걸어 들어오며 한 말이 생각났다.

"죄송하지만 예정된 인터뷰 시간보다 일찍 일어서야 할 듯합니다. 제 투자가 한 분이 위독하셔서 그 가족과 함께 임종을 지키기로 했거든요."

약속된 시간은 1시간이었지만 인터뷰는 45분 만에 끝났다. 타이론에게 투자한 이들은 돈만 내놓은 것이 아니었다. 그들과의 인간적인 관계가 인터뷰보다 중요할 수밖에 없었을 것이다.

4

장소의 원칙

마을에 머무는 지역 자산 구축하기

클리블랜드의 130억 달러 규모 앵커 기관 사업

장소라는 것, 즉 우리가 하루하루를 직접 영위하는 곳을 이해하는 것이 결정적인 과제다. 아마도 이것만 이해한다면 모든 문제가 풀릴 것이다.

— 커크패트릭 세일KIRKPATRICK SALE

"기운을 되찾고 있었어요. 그래서 모임에 갔죠."

대니얼은 말했다. 클리블랜드에 있는 다국적 기업 공장에서 3년을 일하고 해고당한 터였다.

"공장은 바쁘게 돌아갔지만 비용 절감 바람이 거세게 불어닥쳤어요. 300만 달러는 줄여야 한다고 하더라고요."

해고된 직후 대니얼은 'UH로 올라오세요Step Up to UH'라고 적힌 선전물을 발견했다. 인근 저소득층이 일자리를 얻도록 지원하는 유니버시티 병원의 채용·양성 과정 광고였다. 대니얼은 30대 흑인 청년으로 공장에서 일했다.

유니버시티 병원의 러너 타워에 있는 역량 강화 센터에서 대니얼을 만났다(프로그램의 요청으로 대니얼의 성은 밝히지 않는다). 그는 '올라오세요' 과정에 합격한 이야기로 시작해 이곳에서 옷차림새, 지휘 감독자와 터놓고 소통하는 법 등 소소한 기술을 배운 과정을 들려줬다. 그는 비영리 병원에서 일하고 싶어 했다. 아이가 넷이나 있기 때문이다.

"더 안정적이잖아요. 안정성을 우선할 수밖에 없어요. 병원은 문 닫는 일이 없을 테니까요."[1]

대니얼은 2015년 '올라오세요' 과정을 졸업한 뒤 유니버시티 병원에서 시급 11달러를 받고 환경 미화원으로 일하게 되었다. 1년 반이 지나자 시급이 13.13달러로 올랐다. 이제 그는 회계학 공부를 하고 있으며, 학비는 유니버시티 병원이 지원한다.

"공인 회계사가 되려고 합니다. 숫자라면 언제나 자신 있었거든요."

의자에 등을 기대는 대니얼의 눈빛에서 힘이 느껴졌다. 직원용 컴퓨터 대여섯 대를 가리키면서 그는 덧붙였다.

"그래서 항상 여기 붙어 있어요. 구인 공고를 빠짐없이 봐요. 초급 회계 관련 일자리가 나오면 바로 지원하려고요."

대니얼이 해고 노동자에서 공인 회계사로 올라서기까지의 경로, 이것이 곧 유니버시티 병원이 주목하는 희망의 길일 것이다. 이 비영리 병원이 직원 2만 6,000명 중 하나에 불과한 대니얼에게 흔치 않은 지원을 해주는 것은 **장소의 원칙** 때문이다. 병원의 주요 건물은 유클리드가에 있다. 이 지역은 실업률이 24퍼센트나 되는 데다 그 40퍼센트 정도가 구직을 체념한 암울한 상태다. 클리블랜드 전체 빈곤율이 39퍼센트에 달하는 가운데서도 특히 쇠락한 동네다.[2] 유니버시티 병원이 바로 여기에 뿌리박고 있다. 이 비영리 병원은 연간 39억 달러라는 엄청난 수입을 거둔다.[3] 물론 이 정도 규모의 기업형 병원은 어디에나 있다. 그런데 그런 병원의 경영진 대부분이 월스트리트 금융가에만 골몰하는 반면, 유니버시티 병원은 1866년 문을 연 이래 언제나 오하이오주 북동부에 관심을 쏟아왔다.

유니버시티 병원의 심장부는 클리블랜드의 유니버시티 서클에 있다. 이곳은 클리블랜드 클리닉, 케이스 웨스턴 리저브 대학교, 유니버시티 병원 등 세계적인 교육 기관과 문화 시설, 병원 등이 수십 개나 모여 있는 2.5제곱킬로미터 정도의 특수 지구다. 나열한 세 기관의 연간 경제 활동 규모만 해도 130억 달러가 넘는다.[4] 하지만 이렇게 어마어마한 돈이 돌아도 그 돈이 바로 맞닿은 이웃 동네로 흘러가는 일은 거의 없다. 차에서 내려 돌아보라. 이미 텅 빈 지 오래인 건물에는 낙서가 가득하고 유리창은 모두 깨졌다. 잡초가 무릎 위까지 자란 공터가 널렸다.

바로 이런 동네에서 에버그린 세탁 협동조합이 출범했다. 유니버시티 병원에서 차로 12분 거리, 직원 상당수는 인근 주민이다. 에버그린 협동조합은 케이스 웨스턴 리저브 대학교, 유니버시티 병원, 클리블랜드 클리닉 등 여러 앵커 기관으로부터 거액의 사업을 수주한

덕에 사업을 시작할 수 있었다. 어떻게 이런 일이 가능했는지를 짚어 보자. 붕괴와 분열이 오히려 사회를 새롭게 되살리고 연결하는 토양이 될 수도 있다는 사실을 알게 될 것이다. 이는 민주적 경제 출현에 큰 교훈이 되는 이야기이기도 하다.

특히 눈여겨볼 것은 불리한 위치에 있는 이들을 경제적 안정 상태로 밀어올리는 것은 정부 혼자만의 힘으로는 되지 않는다는 사실이다. 앵커 기관들이야말로 주민과 마을의 이익을 우선시하는 상당한 경제력의 또 다른 원천이다.

분리에서 연결로

유니버시티 서클 지역의 여러 기관과 인근 동네들은 근본적으로 단절돼 있었다. 클리블랜드는 미국에서도 인종 간 분리가 심각한 도시다.[5] 남북 전쟁 이후에도 남부에서는 흑인을 압제하는 가혹한 조치를 취했고, 이를 피해 20세기 초 흑인들이 대거 클리블랜드로 이주했다. 그렇게 몰려든 흑인들이 다른 곳으로 퍼지지 않도록 사실상 몰아넣다시피 한 구역이 유니버시티 서클이다. 당연히 살기 좋은 곳이 못됐다. 훗날 러스트 벨트의 제조업이 저임금 지역으로 옮겨가면서 클리블랜드는 실업률이 치솟았고, 특히 흑인 거주 구역의 상황이 악화되었다. 한복판인 유니버시티 서클의 기관에서도 시설 파괴와 성폭행 사고가 잦아, 급기야 모두가 방문을 꺼리는 지경에 이르렀다. 기관의 전문직 종사자는 교외로 이주했다. 큰 기관이 집중된 곳이건만 도심이 쇠퇴하자 거대한 소용돌이에 포위된 무서운 형국이 되고 말았다. 도시 재생 프로젝트도 기관 규모를 확장하는 데 초점을 뒀으므로 되려 주변 집들을 밀어버리는 결과를 불러왔다. 유니버시티 서클은 인종 간 적개심이 들끓는 시한폭탄 꼴이었다. 급기야 1966년과 1968년에는 반경 1.5킬로미터 안에서 두 차례 폭동이 일어났다. 클리블랜드 주민들은 이 사건들을 '반란'이라 부른다.[6]

백인 주민과 사업체는 더더욱 다른 지역으로 빠져나갔다. 기관들도 자기들의 임무는 지역 주민을 돕는 것이 아니라 병자를 치료하고 엘리트를 교육하는 것이라며 철수하기 시작했다. 이런 역사는 브루탈리즘 스타일 건축에 고스란히 남아 있다. 벙커식 콘크리트 건물 1층의 민짜 벽이 사람들의 접근을 막고 있으니, 은연중에 '너희'와 '우리'를 갈라놓는다는 적대적 메시지를 던지는 것이다.[7]

2003년 클리블랜드 재단 이사장이 된 론 리처드Ronn Richard는 이런 유물들과 맞서야 했다. 그의 아내 베스 로드리게스 리처드Bess Rodriguez Richard는 클리블랜드 미술 학교에서 자원봉사를 시작했는데, 바로 건너편에 클리블랜드 미술관이 있었다. 미술관은 입장료를 받지 않았다. 하루는 베스가 건너편 미술관에서 수업과 관련된 전시가 열리고 있다는 말과 함께 학생들에게 전시를 봤느냐고 물었다. 아무도 손을 들지 않았다. 한 학생이 끝내 이렇게 말했다.

"선생님, 거긴 우리가 갈 수 있는 데가 아니에요."[8]

베스는 소스라치게 놀라 남편에게 이야기를 전했다. 론은 다음 날부터 지역의 앵커 기관 수장들에게 연락을 돌렸다. '유니버시티 확대 지구 프로젝트GUCI: Greater University Circle Initiative'는 이렇게 시작되었고, 10년이 지난 지금도 이 프로젝트는 그들이 보유한 경제력을 활용해 이 지역에 집을 얻는 이들에게 혜택을 주는 네트워크로 작동하고 있다.

론이 말하는 유니버시티 확대 지구는 '협력이 일어나는 새로운 지리적 구조'라는 비전을 담고 있었다. 앵커 기관과 주민이 어우러지는 공동체를 만들자는 것이었다. 그가 적극적으로 비전을 나눈 결과, 기관의 미래와 주변 지역의 앞날은 불가분으로 연결되어 있다는 합의가 나타나기 시작했다. 살기 좋은 동네, 활기 넘치는 지역일수록 기관들도 잘 굴러간다. 반면에 공동체가 고통 속에 머물면 기관도 번창할 수 없다. GUCI는 우리 모두가 "피할 수 없는 네트워크 안에서 한 운명으로 엮여 있다"는 킹 목사의 말이 진리임을 입증했다.[9]

초기에 GUCI는 물질적인 발전에 중점을 뒀다. 앵커 기관들이 힘을 합치면 대규모 자금을 조성할 수 있다는 사실을 금세 깨달았다. 1억 5,000만 달러의 자금을 조성해 '업타운Uptown'이라는 복합 용도 개발 프로젝트를 진행했는데, 유클리드가의 폐허나 다름없던 지역이 활기를 띠며 되살아난 것이다.[10] GUCI는 목표를 확장해 마침내 '구매도, 고용도, 생활도 우리 지역에서, 나아가 연결로Buy Local, Hire Local, Live Local, and Connect'에 이르게 되었다. 오늘날 GUCI는 혁혁한 성과를 자랑하고 있다. 케이스 웨스턴 리저브 대학교의 학생이 크게 늘었고, 각 기관의 직원 수백 명이 이 지역으로 이주했다. 폐기된 산업 지역 스물여덟 곳도 되살아났다. 신설된 뉴브리지 직업 훈련원이 이미 훈련생을 600명 넘게 양성했고, 헬스 테크 코리더Health Tech Corridor는 지역 일자리 1,800개를 유지하는 수준을 넘어 일자리 1,300개를 더 만들어내는 중이다. '동네 연계Neighborhood Connections' 프로그램과 여기서 진행하는 '네트워크의 밤Network Nights' 행사는 주민과 주민을, 또 주민과 기관을 연계해준다.[11] GUCI는 '협력하는 민주주의'의 도움을 받아 이제 새로운 방향으로 전략을 세우고 있다.

해내면서 만들어가다

GUCI가 만들어낸 가장 혁신적인 결실이 에버그린 협동조합일 것이다. 이들은 2009년부터 2012년 사이에 창업한 노동자 소유 기업으로, 처음부터 지역의 앵커 기관들이 필요로 하는 것을 조달하도록 설계되었다. 세탁 업체는 이 협동조합의 세 회사 가운데 하나다.

조직을 만들 때 도와준 테드 하워드가 클리블랜드의 마을 자산 구축 원탁회의에서 발언한 날로부터 일이 시작되었다. 클리블랜드 재단에서 온 인디아 피어스 리India Pierce Lee가 그 자리에 있었던 것이다.

이후 인디아는 '협력하는 민주주의'를 초빙해 저소득층을 도우려는 앵커 기관들의 전략이 현실적인지 그 타당성을 연구하는 조사를 맡겼다.

테드는 '협력하는 민주주의'의 스티브 더브Steve Dubb와 함께 앵커 기관을 돌면서 100번 넘게 인터뷰를 했다. 그들의 구매 품목을 조사했고, 그중에서 지역에서 조달할 수 있는 것들을 알아냈다. 그리고 그 결과를 토대로 지역 대학과 의료 기관의 수요를 충족시킬 노동자 소유 기업 창업 전략을 짰다.

프로젝트가 시작되면서 테드는 클리블랜드로 통근하다시피 했다. 인디아는 이렇게 말했다.

"있죠, 이러다가 아무래도 선생님 아예 여기로 이사 와서 우리 동네 주민이 되실 것 같네요."

테드는 소리 내 웃었다. 1년이 지난 뒤 그는 정말로 클리블랜드에 살게 되었다. 수도 워싱턴에서 멀쩡히 잘 살던 사람이 망해가는 러스트 벨트 한가운데 집을 마련한 것이다. 테드와 인디아, 클리블랜드 재단의 릴리언 쿠리Lillian Kuri는 여러 앵커 기관 리더, 그리고 다른 사업 개발 팀과 일을 시작했다. 이후 나온 계획들은 모두 그렇게 차근차근 하나씩 일을 하면서 만들어낸 것들이다. 테드는 동네 주민이 되면서 중요한 사실을 깨달았다. 그때까지 살아온 어디에서도 그는 제대로 섞이고 얽혀본 적이 없으며, 그랬다는 사실조차 깨닫지 못하고 살아왔다는 것이다.

초기에는 너무나 순진하게 접근했다. GUCI의 CEO들이 "그렇게 하죠"라고 말하면 이들은 당연히 에버그린 세탁 협동조합에 일을 주고 계약을 맺는다는 뜻으로 알아들었다. 하지만 그게 아니었다. 무려 2만 6,000명으로 구성된 거대한 관료 조직에서는 CEO가 한마디 한들 물품 조달 실무자는 신경조차 쓰지 않는 경우가 있었다. 이 병원들의 일감은 이미 다른 업체들에 큰 몫으로, 게다가 여러 해짜리 계약으로 꽁꽁 묶여 있었다. 그래도 방법은 있었다. 유니버시티 병원의 최고 행정 책임자인 스티브 스탠들리Steve Standley는 이미 큰 계약을 맺은 조달업체 한 곳을 설득해 일감 일부를 떼어 에버그린 세탁 협동조합에 재하청을 주게 했다.

또 클리블랜드 시청의 경제개발부장 트레이시 니콜스Tracey Nichols는 전화 한 통으로 자금 문제를 해결해줬다. 우선 시청의 주택도시개발부HUD: Housing and Urban Development에서 에버그린 세탁 협동조합에 150만 달러를 대부해주기로 하고, 다른 두 업체에도 방법을 찾아줬다. 그린 시티 그로워스에는 대부 800만 달러와 교부금 200만 달러를, 에버그린 에너지 솔루션스에는 주정부 대부 150만 달러를 받아준 것이다.[12]

동네 주민들과 진짜 관계를 맺기까지 앵커 기관들은 3년간 공을 들였다. 이제는 관계를 돈독히 하는 전략도 풍성해졌다. 앞서 이야기한 'UH로 올라오세요' 프로그램의 명칭을 정할 때도 주민들의 대화에서 아이디어를 얻었다. 사람들은 유니버시티 병원 건물을 볼 때마다 도무지 안으로 들어설 엄두가 나지 않는다고 털어놓았던 것이다. 이제 와 돌이켜보면 이런 일은 위아래에서 동시에 진행했어야 했다.

덩치 큰 기관 조직하기

마을 협동조합이 성장하는 데 앵커 기관들이 절대적으로 중요한 역할을 한 것은 사실이다. 하지만 업체들이 그것만으로 성장한 것은 아니다. 대체 에너지 업체인 에버그린 에너지 솔루션스는 케이스 웨스턴 리저브 대학교에 태양광을 설치하는 것으로 사업을 시작한 이후 건물 도색, 주택 보수, LED 조명 설치 등으로 사업 범위를 넓혔다. 도시 농업 회사인 그린 시티 그로워스도 마찬가지다. 이들도 비영리 앵커 기관과 거래를 했지만 그것만으로는 턱없이 부족했다. 처음 몇 년은 비닐하우스 건축 비용을 회수하기도 힘들었다. 그래서 네슬레Nestle와 80만 달러 규모의 바질 납품 계약을 맺는 등 기를 쓰고 대기업과 거래를 터 고객을 늘렸다.[13] 그 결과 이제는 흑자로 전환했고, 다른 두 업체도 마찬가지로 흑자를 내고 있다. 노동자가 소유한 세 업체가 모두 흑자 기업으로 전환한 것이다.

최근 에버그린 세탁 협동조합은 '앵커 기관 효과'의 최대 수혜자가 되었다. 2018년 클리블랜드 클리닉의 모든 세탁물을 처리하는 경쟁 입찰에 뛰어들어 당당하게 일을 따낸 것이다. 다국적 기업이 관리하던 이 병원의 세탁 시설을 에버그린 협동조합이 맡게 되었고, 이들은 즉시 직원 초봉을 20퍼센트나 올렸다. 하룻밤 사이에 새 직원 100명이 회사 소유권을 향한 패스트트랙에 올라탔고, 세탁 협동조합의 직원은 세 배로 늘었다.[14]

시간이 지나면서 앵커 기관과의 연계 작업은 대단히 정교한 공동체 조직 전략이라는 것이 분명해졌다. 거대한 기관들을 대상으로 하기 때문이다. '협력하는 민주주의'에서도 이런 경험을 교훈 삼아 일의 규모를 키워나갔다. 우리는 40개 가까운 대형 비영리 병원을 조직해 '보건 의료 앵커 기관 네트워크Healthcare Anchor Network'를 만들었다. 이들을 모두 합치면 고용 인원만 100만 명, 재화·서비스 구매 비용은 500억 달러나 되며, 투자 자산은 1,500억 달러에 달한다.[15] 가맹 기관들은 각자 지역 공동체에서 효과적으로 앵커 역할을 하는 길을 고민하며 함께 방법을 찾아나가고 있다. 이 네트워크가 성공하면서 대학이 지역 앵커가 되는 새로운 네트워크가 출범했다. 그리고 이제는 세 번째로 지역 현지를 기반으로 하는 앵커 협력체 네트워크를 조직하는 중이다.[16]

흩어져 있을 때보다는 뭉칠 때 힘이 커지는 법이다. 관료 조직으로서는 이렇게 앵커 기관들의 작동 과정을 뼈대부터 재설계한다는 것이 결코 쉽게 시도할 수 있는 일이 아니다. 사람들을 끌어들여 변화의 동력을 만들려면 강력한 지원이 필요하다. 사람들을 묶어주는 아주 강력한 유대의 힘도 있어야 한다. 우리 동네를 더 좋은 곳으로 만들고 싶다는 관심, 난관 앞에서도 사람들을 단단하게 뭉쳐주는 접착제 역할을 하는 것이 바로 유대감이다.

지역으로 돌아가다

마을, 우리 동네로 되돌아가는 것, 이것이야말로 경제와 사회의 관계를 바로잡는 첫걸음이다. 이 관계를 뒤집어 산업이 인간 세상을 지배하게 만든 것이 산업 혁명이었다. 역사가 칼 폴라니Karl Polanyi가 말한 것처럼 인류의 역사에서 경제 활동이란 본디 종교, 정치, 가족, 자연 등을 아우르는 사회적 질서의 일부에 지나지 않았다. 하지만 산업혁명 이후로 자본의 왕이 곳곳에 나타나 노동과 토지를 시장 상품으로 바꿔놓았고, 사람도 땅도 '창고에 쌓인 상품인 양 사고팔고 쓰고 버리는' 지경이 되었다. 하지만 노동은 곧 인간이고 토지란 지구인 만큼, 노동이니 토지니 하는 것은 어디까지나 허구의 상품일 뿐이라는 것이 폴라니의 이야기다.[17]

앵커 기관 네트워크는 지역으로 되돌아가는 운동의 한 부분이다. 사회를 건강하게 만든다는 게 무슨 의미인지 상상해보는 움직임이다. 이 시스템에 속한 병원들은 건강한 사회에서 의료 기관이 차지하는 비중이 10~20퍼센트에 불과하다는 사실을 인식하고 있다. 출산, 노동, 삶의 여러 조건을 뜻하는 **건강의 사회적 결정 요인** 개념이 무엇보다 중요하다. 경제 발전은 곧 사회 전반의 건강 상태를 끌어올리는 일이며, 불필요한 보건 시스템 소비를 예방하는 일이기도 하다.[18]

이쯤에서 상상해보자. 앵커 기관 활용 전략을 전국적인 규모로 확대하면 과연 어떻게 될까? 어떤 일이 벌어질까? 잠재력과 가능성은 그림으로 나타낼 수도 없을 만큼 크다. 미국 GDP에서 병원과 대학이 차지하는 비중은 무려 8.7퍼센트에 달하며, 경제 활동 전체로 보면 이는 실로 어마어마한 수준이다.[19] 물론 이렇게 거대한 기관들을 움직여 방향을 전환하는 데는 거대한 항공모함의 방향을 트는 것이 그러하듯 시간이 걸린다.

관습을 어겨라,
회의주의에 맞서라

대니얼이 유니버시티 병원의 직원 역량 강화 센터를 떠난 후 우리는 병원의 인사 담당 부사장 킴 셸니크를 찾아갔다. '올라오세요' 프로그램의 제휴 기관인 '취직합시다Towards Employment'에서 프로그램 매니저로 일하는 스테이시 웜플러Staci Wampler도 그 자리에 함께했다.

"우리 프로그램 지원자들은 여느 노동 시장 진입자들과는 아주 다릅니다. 일반적인 선발 과정으로는 절대 기회를 얻지 못할 사람들이니까요. 우리는 이런 사람들을 고용하는 작업을 하는 겁니다."

킴의 설명이다. 유니버시티 병원 전체에서 매달 일자리 1,500~1,600개가 생겨난다. 하지만 지원자는 1만 7,000명이나 된다.

"일을 하겠다는 사람은 항상 많습니다. 그래서 일자리를 더 만드는 데 계속 신경을 써야 해요."[20]

우리는 '올라오세요'의 수업에 들어가봤다. 10대 후반과 20대 초반 여성 여덟 명이 있었는데, 인종은 다양했다. 모두 치마를 입었고, 한 사람씩 앞으로 나와 모의 면접을 봤다. 미리 주제를 주고 토론하는 것으로, 제목은 '가정과 일터의 상반된 규칙'이었다. 하나를 골라 읽어보니 개인 생활에서는 '나 스스로 규칙을 정하고 이에 따라 살 수 있어야 한다'고 적혀 있다. 교사가 묻는다.

"여러분도 그렇게 하고 있나요?"

대부분이 그렇다고 답한다.

"직장에서는 다릅니다."

교사는 그 문장의 반대쪽에 나란히 적힌 문장을 읽으며 설명한다.

"하라고 하는 일을 해야 합니다. 하기 싫을 때도 해야 합니다."[21]

이 교육은 10일 과정으로, 9일째 되는 날 채용자들이 방문할 예정이었다.

"전부 다 채용 제안을 받으면 좋겠어요."

교사인 이벳 헤롯Yvette Herod이 쉬는 시간에 말했다.

"그런다 해도 몇 명은 제안을 거절하겠죠."

제때 취업하지 않고 다음 기회로 밀리면 경쟁자가 수천 명으로 늘어난다고 애써 설득하지만, 그 점을 제대로 이해하지 못하는 학생들도 있다고 한다. 킴은 보통 지원자 69명 중 1명꼴로 채용된다고 전해줬다.

"그러니 이 동네 사람을 제대로 준비시키려면 거르고 또 거르는 과정을 거치게끔 만들어야 했죠."

누군가는 이를 두고 '공정한 채용 절차'를 어기는 것이라고 할 수도 있을 것이다. 하지만 이 역시 '종류가 다른 공정한 채용'으로 봐야 한다는 게 킴의 말이었다. 이곳 졸업생은 여느 선발 과정을 거친 지원자보다 직장에 안착하는 성공률이 높을 뿐만 아니라 이직률도 낮다고 한다. '올라오세요' 프로그램은 4년 동안 246명을 취업시켰다. 그중 73퍼센트가 1년간 일자리를 유지했으니, 다른 과정으로 채용된 이들의 66퍼센트가 자리를 지킨 데 비해 월등하게 높았다고 한다.

"듣지도 보지도 못한 수치죠. 그래서 이 프로그램을 계속 운영하는 겁니다."

비결이 뭘까? 처음 6개월간 잘 적응하도록 도와주는 신입 직원 지도법, 킴은 이를 '비법 양념'이라고 불렀다. 대인 관계 같은 '소소한 기술'을 도와주는 것이 이직률이 낮은 가장 큰 이유라는 것이다.[22] '올라오세요' 프로그램을 처음 시작했을 때는 동료들도 반신반의했다고 한다.

"하지만 포기하지 않았어요. 제 명예가 달린걸요."

시간이 흐르면서 이 프로그램은 스스로 탁월한 사업임을 입증해 냈다.[23] 하지만 '협력하는 민주주의' 팀이 찾았을 당시는 위기에 처한 때였다.

"솔직히 말하자면 프로그램을 지속할 자원이 바닥났어요. 어디선가 자금을 찾아내지 못하면 이대로 끝나고 말 거예요."

처음 몇 년간은 클리블랜드 재단이 비용을 댔다. 그다음에는 켈로그Kellogg에서 지원을 받았다. 이 프로그램을 운영하는 데는 연간 2만 5,000달러 내지 2만 8,000달러가 든다. 지원자 수로 나누면 1인당 약 1,250달러가 들어가는 셈이다.

킴과 이야기를 나누는 사이 스테이시가 나타났다. 새 학급 지원자 중에 여성이 열 명이 넘는다는 것이었다. 킴은 잠시 생각에 잠겼다. 간호사는 언제나 모자라고, 날이면 날마다 인력 부족 상황에 대처해야 하고, 또 책임자로서 해마다 인사부의 인원 감축을 감수해야 하는 킴이지만 그 순간만큼은 행복하고 만족스러운 미소가 얼굴에 가득했다. 목소리도 편안했다.

"정말 잘됐네."

* * *

킴과 스테이시가 하는 일은 아주 유망하다. 유니버시티 병원과 GUCI의 자원을 잘만 운영하면 공동체에도 분명 큰 이득이 될 것이다. 주목할 것은 추출적 경제가 지배하는 우리 사회의 거센 흐름에 온몸으로 맞서면서 이와 같은 노력으로 한 걸음씩 전진하고 있다는 사실이다. 대니얼이 전 직장에서 해고된 2014년으로 돌아가보자. 그가 다니던 공장은 그해에 비용 300만 달러를 감축해야 했지만, 이 다국적 기업의 재무제표상 매출액은 900억 달러가 넘었다. 전해에 비해 약간 줄긴 했어도 이윤은 오히려 11퍼센트에서 16퍼센트로 크게 늘었다.[24]

수입이 줄었는데 이윤이 는다는 것은 곧 비용을 어마어마하게 줄였다는 뜻이다. 비용 중에서 비중이 가장 큰 건 대개 인건비다. 간단히 말하자면, 노동자에 돌아가는 소득을 줄이면 자본가에게 돌아가는 수입은 커진다. 100개국에 퍼져 있는 공장 400여 곳에 인원 감축을 명령해 진행된 일일 것이다. 결코 고의적인 가학 행위 같은 게 아니다. 이 회사는 클리블랜드 사람들에게 일자리를 가져다주는 소중한 고용주이기도 하다. 하지만 주식 시장에 상장되어 소유권이 거래되는 모든 회사와 마찬가지로 이들 역시 현존하는 자본주의 시스템의 논리에 따르지 않을 도리가 없다.

이런 기업들이 중시하는 것은 주당 이익EPS: earnings per share이다. 그 수치 어디에도 일자리를 잃은 사람들의 고통은 표시되지 않으며, 그렇게 해서 얻는 이윤은 주주들에게 돌아간다. 언론인 알렉스 베렌슨Alex Berenson이 말했듯이 '어떤 기업의 주가가 오를지 내릴지, CEO가 잘릴지 두둑한 보너스를 받을지, 새 사옥을 지을지 아니면 또 한바탕 구조 조정을 겪을지를 결정하는 가장 중요한 수치는 바로 주당

이익이다.' 요컨대 '주당 이익을 올린다는 지상 목표 아래 다른 모든 수치는 희생된다.'[25]

2014년 이 기업의 주당 이익은 3달러에서 4달러로 올랐고, 66달러였던 주가는 70달러를 넘어 치솟았다. 대니얼이 직장에서 잘린 바로 그해에 이 회사의 회장은 경영을 훌륭하게 해낸 대가로 600만 달러를 벌었다.

5

좋은 노동의 원칙

노동이 자본에 우선한다

가정 관리 협동조합의 노동자 중심 경제

노동은, 존엄과 자유라는 조건을 충족하며
올바르게 수행되기만 하면 행위자와 그 생산물에
똑같이 축복을 가져다준다.
— 에른스트 프리드리히 슈마허ERNST FRIEDRICH SCHUMACHER

"다음 주에 몇 시간을 일할지 미리 알려준 적이 없고, 또 무리 없이 생활할 만큼 노동 시간을 보장해준 적도 없어요. 의료 보험은 당연히 없고 다른 수당도 아무것도 없었죠."

어린아이 둘을 키우는 옥타비아 마틴Octaviea Martin은 브롱크스의 직업소개소에 등록해 4년간 장애인과 노인을 돌보는 방문 간호 도우미로 일했다. 미국에서 옥타비아처럼 방문 간호 도우미로 일하는 180만 명의 흔한 경험담이다. 이들 노동자의 90퍼센트는 여성, 특히 유색 인종으로 대부분이 이민자 출신이다. 고등학교를 마치지 못한 사람이 많고, 이렇게 일을 하다가 일자리를 잃고 복지 수당으로 연명하는 상태를 수시로 왔다 갔다 하며, 의료 보건 체제에서 가장 하위의 일자리를 얻게 된다. 따라서 이들도 노동자 수백만 명이 직면한 상황, 즉 불안정한 시급제 노동에다 시급 외 수당은 거의 없는, 심지어 일터에서 존중받지도 못하는 문제들을 고스란히 안고 있다.[1]

그러던 중에 옥타비아는 사우스브롱크스의 방문 간호 협동조합 CHCA: Cooperative Home Care Associates에서 일자리를 얻게 됐다. 이 조합은 노동자 중심 영리 회사로, 이전에 옥타비아가 일하던 회사들과는 확연히 달랐다. CHCA는 안정적인 소득, 건강 보험, 연차 휴가를 보장할 뿐만 아니라 필요할 때 도와주는 멘토까지 지원해줬다.[2]

CHCA는 1985년에 창립되었다. 가사 도우미들에게 좋은 일자리를 만들어주는 동시에 저소득 취약 계층 가정에도 질 좋은 가사 서비스를 제공하는 사회적 실험인 셈이었다. 업체는 민주적 경제 모델로도, 또 영리사업체로도 놀랄 만한 성공을 거뒀다. 수입은 6,500만 달러 이상, 33년 동안 세 번 빼고 매해 이윤을 냈다. 소유권 전부를 노동자가 갖는 협동조합으로서, 무려 2,300명에 달하는 직원의 절반이 소유권자로 참여하고 있다. 또 B콥 인증도 받았다. 공공선에 복무한다는 기업의 임무를 지배 구조의 틀 안에 분명히 명시했다는 뜻이다.

사우스브롱크스는 여러 세대에 걸쳐 실업이 이어지면서 황폐해진 지역이다. 이곳에서 CHCA는 해마다 600명 이상 노동자를 선발해 훈련시키고 궁극적으로는 일자리를 만들어준다. 채용된 뒤에는 별도의 관리자와 동료 멘토를 연결해줌으로써 아이 맡기는 문제, 이민 문제, 일터에서 생겨나는 문제 등을 풀어나가도록 도와준다. 노동자들은 노동조합이나 노사 협의회를 통해 발언권을 가지며, 이사회에서도 14석 중 8석 이상이 노동자 대표 자리다. 넉넉한 수당으로 주 35시간 이상 근무하는 전일제 일자리를 만드는 것이 이 회사가 자임한 임무다.

CHCA의 일은 고되고 보수도 그리 높지 않다. 하지만 노동자들은 이곳을 떠나지 않는다. 이직률 20~25퍼센트, 동종 업계 평균인 66퍼센트의 절반도 되지 않는다.[3] B랩은 이 회사에 인증서를 발행하고 한 걸음 더 나아가 사회에 긍정적인 영향력을 가져오는 '세계 최선Best for the World'[4] 기업으로 선정했다.

좋은 노동의 위기

CHCA는 '인간의 존엄을 지키는 섬'이라 불린다.[5] 추출적인 글로벌 자본주의는 노동자가 인간다운 삶을 일구는 데 갈수록 적대적인 환경을 만들고 있으니, 그 망망대해에 떠 있는 이 독특한 기업이 고립된 섬처럼 보이는 것도 당연하다. 미국, 일본, 유럽, 그 밖의 부유한 나라에서 노동자의 임금은 최근 소소하게 오른 몇몇 경우를 제외하면 오랜 세월 그 자리다.[6] 미국에서는 안정적인 일자리가 사라지고 불안정한 시급제, 계약제, 각 유형의 일자리만 생겨났으며, 산업 현장이 급속히 자동화되면서 일자리 위협은 점점 더 커지고 있다. 그 결과 중산층은 해체되고 근로 빈민은 늘어났다. 운 좋게 전일제 일자리를 지켜낸 이들이라 해도 업무량이 허리가 부러질 만큼 늘었을 뿐만 아니라, 일의 성격도 참으로 무의미한 종류로 퇴락하는 상황이다. 자라나는 세대 앞에 가로놓인 전망은 참으로 어둡다. 지금 우리는 좋은 노동이 파괴되고 사라지는 크나큰 위기의 복판을 통과하고 있다. 노동의 가치가 갈수록 강등되는 위기가 수십 년째 소리 없이 이어져 온 것이다.

실업률은 현격히 낮아졌건만 수십 년째 임금이 오르지 않고 그대로인 것은 대체 어찌된 일일까? 경제학자들에게 물어봐야 머리만 긁적일 뿐이다. 학자들의 견해도 제각각이다. 『뉴욕타임스』는 '미스터리'이며 '경제학의 수수께끼'라고 표현했다. 연구자들은 서로 상관없어 보이는 갖가지 요소들만 줄줄 늘어놓는다. 가령 노조 쇠퇴, 지구화, 외주화, 우버 경제, 자동화 같은 것들이다. 이에 대해 포르투갈 신트라에서 열린 유럽 중앙은행 회의에서 펜실베이니아 대학교 경제학과 교수인 아비브 네보Aviv Nevo가 의미심장한 논평을 했다. 그는 임금의 동학과 관련해 경제학자들이 헤매고 있는 상황을 이렇게 요약했다.

"우리는 잃어버린 열쇠를 찾겠다고 가로등 아래만 헤매는 주정뱅이인 겁니다."[7]

열쇠를 찾겠다는 사람이 정작 열쇠를 잃어버린 데는 가지 않고 엉뚱하게 불빛 환한 곳만 빙빙 도는 모습을 풍자한 오래된 농담이다. 진실을 알려면 익숙한 주류 경제학의 담론을 떠나 그 바깥세상으로 용기 있게 나가야 한다. 가면 갈수록 자본이 추출해가는 몫이 늘어났다는 암울한 사실을 발견할 것이다. 그리고 이런 추세를 부추기는 것이 임금 정체 현상의 뒤에 버티고 선 편향, 다시 말해 노동은 멸시하면서 자본은 편애하는 이 경제 시스템의 편향임을 발견할 것이다. 더불어 이러한 편향이야말로 기존 경제 게임의 논리이자 규칙이라는 사실도.

사회적 임무와 기업 경영의 균형

하지만 CHCA는 전혀 다른 논리, **좋은 노동의 원칙**으로 움직인다. 이들이 추구하는 사회적 임무가 회사 출입구의 연노랑 벽에 선명하게 박혀 있다.

"좋은 일자리로 서비스의 질을 높입니다."

비록 회사는 황량한 사우스브롱크스 한복판에 있지만 사무실은 티끌 하나 없이 깔끔하다. 안으로 들어서서 처음 마주하는 안내원들의 인상이 묘하다. 아마도 공포 부재, 그러니까 소속감의 실재랄까?

안내원석 모퉁이를 돌면 마이클 엘자스Michael Elsas의 사무실이 나온다.

"1980년대에는 사업을 꾸리는 게 아주 고됐어요. 노동자한테는 아무도 신경 쓰지 않았죠."

마이클은 아우라 넘치는 회색 머리에 깔끔한 턱수염, 청바지와 카우보이 장화를 즐기는 백인 남성이다. 2000년도에 CHCA 이사장으로 취임한 이래 16년 동안 500명이던 직원을 2,300명으로 무려 네 배나 키워냈다. 2017년에는 CHCA의 컨설턴트로 일하다가 지금은 은퇴했다.[8]

지금은 유색인 여성 에이드리아 파월Adria Powell이 CHCA를 경영한다. 공동 창업자인 페기 파월Peggy Powell의 딸로 이미 고등학교 때부터 이 회사에서 시간제로 일했다. 40대가 된 에이드리아는 2017년 1월에 회장으로 취임했다. 연봉은 20만 달러, 전임자인 마이클과 같다.

"우리 협동조합 이사장의 연봉은 급여가 가장 낮은 직원의 열 배 이상 높았던 적이 없습니다. 저도 마찬가지고요."

에이드리아의 말이다.[9]

"같은 조직의 성원이라면 연봉 격차는 열 배면 충분합니다. 그 이상이어서는 안 됩니다."

마이클은 이렇게 말한다. 이어서 그는 미국의 350대 기업 통계를 가져와 CEO의 보수가 노동자 평균 보수의 271배나 된다고 지적한다.[10]

지금은 사회적 임무라는 방향성을 강하게 지향하지만 CHCA도 애초에는 영리사업체였다.

"회사 경영을 조금만 잘못하면 협동조합의 겉멋만 덕지덕지 들러붙을 뿐 돈은 못 벌 겁니다."

방문 간호 사업은 결코 쉬운 사업이 아니라는 말이다.

"노동력에도, 관리에도 정말 많이 투자해야 하고요. 대금 청구서 발행이나 수금도 복잡하고, 법 규정도 정말 복잡하고 많습니다. 이런 일을 제대로 해내려면 전문성이 필요합니다."[11]

동시에 그는 '우리는 단순한 영리 업체를 넘어선 존재'라는 사실을 강조한다.

"경영 쇄신 과정마다 언제나 초점은 한 가지입니다. 방문 간호 노동자들에게 가장 좋은 방향, 가장 이익이 되는 것은 무엇인가? …그렇다고 해서 운영권이 노동자들에게 있는 것은 아닙니다."

공동 창업자인 릭 서핀Rick Surpin도 이 점을 강조했다. 언젠가 그가 말한 것처럼 이들이 추구하는 경영 비전의 참모습은 '참여participatory'이지 '집산collectivist'은 아니라는 것이다(집산적이라 함은 아무런 위계 없이 모든 성원이 동등한 의사 결정권을 갖고 경영하는 조직을 말한다).[12]

소유권의 대전환, '이윤 추출'에서 '인간적 귀속감'으로

"모든 관행을 유지하는 회사를 주식 시장에 상장하기는 힘든 일이죠."

마이클이 말했다. CHCA를 만들고 키운 곳은 비영리 조직인 공동체 서비스 협회CSS: Community Service Society였다. 노동자 소유 기업을 만들어 일자리를 창출하는 곳으로, 릭도 여기서 일하고 있었다. CSS는 창업 초기에 발생하는 위험 요인을 흡수해줬고, 사업이 안정된 다음에는 노동자의 권익 보장을 위해 소유권을 노동자에게 이행하는 것을 최우선 순위에 뒀다.[13]

노동자에게는 기술을 익힐 기회를 준다. 실제로 이 회사 관리직의 40퍼센트는 현장 업무에서 넘어온 이들이다. 에이드리아의 말이다.

"노동자 300명을 일종의 외교관으로 훈련시켜 마을에 내보냅니다. 우리 협동조합을 설명하고, 우리에게 사업을 맡겨야 하는 이유를 이야기하죠."[14]

노동자는 다양한 방식으로 목소리를 낼 수 있다. 이사회 의결권도 있고, 분쟁 해결의 핵심인 노사 협의회에 참여하는 방법도 있다. 하지만 가장 중요한 건 노동자 스스로 회사를 '우리 공동체'로 여겨야 한다는 점이다. 공동 창업자인 페기의 말을 들어보자.

"회사에서 노동자가 이방인이라고 느끼는 것이 가장 큰 문제입니다. 그래서 우리 회사에서만큼은 노동자 스스로 이 회사의 성원이라고 느끼게 하려는 거예요."[15]

여러 해 전 구술사가 루스 글래서Ruth Glasser와 제러미 브레허Jeremy Brecher가 발행한 CHCA의 사내 문화 연구 결과에 당시 직원 베치 스멀리언Betsy Smulyan의 육성이 실려 있다. CHCA에서 가사 도우미로 일하는 이들이 스스로 회사의 주인이라고 여길 만한 원천은 지배 구조에서의 의결권보다는 사무실에서 사람들과 수다를 떠는 것 같은 비공식 상호 작용에 있다는 것이다. 방문 간호 노동이 워낙 고립된 상태에서 이뤄지다 보니, 노동자들은 이런 상호 작용에서 공동체의 감각을 절실하게 느낀다는 것이다.[16]

CHCA 노동자가 회사를 바라보는 관점은 부지불식간에 달라진다. 투자가 중심 기업체에서는 회사를 사물이나 대상으로 여길 수밖에 없다. 회사를 소유한 투자가란 회사와 분리된 위치에서 최대한 이익을 뽑아내려는 존재다. 반면에 소유자가 회사 **내부**에서 일상적으로 작업과 노동에 참여하면 회사의 성격은 완전히 달라진다. 물체나 대상이 아니라 공동체가 되는 것이다. 소유권의 성격은 금전 추출이 아니라 인간적인 귀속감으로 옮겨간다.

사회적 임무를 수행하는 강력한 생태계 만들기

이윤을 극대화하려는 영리 업체라면 방문 간호업에서도 구매력 큰 소비자가 몰린 틈새 시장을 선택했을 법하다. 그래야 수지 맞는 장사가 될 테니까. 하지만 CHCA는 메디케이드Medicaid 대상자, 즉 가난한 이들과 장애인을 주요 고객으로 설정했다.

이 회사의 핵심 목표 한 가지는 노동자에게 임금을 넉넉하게 주는 것이었다. 하지만 쉽지 않았다. 1997년, 자랑스럽게도 CHCA의 임금과 수당은 업계 표준보다 10~20퍼센트 높았고, 여기에 연간 배당금 200~400달러까지 지급했다.[17] 그런데 그 무렵 가정 방문 의료 서비스에 대한 정부 지원금이 40퍼센트나 삭감됐다. 업계의 사업체 5분의 1이 문을 닫는 상황에서 CHCA는 '뉴욕 방문 간호 서비스VNSNY: Visiting Nurse Service of New York' 같은 앵커 기관들의 지원을 받아 간신히 살아남았다. VNSNY는 뉴욕 시장의 60퍼센트를 점유하는 큰 기관으로, 수행 능력이 월등한 CHCA에 기꺼이 돈을 더 지불했다.[18]

CHCA는 또 시장 자체를 변화시키는 작업에 착수했다. '의료 보건 준전문 기관PHI: Paraprofessional Healthcare Institute'이라는 이름으로 비영리 정책·컨설팅 기구를 만들고, CHCA에서 일할 이들을 훈련시키는 동시에 모든 가사·의료 보건 도우미의 임금 수준을 높이는 데 힘을 보탰다.[19] 그리고 CHCA의 창업 이사장이던 릭 서핀은 회사를 떠나 세 번째 자매 조직인 비영리 '독립 돌봄 시스템ICS: Independence Care System'을 만들었다. 이는 장애인과 노인을 대상으로 메디케이드가 관리하는 장기 건강 보험이며, 2018년에는 사업 규모가 4억 5,000만 달러로 성장했다. 지난 20년간 CHCA가 성장하는 동력원이 되었고, 2018년에만 CHCA 소속 도우미 1,100명 이상과 노동 계약을 맺었다. 하지만 2019년 봄에는 ICS도 상당한 규모로 구조 조정을 겪어야 했다. 일단 문을 닫고 규모를 축소해 새로운 형태로 재개하는 과정에서 CHCA는 VNSNY로 고객을 넘기게 되었다. 이것이 장기적으로 CHCA에 어떤 영향을 미칠지는 아직 확실히 알기 어렵다.[20]

오늘날에는 CHCA 같은 형태의 사업체를 만드는 움직임이 나타나 이러한 모델을 발전시키고 있다. 노동자 소유의 방문 간호 기관 열다섯 개가 이미 생겼거나 조직되는 중이다.[21] 스티브 도슨Steve Dawson이 창업한 ICA 그룹이 이 운동을 주도하고 있는데, 이들은 '마을 기업 지원 기금Local Enterprise Assistance Fund'에서 대출과 기술 지원을 받아 CHCA의 창업을 도왔다. ICA는 지금까지 다섯 개 주에서 방문 간호 회사 창업에 힘을 보탰다. 최근에는 매해 협동조합 발전 재단Cooperative Development Foundation이 조직하는 '전국 방문 간호 협동조합 회의'까지 개최하고 있다.[22]

이 운동의 잠재력은 어마어마하다. 방문 간호 일자리는 2024년 100만 개까지 늘 것으로 보고 있다.

"이 부문에서 노동자 소유 방식은 아주 독특한 부가 가치를 갖고 있습니다."

ICA 그룹의 데이비드 해머David Hammer는 말한다. 서비스의 품질은 높이면서 이직률은 낮추는 만큼 경쟁력이 크다는 것이다. 데이비드는 노동자 협동조합이 이 업종의 지배적인 형태가 되리라고 믿으며, 에이드리아도 이에 동의한다.[23]

민간 영리 기업은 이렇게 이윤이 낮은 업종을 피하려는 경향이 있다. 농촌 전력화 사업도 마찬가지다. 이 분야도 지금은 소비자 소유의 전력 협동조합 형태가 지배적이다. 방문 간호 협동조합의 전국 총회가 열리는 곳이 900개의 농촌 전력 협동조합이 소유한 금융사 건물이라는 점이 많은 것을 말해준다. '전국 농촌 시설 협동조합 금융회사National Rural Utilities Cooperative Finance Corporation'라는 이 기관의 규모는 사람들이 추측하는 수준을 훌쩍 뛰어넘는다. 자산 규모가 무려 250억 달러에 달하는 것이다.[24] 이는 일정한 틈새 부문을 협동조합 형태가 주도할 경우 규모가 어디까지 커질지를 시사하는 사례다.

노동 게임의 불공정한 규칙

CHCA 같은 유형의 회사를 더 만들자는 운동의 취지 가운데 모두가 공감하는 것이 있다. 바로 '좋은 노동'이다. 추출적 경제 시스템은 노동자를 소외시키고 임금을 낮게 묶어두니 여기에 맞선다는 것이다. 최근 미국은 실업률이 낮아져 2018년에 약 4퍼센트 정도까지 떨어졌다. 하지만 이는 어디까지나 '최근 4주간 구직 활동을 한 실업자'의 수치다. 실직이나 구직 기간을 1년으로 확대하고 여기에 전일제 일자리를 찾는 시간제 노동자까지 더한다면 실업률은 그 두 배인 8퍼센트가 된다.[25]

불완전 취업자는 훨씬 많다. 2015년 미국 회계 감사원은 임시직, 시간제, 프리랜서, 계약직, 우버 유형의 파견직 비율이 전체 노동자

의 무려 40퍼센트나 된다는 놀라운 보고서를 제출했다.[26]

소득 사다리의 하위 절반에 해당하는 성인 1억 1,700만 명의 소득 증가 속도가 수십 년째 이토록 낮은 지경에 머물고 있건만 하나도 놀랍지가 않다.[27] 생산성의 꽃은 자본 쪽에서만 열매를 맺었다. GDP에서 법인 기업 이윤으로 간 몫은 최근 수십 년간 6퍼센트에서 12퍼센트로 두 배가 됐다.[28]

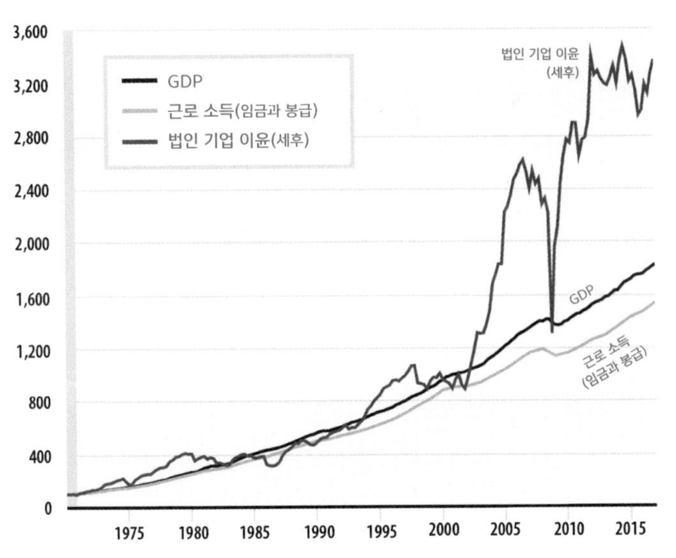

1970년대 이후 법인 기업 이윤, GDP, 근로 소득 비교.[29]
세 개의 시계열을 비교하도록 1970년을 100으로 잡아 지수화했다 (출처: 미국 경제분석국).

이 과정에서 사람들의 삶은 박살 난다. 실직자가 겪는 질환은 여러 가지다. 명이 줄고, 우울증에 걸리고, 만성 질환이 늘고, 약물에 중독되고…. 사랑하는 사람의 죽음이나 삶을 송두리째 바꿔놓는 부상에서 회복하는 것보다 일정 기간의 실직 상태에서 회복하기가 더 어렵다고 한다. 좋은 노동은 돈뿐만 아니라 정체성, 자존감, 삶의 목적을 자각하면서 얻는 활력, 공동체 안에서 생산적인 역할을 한다는 보람 등도 선사한다.[30]

하지만 기존 경제는 노동보다 자본의 편에 가까우며, 이 때문에 대다수의 안녕에 해를 끼친다. 핵심적인 이유는 소유권에 있다. 상장된 주식회사와 그 소유주인 주주의 관계는 너무나 미약하다. 주식을 불과 몇 분 보유했다 팔아버리는 주주들은 자기가 가진 기업의 이름도 기억하지 못한다. 그럼에도 이 관계를 **소유권**이라는 이름으로 신줏단지 모시듯 한다. 정작 매일 회사에 출근해 부를 생산하는 노동자들은 아무것도 소유하지 못한 채다.

모두의 삶을 꽃피우는 경제란 무엇보다 노동에 무게 중심을 맞춰 설계한 경제일 수밖에 없다. 민주 국가에서 흑인과 여성도 완전한 참정권을 갖는 것과 마찬가지로, 경제에서는 노동이 성원의 자격을 온전하게 누리는 사회 질서인 것이다. 토머스 페인Thomas Paine의 말을 빌자면 민주주의의 핵심 원리는 보통 사람의 지위와 관련되며, '노동의 결실을 온전히 그 사람이 향유하는가'가 관건이라고 한다. 페인의 비전은 '만인이 소유주'가 되는 것이었다. 이 원리를 오늘날에 적용

한다면 모든 노동자가 소유주가 되는 것이라고 하겠다.[31]

자산 소유권은 노동자 중심 경제를 창출하는 근간이다. CHCA와 그 주변 생태계가 보여주듯이 다른 접근법도 필요하다. 최저 임금 인상, 노동조합, 정책 보호, 앵커 기관들의 지원 등이다.

노동,
과연 덜어내야 할 '비용'인가

첫걸음은 노동의 본성에 대한 우리의 사고방식을 전환하는 일이다. 영국의 석탄 경제학자 에른스트 프리드리히 슈마허는 1973년에 「불교 경제학*Buddhist Economics*」이라는 논문을 발표해 큰 반향을 불러일으켰다. 이 글은 노동이나 노동자에 대해 우리가 무의식중에 품고 있는 여러 전제를 돌아보게 해준다. 우리에게는 노동을 필요악으로 여기는 경향이 있다는 것이다. 고용주에게 노동이란 '비용 항목 중 하나일 뿐이며, 자동화 등으로 완전히 제거하면 가장 좋지만 그게 아닐 경우엔 최소한으로 줄여야 하는 것'이다. 한편 노동자들은 노동을 달갑지 않은 것, 마지못해 임하는 것으로 여기고, 일하는 것보다는 여가를 선호한다. '따라서 고용주의 관점에서 보자면 피고용자 없이 생산물을 얻는 것이 이상적이며, 피고용자의 관점에서 보면 일하지 않고 소득을 얻는 것이 이상적'이다.[32]

자본 중심 경제에서는 자본 소유자가 우위를 차지한다. 이들은 노동에서 자유롭다. 반면 억지로 일을 해야 하는 이들은 사회적으로 열등한 위치에 자리하게 된다. 슈마허는 이를 바로잡을 가치 기준을 제시한다. 노동은 내면의 가장 고상한 자아를 일깨워 우리가 도달할 수 있는 최상의 것을 생산하게 만드는 잠재력을 갖고 있다는 것이다. 따라서 노동자가 노동을 '무의미하고, 지루하고, 멍하게 만드는 것'으로 느끼도록 일을 조직하는 것은 '범죄나 다름없다'는 게 슈마허의 주장이다.[33]

노동이야말로 사람이 지닌 여러 잠재력을 계발하는 방법이라고 보는 것이 CHCA의 핵심이다.

"내가 투명 인간 같다고 느낄 때가 많았어요. 노동 계급으로 태어난 이들은 대부분 자기가 투명 인간이라고 여길 겁니다."

공동 창업자인 릭은 말한다. CHCA의 목적은 '투명 인간이 아니라 스스로 가치 있는 인간으로 느끼는' 곳을 만드는 것이다.[34]

작업 현장에서 사람들의 역량을 강화하는 것은 간단한 과제가 아니다. CHCA의 공동 창업자들은 수익 모델을 갖춘 사업체를 운영하는 일과 문화적 이상을 달성하는 일 사이에 긴장이 불가피하다는 것을 인정했다. 페기는 회고한다.

"초창기에 우리는 모두 평등하다는 이상을 그림으로 내걸었죠. 하지만 관리자들이 권한을 행사하는 순간 우리는 위선적이라고 불신을 사기 시작했습니다."[35]

고용하는 쪽이나 고용되는 쪽이나 평등하게 존엄을 누려야 한다는 말이 곧 관리자나 경영자가 없다는 뜻은 아니다. 도시 행정에서도 도로를 어느 곳에서부터 만들지를 놓고 모든 시민이 투표를 하지는 않는다. 마찬가지로 노동자들이 기업의 모든 결정에 투표를 하지는 않는다. 도시, 국가, 일터, 그 어떤 사회든 질서를 위해 능력 있는 관리자와 경영자가 필요하다. 기술과 숙련도에 기초해 이런 이들을 선별하고 소임을 다할 수 있도록 권한을 부여해줘야 한다.

CHCA가 창의성을 보여준 것이 그 지점일 것이다. 이들은 노동자에게 투표권을 주는 것보다는 민주주의의 목적 자체에 무게를 실었다. 이 회사는 저소득층 흑인 여성, 라틴계 여성, 이민자 여성에게 좋은 노동과 좋은 삶을 창출해주는 것을 중심 과제로 삼았다. '협력하는 민주주의'의 동료 로니 갤빈Ronnie Galvin의 말대로 여성 노동자들은 성별, 인종, 계급의 교차점에 서 있으므로 '확고하게 현실에 중심을 둔 운동이 되지 못한다면' 그저 이 체제의 '변두리에서 터지는 문제들을 적당히 땜질하는 수준에 그치고 말 것'이다. 따라서 가장 주변화된 이들의 처지를 실질적으로 개선할 때 비로소 그들 스스로 이 운동을 '우리 모두가 승리'하는 운동으로 확신하게 되리라는 주장이다.[36]

인생을 걸고 싸우다

지금 CHCA는 노동자 소유주 수가 계속 줄어드는 역풍을 맞아 상황을 반전시키려고 힘겹게 싸우고 있다. 소유주가 되려면 우선 1,000달러를 내야 한다. 대부분은 선금 50달러를 내고 나머지는 주급에서 3달러 65센트씩 떼는 식으로 처리한다. 회사를 나갈 때 1,000달러를 돌려받는다. 매년 배당금도 받는데, 지난 4년간은 배당금이 없었다. 게다가 CHCA는 여러 기관에서 노동자 수백 명을 받아들이고도 이들에게 소유주 교육을 시킬 인력과 시간이 부족했다. 그 결과 2007년에 70퍼센트에 달하던 노동자 소유주의 비율은 50퍼센트 아래로 떨어졌다.

에이드리아는 다행히도 최근에 흐름이 반전되었다고 전했다. 2017년과 2018년에는 배당금을 지급했고, 2017년에는 일반 노동자의 배당금이 800달러나 돼 사상 최고를 기록했다고 한다. 850명까지 줄었던 노동자 소유주는 이제 1,100명 수준으로 회복됐다.

"인사부에 가서 말했죠. 노동자 소유제야말로 우리 사업의 근간이니 그리로 되돌아가야 한다고요."

에이드리아의 목소리에 힘이 들어갔다. 또 노동자 소유 기업에 인증서와 브랜드를 발급해주는 '노동자 소유 인증' 기구가 생겨 CHCA가 내부 노동자들을 설득해 소유주로 참여하게 하는 데 '엄청난' 도움이 되었다고 한다.[37]

2019년 뉴욕주의 최저 임금은 시간당 15달러로 책정되었다. 고용주들이 최저 임금 인상 폭을 따라갈 수 있도록 주정부가 보조금을 지급했지만 속도가 더뎌 CHCA의 현금 흐름에 문제가 생겼다. 물론 메디케이드 건강 보험에도 간호 인력의 임금 인상분이 반영되긴 했다. 하지만 장기 의료 보험의 경우 CHCA 같은 서비스 공급자에게 인상분 전체를 반드시 넘겨주는 게 아니었다고 에이드리아는 설명했다. 그 결과 CHCA는 노동자에게 지급할 시간당 수가가 몇 센트씩 부족해졌다.

"총 노동 시간이 300만~500만 시간인데, 시간당 10센트씩만 모자란다고 해도 얼마나 큰돈이겠어요?"[38]

CHCA는 팔 걷고 나선 다른 기관들과 함께 국제 서비스 노조SEIU: Service Employees International Union의 1199지부에 문제 해결을 호소했다. 모든 보험사가 최저 임금 인상에 따라 수가를 제대로 지급하도록 보장하는 등 해법을 찾아달라는 것이었다.

"우리처럼 1199지부로 조직된 이들은 노조를 통해 아예 입법을 도모할 수도 있지요."

에이드리아의 말이다.

"하지만 1199지부 같은 조직을 갖지 못한 기관도 많습니다."[39]

다른 한편에서는 ICS의 구조 조정 때문에 불확실성이 확산되고 있다.

"우리는 지금 인생을 걸고 싸우고 있어요."

에이드리아가 말했다. 2019년은 이들에게 중요한 분기점이 되는 해다.

"앞으로 최소 30년은 여기서 버티기 위해 무엇이든 할 각오가 되어 있습니다."[40]

6

민주적 소유권의 원칙

새로운 시대의 기업 설계도

노동자 소유의 B콥, EA 엔지니어링

자본주의와 영리사업business은 사실상 동의어다.
자본주의란 그 시스템을 추상적 개념으로 표현하는
역사가의 용어이며, 영리사업이란 그 시스템이
일상 현실에서 작동하는 바를 일컫는 평이한 말일 뿐이다.
…자본주의는 필연적으로 변할 것이고,
더 장기적으로 보면 다른 종류의 사회 질서에
차차 길을 내줄 것이다.
— 로버트 하일브로너ROBERT HEILBRONER[1]

우리는 영리사업의 힘을 이용해 선을 이루려는
사람들입니다. …B콥 인증은 사회적 목적과
이윤의 균형을 잡는 새로운 종류의 영리사업입니다.
— B콥 웹사이트

"얘네들은 은퇴했어요."

마이크 차노프Mike Chanov가 가리키는 수조에는 15센티미터쯤 되는 점박이 물고기 여섯 마리가 느릿느릿 인공 수초 사이를 헤엄치고 있었다.

"무지개 송어는 민감성이 뛰어나죠."

그의 설명에 따르면 이 물고기들은 수질 검사 실험을 거치고 살아남아 이제 여생을 편하게 보내도록 놓아준 것이라고 한다. 말 그대로 '퇴직자'인 셈이다.[2]

마이크는 실험실 이곳저곳을 차례대로 가리켰다. 실험실은 메릴랜드의 헌트 밸리에 있는 환경 컨설팅 기업 EA 엔지니어링EA Engineering, Science, and Technology, Inc., PBC 본부 옆 낮은 창고 건물에 있었다. EA 엔지니어링은 생태 독성 실험실을 운영한다.

"검사에 사용할 생물종을 직접 키웁니다."

마이크는 다시 동글납작한 접시 여덟 개를 가리켰다. 접시마다 물벼룩 10여 마리가 자라고 있었다.

“세상에 나온 지 24시간도 채 안 됐어요.”

물벼룩은 모두 복제한 것이었다. 이것들이 재생산을 하지 못하면 그건 수질에 독성이 있다는 뜻이라고 했다.

마이크는 다른 생물종도 보여줬다. 잉어, ‘케빈’이라 불리는 게, 대서양 보라성게 등이었다. 빛깔이 풍성하고 가시가 돋은 보라성게는 브라우니 팬만 한 플라스틱 통에 담겨 있었다.

“얘네들은 양조장 배출수에 노출시킬 겁니다. 그러고 나서 안락사시키겠죠.”

그 말에야 은퇴한 점막이 물고기들이 행운아들이라는 게 이해가 됐다.

EA 엔지니어링은 수질 규제 기준 준수 여부를 알아내기 위해 물 표본을 가져와 이 생물체들에 실험을 한다. 수질 규제를 어기면 큰 비용을 치르게 된다. 메릴랜드주의 어느 발전소는 최근 벌금 200만 달러를 물고 폐수 처리 시설을 개선했다.[3] 이곳에서는 해마다 1,500건씩 실험을 하지만 이는 EA 엔지니어링의 광범위한 사업 가운데 극히 일부일 뿐이다. 이 회사의 직원은 500명 이상, 수입은 1억 4,000만 달러에 달한다.

사업 범위는 대단히 넓다. 괌의 하천 현지 식물을 사용해 적은 비용으로 토양 침식을 막는 방법을 찾아낸다든지, 웨스트버지니아에 주립 발전소를 세울 경우 하천 어류에 미칠 충격을 예측하기 위해 하천의 흐름을 연구하기도 한다. 화학전에 사용할 독성 물질을 제조하다 폐쇄된 온타리오 호수 인근 군사 기지를 청소하는 일도 한다. EA 엔지니어링은 '한 번에 한 가지씩, 환경의 질을 개선'하는 사업을 하는 것이 회사의 목적이라고 밝혔다.

EA 엔지니어링은 이윤을 좇는 기업이다. 하지만 이윤과 목적의 균형을 취하겠다는 것이지, 어떻게 해서든 이윤을 극대화하겠다는 것이 아니다. 작은 차이로 보일지라도 실제로는 이 차이가 얼마나 큰 결과를 낳는지를 이들은 알게 되었다.

이 기업은 민주적인 소유권과 추출적 소유권을 모두 경험하고도 멀쩡하게 살아남아 한층 인간미 넘치는 존재로 다시 태어난, 아주 드문 존재다. 어항에 살아남은 '은퇴한 숭어'와 닮은 셈이다. 또 공익법인public benefit corporation이기도 하다(그래서 이름에 PBC가 붙는다). 회사 소유자들만이 아니라 사회 전체에 혜택을 가져오는 것이 핵심 임무라는 것이다.

EA 엔지니어링은 **민주적 소유권의 원칙**을 구현하고 있다. 회사 설계에 공공선이라는 목적을 명시했으며, 자산 소유권은 보통 사람들에게 널리 분산했다. 공평과 지속 가능성의 시대에 맞는 새로운 기업 설계의 전조인 셈이다. EA 엔지니어링이 기업 구조를 이렇게 설계하기까지의 여정에는 여러 가지 교훈이 담겨 있다.

비용만 잔뜩 치른
나스닥 상장 경험

보통 사업가는 회사를 상장해 주식이 거래되는 것이 궁극적인 꿈일 것이다. 하지만 EA 엔지니어링의 창업자인 로렌 젠슨에게 상장은 꿈이 아니라 악몽으로 남고 말았다.

로렌은 호소학자湖沼學者였다. 호소학이란 습지와 호수 등 담수를 연구하는 과학으로, 한때는 레이철 카슨Rachel Carson[4]이 로렌의 멘토이기도 했다. 1970년대 초 환경보호청이 생기고 수질 보호법이 통과될 당시 로렌은 존스 홉킨스 대학교 교수였다. 여러 회사를 자문하면서 그는 1973년 대학을 떠나 컨설팅 회사를 열었는데, 초기에는 수중생물학자들을 고용해 회사 이름도 '생태분석가Ecological Analysts'라고 붙였다. 환경 문제를 공학이 아니라 과학 관점에서 접근한 최초의 기업 가운데 하나였다.

"처음에는 훌륭한 거래처 대여섯 개 정도로 사업을 시작했죠. 하지만 몇 년 지나지 않아 그 수가 70~80개로 늘어났어요."

은퇴한 로렌이 우리와의 화상 인터뷰에서 지난날을 돌아보았다.

"전국 규모로 사업을 키우라고 권하는 사람이 많았어요. 그러려면 자본이 필요했습니다."

모두가 한목소리로 주식 시장에 상장을 하라고 조언했다.[5] 로렌은 1986년 기업을 상장했고 1990년대 내내 나스닥에서 주식이 거래되었다. 그러나 초기의 성공은 곧 사라지고 혼란이 시작되었다. 이사장이 세 번 바뀌며 직원들의 사기는 땅에 떨어졌다. 회계 보고서를 잘못 작성해 증권감독위원회와도 마찰을 빚었다.

결국 외부 임원이 경영을 맡았는데, 그 임원의 목표는 오로지 월스트리트를 기쁘게 하는 것뿐이었다. 선임 과학자 빌 루Bill Rue는 EA 엔지니어링 본사(친환경 건물 인증인 LEEDLeadership in Energy and Environmental Design에서 가장 높은 플래티넘 등급이다)의 작은 회의실에서 우리와 만났을 때 그 임원들을 '엔론Enron류 사람들'이라고 지칭했다. 빌이 쓰는 컵은 자연 분해로 비료가 되는 플라스틱 컵이었다.

"가족 같은 분위기도 사라지다시피 했죠."[6]

경영진은 오로지 목표 달성만 강조했다. 작업 수준과 품질, 진실성 등은 주가 상승이라는 목표 아래 뒷전으로 밀려났다. 어느 날 회의에서 로렌은 빌에게 함께 걷자고 청한 뒤 물었다.

"상황이 어떻게 돌아가는 것 같은가?"

마음이 불편했지만 빌은 "새 사장이 회사 전체가 아니라 그저 자기 이익만 생각한다"고 솔직하게 말했다. 3주 뒤 그 사장은 사라졌다.

로렌은 소수의 주주 파트너와 같이 주식을 매입해 경영권을 되찾았다. 외부에서 영입된 경영자는 내보냈다. 현재 이사장인 이언 맥팔레인Ian MacFarlane에 따르면 외부 경영자들은 이 회사가 스스로 설정한 환경적인 책무와 공존할 수 없었다. 이런 과제는 '분기별 당기 순

이익으로 요리할 수 있는 게 아니기' 때문이다. 이것이 2001년 일이었다.[7]

자사주 매입으로 제자리를 찾다

2001년 말 엔론 사건이 터졌다. 미국에서는 엔론, 타이코Tyco, 월드컴WorldCom, 에이델피아Adelphia, 아서 앤더슨Arthur Andersen이, 유럽에서는 파르마라트Parmalat가, 그리고 여러 나라의 무수히 많은 기업이 주가를 띄우기 위해 회계 부정을 저질렀다. 추출적 경제에 만연한 지도층의 부도덕에 세상은 경악했다.

"주주들은 오로지 돈만 좇죠."

로렌의 말이었다.

"자본주의 자체를 폄하하는 건 아니지만, 주식을 사는 자들의 꿈은 투자 수익률을 올리는 것뿐이에요. 그게 현실이에요. EA 엔지니어링 같은 회사에는 큰 문제가 될 수밖에 없습니다. 기업이 추구하는 목표를 혼동시키고 위태롭게 만드니까요. 이런 환경에서는 기업을 경영하기가 대단히 어렵습니다."

스카이프로 만난 로렌은 친절한 삼촌처럼 쉽게 설명해주는 건전한 사람이었다. 이언은 로렌이 회사에 '사리 분별prudence'이라는 가치를 불어넣었다고 했다.

"'사리 분별' 하면 로렌이죠. 이런 걸 회사의 핵심 가치로 꼽는 창업자가 또 있을까요? 우리는 고객에게서 나온 돈을 쓰고 남으면 되돌려드립니다."

회사의 초점은 항상 고객과의 친밀도, 생태계 보호 등에 있다는 것이다. 그러니 한 푼이라도 더 벌려고 무슨 짓이든 마다하지 않는 주식 시장의 문화와는 충돌할 수밖에 없었다.

"상장한 몇 년은 그래도 교육적인 차원에서 의미가 있었다고 생각해요. 하지만 그건 채찍질로 말을 길들이는 것처럼 상처와 아픔만 남긴 교육이었습니다."

로렌은 말한다.

"우리는 환경 문제를 제대로 이해하고 올바른 해법을 찾는다는 본연의 임무로 즉각 복귀했습니다."

로렌은 사위인 피터 네이Peter Ney를 재무 책임자(『볼티모어 비즈니스 저널』은 나중에 이 직위를 '최고 CFO'로 부른다)로 앉혔다.[8] 피터는 이언과 손잡고 로렌이 소수 주주 파트너와 함께 자사주를 매입하도록 이끌었고, 2014년에는 지분을 우리사주 신탁제로 100퍼센트 전환하는 작업도 주도했다. 동시에 이들은 회사를 델라웨어로 옮겨 공익 법인으로 등록했고, 기업의 사회적 목적과 이윤의 균형을 맞추겠다는 약속에 책임과 구속력을 부여한 뒤 이를 천명했다.

이언은 2012년 조카의 결혼식장에서 만난 크리스티나 포우드

Christina Forwood에게서 B콥 아이디어를 얻었다. 크리스티나는 미국 34개 주에서 B콥 개념을 발전시키고 법제화하는 비영리 기관 'B랩'에서 일하고 있었다.

"혼자 생각했죠. 흠, 한번 해볼 만하다고요."

이언은 회상했다. 피터는 우리사주 신탁제야말로 로렌이 원하는 대로 기업 문화와 창업 정신을 유지하는 목표에 잘 들어맞는 형태라고 보았다.

두 가지 요소, 즉 '직원 소유'와 '공공의 이익'이라는 목적은 완벽하게 맞아떨어졌다. 사회적 임무에 대한 지향성이 분명한 소유자들에게 통제권을 쥐여주면서 EA 엔지니어링은 정체성은 물론 금융 건전성까지 회복했다. 우리사주로 조성한 자금으로 회사는 창립자로부터 지분을 매입할 수 있게 되었다고 피터는 설명했다.

"사실 우리는 이미 우리사주와 비슷한 일들을 하고 있었기 때문에 딱히 변화라 할 것도 없었습니다."

이언이 덧붙였다.[9]

이후 EA 엔지니어링은 계속 이윤을 냈다. 기업 구조를 새로 설계하면서 법적 비용과 여타 비용으로 75만 달러를 썼지만, 결과적으로는 "1년간 절세한 돈보다도 훨씬 적었다"고 피터는 말한다. 우리사주 신탁체가 100퍼센트 소유한 'S기업'으로 인정받으면서 소득세를 완전히 면제받은 것이다. 그렇게 생겨난 수익은 직원들에게 돌아간다. 물론 직원이 퇴직해 보유했던 지분을 돈으로 받을 때는 세금을 내지만, 그때도 세율을 훨씬 낮게 적용한다.

로렌 또한 우리사주 신탁체에 지분을 매각할 때 개인적으로 추가 세제 혜택을 받았다. 직원들은 퇴직금 대신 주식을 받으므로 주식을 취득할 때도 돈을 내지 않는다(노동자가 직접 돈을 내 지분을 매입하는 노동자 협동조합과의 차이다). 선임 과학자 빌 루의 경우 EA 엔지니어링에서 38년 이상 일했으므로 퇴직금이 수십만 달러에 달했다. 지금 이 회사에서 소유권 지분이 5퍼센트가 넘는 개인은 없다.

직원들을 적극적으로 참여시키는 촉매제

빌은 직원 소유제 덕에 "모두가 한층 평등하다고 느낀다"고 전한다.

"그렇다고 해서 직원들이 경영 통제권까지 갖는 것은 아니고요."

선임 엔지니어로 우리와 같이 회의실에 있던 바브 뢰퍼Barb Roeper가 말을 이었다.

"사람들은 발언권을 더 갖고 싶어 하지만, 그러다 보면 의사 결정이 효율적으로 이뤄지지 않을 수 있죠."

다른 우리사주 신탁체와 마찬가지로 EA 엔지니어링의 직원 소유주들도 이사회 의석을 놓고 투표하지는 않는다(이와 대조적으로 노동자 협동조합에서는 모든 직원 소유주가 투표를 한다). 우리사주 신탁인은 일반적으로 경영진이 임명한다. 하지만 EA 엔지니어링에서는 중요한 의사 결정에 관한 한 직원들에게 법적 기준보다 투표권을 더 많이 준다고 이언은 설명했다.

엔론 스타일 CEO가 있을 때는 자의적인 정리 해고가 벌어지곤 했다고 바브는 말했다.

"이제는 정보를 전부 공개하기 때문에 참여도가 한결 높아졌죠. 밀레니얼 세대 청년들은 더 많은 걸 원해요."

직원들의 의견 개진을 독려하는 것 외에도 위원회가 여러 가지 있다. 또 회계 장부를 공개해 금융 정보를 모두 공유하는 방식으로 경영하고 있다고 한다.

우리가 방문한 날 총회가 열렸다. 최고 운영 책임자인 마이크 배틀Mike Battle은 수익과 이윤을 설명했고, '66분기 연속 흑자' 소식도 전했다. 또 회사의 여러 계약 건, 우리사주 조합, 자원봉사자에게 지불할 시간당 보수, 과테말라 비영리 기구의 활동 감찰을 위해 직원 한 사람을 현지로 파견하는 건 등 여러 이야기를 늘어놓았다. 장기 근속자 브루스 머치모어Bruce Muchmore의 근속 40년을 축하하는 순서도 있었다.

총회가 끝난 뒤 우리는 분석가 에린 투세이커Erin Toothaker에게 정말 스스로 소유주라고 생각하는지 물었다.

"제가 EA 엔지니어링의 소유주이긴 한데요, 그래서 내 지분이 돈으로 얼마인가를 따지기보다는, 여기서 우리가 이루고 싶은 목표에 어떻게 기여할지를 더 생각하게 되네요."

에린은 공익 법인이 되는 것이 '전략 계획에서 대단히 중요한 부분'이라고 했다.

피터는 말한다.

"우리사주 조합 기업들이 씨름하는 여러 가지 가운데 가장 큰 주제가 바로 직원들의 참여 문제입니다."

일부 기업은 직급별로 통치 위원회를 만들기도 한다.

"하지만 우리는 그렇게 했다가는 절대 살아남지 못할 거예요."

이언의 말이었다. 피터도 덧붙인다.

"이 업계에서 직원들을 움직이는 가장 큰 동기는 자연환경을 개선하는 것이죠. 우리 직원 아무나 붙잡고 물어보세요. 밖에 나가 오염된 곳을 치우는 게 나은지, 아니면 회의실에 앉아 회사에 닥친 위기 대책 토론이나 하고 싶은지?"

이언이 말을 받는다.

"말할 필요도 없죠. 다들 뜻한 바가 있어서 이 회사에 들어온 것이니 그 일을 하고 싶어 하겠죠."

공익 법인이 되면서 직원들이 회사 경영에 참여하는 좋은 촉매 작용을 했다. 회사도 '기업의 사회적 책임CSR: corporate social responsibility' 윤리 문제를 정리하는 데 도움이 되었다. 공익 법인이란 'CSR를 스테로이드 주사로 강화한 것'이라는 게 이언의 말이었다. EA 엔지니어링은 시작부터 정부 기관, 대기업 고객, 생태계 등 다양한 이해관계에 둘러싸여 있었다.

"그렇다면 그 시스템 전체를 봐야죠."

이언은 말한다. 생태계라는 것이 본질적으로 장기적이고 또 여러 이해관계를 포괄한다면 마땅히 기업 설계도 그러해야 한다는 것이다.

살아 움직이는 시스템, 기업

EA 엔지니어링의 소유권 변천 여정을 이해하기 힘든 사람도 많을 것이다. 하지만 이 과정은 민주적 경제로 가는 길을 어떻게 설계할지 분명하고 결정적인 가르침을 준다. 추출적 경제에서 기업은 주주들이 소유한 물체 혹은 대상이며, 컨베이어 벨트에 볼 베어링을 쏟아놓듯 수익의 흐름을 줄줄 쏟아놓으려는 목적으로 설계된다. EA 엔지니어링은 엄연히 살아 있는 기업 시스템을 모델로 하며, 그 시스템은 더 큰 살아 있는 시스템, 다시 말해 생명을 풍요롭게 만드는 지구의 일부로 설계된다.

EA 엔지니어링 이야기는 창업자들이 맞닥뜨리는 갈림길을 아주 잘 보여준다. 모든 창업자는 언젠가 죽는다. 가족 소유 기업 중에 2세대를 넘겨 존속하는 기업은 거의 없다. 그래서 선택할 수밖에 없다.

수익을 지향하는 금융 소유권으로 이행할 것인가, 아니면 창립 정신을 유지하면서 목적과 임무를 지향하는 소유권으로 갈 것인가. 창업자 대부분은 이런 선택지가 있다는 것 자체를 깨닫지 못한다. 기업을 순전히 금융 상품으로 보도록 만드는 힘이 너무나 강력하기 때문이다. EA 엔지니어링도 마찬가지였다. 조언하는 이들 전부가 주식 시장에 상장하라고 채근했다.

* * *

그럼에도 새로운 모델이 연이어 떠오르고 있다. 지속 가능성과 공평이 최고 가치가 되는 시대에 기업을 어떤 모습으로 설계해야 하는지를 보여주는 것이다. 앞서 본 방문 간호 협동조합이나 EA 엔지니어링은 직원이 소유한 'B콥'이다. 양쪽 다 공공의 이익이 핵심 임무이며, 소유권도 넓게 분산시키는 것이 목표다. 윤리적인 기업 경영의 힘을 더욱 강화시키는 설계인 것이다.

이는 또 21세기와 그 이후를 위한 기업 설계의 틀로서 훌륭한 출발점이 된다. '협력하는 민주주의'에서는 직원들이 소유한 B콥을 이미 50개 이상 찾아냈다. 에일린 피셔, 뉴 벨지움 맥주, 가드너스 서플라이Gardener's Supply, 사우스마운틴South Mountain Company, 아서왕 제분King Arthur Flour, 나마스테 태양광Namaste Solar 등등. 이들은 공공선에 복무한다는 임무와 소유권 분산을 결합시킨 경우다. 요컨대 이들은 민주적 소유권의 다양한 모델인 것이다.

영리사업의 논리를 넘어

우리는 소유권도 새롭게 설계할 수 있다는 사실을 깨닫지 못하고 있다. 자연스럽게 소유권을 기정사실로 여긴다. 너는 가진 사람, 나는 갖지 못한 사람이라는 식으로. 영국의 지속 가능성 컨설턴트 카리나 밀스턴Carina Millstone은 특히 지속 가능성 운동을 펼치는 진영에서 이 소유권 문제를 무시해왔다고 지적한다. 환경 운동 진영이 물질적인 기술에만 집중한 나머지 더 근본적인 문제, 즉 대기업의 의사 결정을 추동하는 소유권 설계가 어떻게 되어 있는지는 외면했다는 것이다. 또 어떤 소유권 설계가 윤리적이며 지속 가능한 의사 결정에 더 큰 힘이 되는지도 덩달아 무시되었다고 말한다.

환경 문제를 중시하는 이들은 지속 가능성이 '영리사업에도 유리하다'고 강조하는 경향이 있다. 지속 가능성을 중시하면 기업의 명성, 위기 관리, 비용 절감, 브랜드 위상 등에 도움이 된다는 것이다. 하지만 카리나는 MIT 대학교와 보스턴 컨설팅 그룹이 8년간 수행한 연구 결과로 다른 사실을 보여준다. 지속 가능성을 강화하는 방향으로 행동한 기업 중에서 그로부터 수익성을 찾아낸 기업은 37퍼센트에 불과했다.[10]

카리나는 그래서 지속 가능성이라는 목표를 상업적 관심사로 포장하는 것은 설득력이 없다고 말한다. **도덕적인 의사 결정**이 필요하다는 것이다. 금전적 이득을 극대화하는 데만 혈안이 된 투자가와 중역 앞에서 지속 가능성에 대한 투자는 오로지 단기간에 이윤을 낼 때만 정당해진다. 주식 시장에 상장된 회사들이 특히 그렇다. 주주는 많고, 모이기도 힘들고, 서로 관계도 없는 데다 사회적·생태적 책임을 효과적으로 설득할 만한 구조도 존재하지 않는다. 그런 점에서 윤리적 지도력을 발휘할 수가 없다. 기업 소유주가 도덕적 행위자가 되기 위해서는 주주 수가 적어야 하며, 주주와 기업의 관계가 긴밀해서 적극적으로 활동에 동참해야 하고, 공통의 사회적·생태적 임무에 깊은 책임감을 갖고 헌신해야 한다는 게 밀스턴의 주장이다.[11]

지속 가능성은 '우리 모두는 타인에 대한 책임이 있다'는 윤리 관념에 기초한다. 타인이란 지금 살고 있는 사람뿐만 아니라 장래에 태어날 이들까지 포함한다. 추출적 경제는 주주 이익이 모든 것에 우선한다는 원칙에 근간해 설계됐다. 이 원칙은 1919년 미시건주 대법원에서 있었던 다지Dodge 대 포드Ford 사건의 판결에 명시된 바, 기업 경영자는 노동자나 고객이 아니라 주주에게 이익이 돌아가도록 회사를 운영해야 한다고 적시했다. 그야말로 포드가 T 모델이나 팔던 자그마치 100년 전 유물이건만, 이런 명제가 지금도 멀쩡히 살아 무소불위의 힘을 발휘하고 있다. 이제 우리는 완전히 다른 시대에 살고 있다는 점을 명심해야 한다. 지금은 밀스턴의 말처럼 '민간 영리 기업의 등쌀에 지구 전체가 무릎을 꿇은' 시대다.

어째서 외부 규제로는 부족한가

뉴저지주의 톰스강 사례도 좋은 예다. 소유권 설계가 우리의 미래를 결정지으리라는 사실을 여기서도 볼 수 있다. 톰스강은 화학 회사 키바-가이기Ciba Geigy가 그 전신부터 30년간 머문 곳이다. 이곳에서 벌어진 일을 보면 기업의 이윤 극대화 유전자를 직접 건드리지 않고 외부에서 규제하는 것만으로는 성공하기 어려운 이유를 알게 된다.

톰스강에는 1950년대부터 화학 산업 공단이 자리 잡았다. 이후 30년간 인근 주민이 쓰는 상수도뿐만 아니라 뒤뜰의 우물까지 오염되었고, 어린이 수십 명이 암에 걸렸다. 댄 페이진Dan Fagin이 퓰리처상 수상작 『톰스강*Toms River*』에서 말한 대로, '우연이라고 하기에는 암에 걸린 아이들이 너무 많았다.' 마을에서는 EA 엔지니어링 사람들을 불러들여 수질 검사를 했다. 빌 루가 이메일에 쓴 것처럼 '대서양으로 바로 내쏟는 폐수의 염료 희석 연구'가 목적이었다.[12]

문제의 폐수는 하루 2,000만 리터 가까이 쏟아졌다. 키바-가이기는 무려 20년 동안 강산성 유독 폐수를 제대로 처리하지 않고 대서양으로 쏟아버린 것이다. 합성 염료 제조 과정에서 나오는 폐수였는데, 페이진에 따르면 '제조 공정과 그 흔적을 외면한다면 이윤이 어마어마한 사업'이었다고 한다. 1980년에 미국 슈퍼펀드 법Superfund Law이 통과되면서 유독성 폐기물은 대차대조표상 엄청난 채무로 계상되었고, 그 뒤에야 비로소 대기업들이 이 문제에 진지하게 관심을

기울이기 시작했다.[13]

키바-가이기는 수십 년이나 바다에 폐기물을 버리다가 이제야 수질 검사에 운명을 걸게 되었다. 1982년 작은 보리새우를 사용한 폐수 수질 검사에서 새우가 절반 이상 죽는 결과가 나왔다. 한 회사의 관에서 폐수가 쏟아져 나온다는 사실이 발각되었고, 인근 우물을 검사한 결과 유독 물질이 검출되었다. 키바-가이기는 무려 34년에 걸쳐 1조 5,000리터가 넘는 폐수를 대서양에 퍼부은 뒤에야 항복했다.[14] 당시의 수많은 화학 회사처럼 이들도 앨라배마주, 루이지애나주, 아시아 등지로 생산 기지를 옮겼다. 임금도, 환경 규제 기준도 훨씬 낮은 곳을 찾아간 것이다.[15]

규제로는 유독 물질 오염 문제를 해결할 수 없다. 키바-가이기가 관심을 기울여 해결하려 한 문제는 딱 하나, 금융 채무뿐이었다. 그들에게 중요한 건 그것뿐이었던 것이다. 비참하게 죽은 보리새우처럼 대서양의 무수한 바다 생물이 죽었겠지만 그들에겐 별 문제가 아니었다. 대양 생물은 대차대조표에서 자산으로 계상되지 않으므로 대양 생물은 물론 심지어 톰스강 인근 주민조차 보호 대상이 아니라고 본 것이다.

이런 식으로는 지구가 살아남지 못한다. 그런데도 다를 것 하나 없는 다국적 기업(프랭클린 루스벨트가 본 대로 민간 정부라 표현해도 과언이 아닌 규모와 권력을 갖게 되었다)이 전 세계로 뻗어나가고 있다는 것, 이것이 오늘날 우리가 직면한 위기의 핵심이다.[16] 기업들은 대기업의 목적과 상반되는 규제를 그저 골칫거리로 여기며 기를 쓰고 벗어나려 한다. 공공선이 실현되려면 기업들의 유전자를 뚫고 들어가야만 한다.

이언 맥팔레인이 '봉사 지도부 그린리프 센터Greenleaf Center for Servant Leadership'의 수탁인인 것이 우연이 아니다. 이 센터가 홈페이지에 밝혔듯이 봉사 지도자에게는 '다른 이들의 필요가 우선'이다.[17] 민주적인 소유권 설계 덕에 이런 윤리적 지도력이 가능해지는 것이다.

* * *

EA 엔지니어링의 혁신적인 소유권 설계는 이제 막 떠오르는 희망적인 모델이다. 이는 키바-가이기처럼 큰 대기업의 유전자를 어떻게 바꿀 것인가에 대해 여러 가지를 가르쳐준다. 어떻게 하면 될까? LEED 녹색 건물 규범이 한 가지 방법이다. 녹색 건축을 지향하는 소수의 건축가와 건설업자가 미래 비전으로 시도한 작업이 규율이 되었고, 시간이 지나 이제는 법령이 되었다. 뉴욕시는 2005년부터 시청 자금을 지원받는 신규 건물은 LEED 표준을 준수해야 한다고 규정했으며, 보스턴, 댈러스, 캔자스시티, 로스앤젤레스 등 여러 도시가 이 모범을 따랐다. 캘리포니아 플래전턴에서는 일정 규모가 넘는 상업적 건설업자는 모두 LEED 인증을 받게 했다.[18]

B콥은 존재 자체로 모종의 법제화를 보여준다. 이들은 주 법령에

따라 사회적·생태적 활동 등을 명시적으로 보고한다는 의무를 진다. 이미 미국에서는 우리사주 조합 장려가 상당한 조세 감면 인센티브로 법제화되었으며, 노동자 협동조합은 많은 나라에서 법적으로 소유권을 인정받는다. 이러한 규범들이 새로운 단계로 발전하는 상상을 해보자. 정부가 민주적 소유권의 단계마다 인센티브를 줘 장려하다가, 궁극적으로는 모두 지켜야 하는 요건으로 자리 잡는 것이다. 동시에 의료와 교육 분야에 추출적인 소유권이 나타나지 않도록 특별히 금지할 수 있다. 어느 시점에는 사회가 나서서 대기업의 작동 시스템을 전면 재설계해야 한다. 그렇게 하지 않으면 민주적 설계는 영원히 주변부에 머물다 다른 형태에 흡수당하고 말 것이다.

우선 우리는 소유권 설계가 얼마나 중요한 문제인지부터 인식해야 한다. 소유권 설계를 고민하는 이론가가 세계에 몇이나 될까? 기후 위기 연구자에 비하면 훨씬 적지 않은가? 소유권의 대안 형태를 가르치는 경영 대학이 몇이나 있을까? 심각할 정도로 적다.

민주적 경제 모델, 규모를 키울 준비가 되었다

추출적인 경제 설계를 한 가지 작물만 키우는 단작單作에 비유한다면, 민주적 경제 설계는 공공 소유, 개인 소유, 협동조합 소유, 직원 소유 등 다양한 소유권 설계에 의지하면서 부문에 따라 다양한 규모로 원하는 결과를 얻게 해주는 구조라 할 것이다. 이 가운데서도 직원 소유 방식이 규모를 키우기에 최적화된 형태다.

직원 소유 형태는 영국에서 눈에 띄게 늘고 있다. 미국에서 일정하게 직원 소유제를 시행하는 기업은 6,600개에 달한다. 럿거스 대학교의 우리사주 조합 전문가 조지프 블라시Joseph Blasi에 따르면, 우리사주 조합 기업에서 직원 소유주가 보유한 지분은 평균 13만 4,000달러다. 55~64세 가장이 이끄는 미국 가정의 평균 은퇴 자금 1만 4,500달러의 열 배에 가까운 액수다.[19]

직원 소유 기업은 경제가 어려울 때 회복 재생력을 더 크게 발휘한다. 노동자 소유주가 정리 해고를 당할 확률은 일반 노동자의 4분의 1밖에 되지 않는다. 미국의 '전국 직원 소유제 센터National Center for Employee Ownership'에 따르면 28~34세 노동자 가운데 직원 소유 기업에서 일하는 이들의 가계 순자산은 일반 노동자의 두 배 가까이 높고, 임금 소득 또한 33퍼센트나 높다고 한다.[20]

베이비붐 세대 사업가들이 은퇴를 맞으면서 10년 이내에 사업체 234만 개가 매각되거나 폐업할 것으로 예측된다. 업체 상당수가 그냥 문을 닫게 될 것이며, 이로 인한 정리 해고와 지역 일자리 감소도 엄청날 것이다.[21] 이런 업체들이 직원 소유제로 전환한다면 분명 역사적인 변곡점이 될 것이다. 이를 실현하기 위해 '협력하는 민주주의'는 '50-50 프로젝트Fifty by Fifty initiative'를 출범했다. 2050년까지 직원 소유주 5,000만 명을 만들어낸다는 계획이다.[22] 또 B콥 6,000개 중 대다수는 여전히 창업자가 소유한 상태다. 이들 가운데 직원 소유제로 전환하는 기업이 늘어난다면 그 사회적 임무의 정신을 보전하기도 좋을 것이고, 차세대 기업 설계도 보란듯이 탄탄대로를 달릴 것이다.

* * *

"지난번 대화 이후에 저는 더 급진적으로 바뀌었습니다."

이언과 다시 만나 들은 말이다. 그는 학회에 참여해 비판경영학 편에서 경영학의 문제점을 모조리 검토한다고 했다. 그중에서도 이해관계자 관리에 초점을 맞추는데, 이언에게 이는 이론 이상의 의미가 있다.

"직원 소유제와 B콥 형태를 결합시키면 새로운 의무가 생겨납니다."

EA 엔지니어링은 법적으로 공공의 이익을 창출해야 한다는 의무를 지고 있다. 또 회사의 기업 가치가 올라가면 그 부는 직원들에게 돌아간다.[23] 이유가 뭘까? 눈에 보이지는 않지만 아주 간단하다. 소유권 설계 때문이다.

7

지속 가능성의 원칙

생명의 근간인 생태계 지키기

공기, 물, 햇빛을 쓰고 누리는 것은 생명, 자유,
행복을 추구하는 인간의 권리다. 그런데 각종 유해 물질을
공기, 물, 대지에 쏟아놓는 자들이 이러한 기본 인권을
훼손하고 있다. 사유 재산을 훼손하는 행위를
잘못이라 판단하는 것과 마찬가지로,
모두의 공유 재산commons을 오염시키는 짓 또한
우리의 법 체계에서 근본적인 잘못으로 판정해야 한다.[1]
— 위노나 라듀크WINONA LADUKE

"정신 나간 브라질 여자로

보이고 싶지는 않았어요."

카를라 산투스 스칸디어가 소리 내 웃었다.

"제게는 이렇게 엄청난 배후가 있는걸요."

그는 환경 기금 후원자들 앞에서 발표한 기억을 되짚었다. 후원자

중에는 카를라가 '협력하는 민주주의'의 일원이라는 걸 모르는 사람들도 있었다. 걱정할 필요는 없었다. 고작 5분에 불과한 발표로 카를라는 회의장을 휘어잡았다.

"발표가 끝난 뒤에 발표자마다 자리를 배정해서 청중과 따로 이야기를 나누었어요. 제 앞에는 시종일관 사람들이 모여 있었죠. 줄이 제일 길었어요. 제가 앉기도 전에 이미 사람들이 서 있었으니까요."[2]

이날 청중으로 참석한 후원자들은 절박해진 '석유 시대 종결'에 관심이 많았다. 이들은 '기후 위기 대처 액셀러레이터Climate Change Accelerator(기후 위기 돌파 프로젝트Climate Breakthrough Project로 이름이 바뀌었다)'의 일원으로, 앞으로 10년간 탄소 배출량을 절대적으로 줄여줄 '기발한 전략'을 찾는 중이었다. 이 기금 프로젝트는 데이비드 앤드 루실 패커드 재단David&Lucile Packard Foundation이 오크 재단Oak Foundation, 좋은 에너지 재단Good Energies Foundation과 함께 시작했다. 카를라는 2017년 9월 6일 샌프란시스코의 배터리The Battery에서 열린 조찬 회합에서 발표를 한 것이었다. 발표자 여덟 명은 89개국의 지원자 500여 명 가운데 선정한 '오일 랩 펠로스Oil Lab Fellows'였고, 카를라는 지원금을 따낸 세 명 중 하나였다.[3]

탁자 앞에 와글와글 늘어선 사람들에게 카를라의 발상은 반쯤 정신 나간 소리 같았다. 아이디어인즉슨 연방 정부가 석유 회사를 매입해 문을 닫게 한다는 것이었다. 2008년 경제 위기 당시 연방 정부가 거대 은행들을 구제한 방법, 즉 세금은 한 푼도 걷지 않고 허공에서 화폐를 만들어내는 '양적 완화QE: quantitative easing' 방식을 쓰면 된다며 구체적인 방법까지 밝혔다.

차세대 경제 체제 프로젝트Next System Project에서 일하는 카를라와 우리 '협력하는 민주주의' 팀은 이를 **지구를 위한 양적 완화**QE for the planet라 부른다. 뭐 그다지 섹시한 이름은 아니지만, 중요한 건 그게 아니지 않은가.

그날 모인 후원자들은 카를라를 지원하기 위해 예외적인 절차를 밟았다. 우선 이들은 즉각 실행할 수 있는 제안 두 가지만 지원하기로 되어 있었으므로, 카를라의 제안까지 모두 세 건에 지원금을 주기로 한 결정부터가 평소와 달랐다. 카를라가 제시한 개념은 너무나 거창하고 생각지도 못한 것이어서 이에 대한 반응도 둘로 나뉘었다. 회의적이거나, 아니면 '되기만 하면 정말 엄청날 것'이라는 흥분이거나. 기금 측에서는 패커드 재단의 월트 리드Walt Reid에게 이메일을 보내 '색다른 시도를 위해 카를라를 지원하기로 했다'고 알렸다. 카를라가 먼저 자금 10만 달러를 확보하면 자기들도 그만큼을 지원하겠다는 것이었다.

7개월이 걸리긴 했지만 마침내 카를라는 자금을 확보했고, 기금의 매칭 펀드까지 얻어냈다. 카를라는 브라질에서 온 환경 분야 변호사로, 그전에는 리우데자네이루 환경보호청에서 일했다. 그리고 이제는 독창적인 도전을 하게 되었다.

대규모 시스템을 움직이는 힘

공동체 자산을 조성하는 과정은 아주 더디다. 따라서 새로운 경제 시스템으로 이행하려는 급박한 기대에는 부응하지 못한다. 대안 시스템의 아이디어가 샘솟을 공간을 만들려면 기후 위기처럼 스케일 크고 긴박한 문제들과 대결해야만 한다. 민주적 경제 시스템을 만드는 것은 지역 수준에서도 시작할 수 있지만, 대규모 시스템의 동학에도 함께 도전해야 한다.

2018년 UN의 기후 변화에 관한 정부간 협의체IPCC: Intergovernmental Panel on Climate Change는 기후 위기가 불러올 파국을 막아낼 시간이 고작 10년 남짓밖에 남지 않았다고 경고했다. 이전에 비해 경고의 어조와 주장도 한층 절박했다. IPCC의 이전 보고서들은 지구의 온도를 산업 혁명 이전 기준 2도 상승 이하로 막자는 내용이었지만, 이번에는 상한선을 1.5도로 내려 잡았다. 0.5도 차이에 수백만 명의 목숨이 달려 있다는 것이었다.[4] 기온 상승을 1.5도 아래로 막으려면 2030년까지 탄소 배출량을 2010년치의 45퍼센트로 줄여야 하고, 2050년까지는 순 배출량을 0으로 만들어야 한다고 한다. '역사상 전례 없는' 문명의 대전환이 필요한 시점이라고 호소하고 있다.[5]

결론적으로 2035년까지 전 세계가 매년 2조 4,000억 달러를 청정 에너지에 투자해야 한다는 게 IPCC 보고서의 주장이었다. 『블룸버그』는 2017년 재생 에너지에 투자된 금액을 3,335억 달러로 추산

했는데, IPCC는 그 일곱 배로 확대해야 한다고 말한다.[6]

또 화석 연료에 투자하는 돈을 대거 삭감해야 하며, 나아가 완전히 없애야 한다고 말한다. 하지만 세계 각국은 반대로 행동하고 있다. 국제 석유 대체 기구Oil Change International에 따르면 G20 정부와 다자 개발은행 들이 2014~2016년 동안 석유와 천연가스에 투자한 금액은 재생 에너지에 투자한 돈의 세 배나 된다고 한다. 파국으로 내닫는 길에 기름칠을 하는 짓이다.[7]

석유 회사들은 해맑은 표정으로 잡아뗀다. 엑슨모빌ExxonMobil은 2018년 초, 2025년까지 석유 생산량을 25퍼센트 늘리고 수익을 두 배로 올리겠다고 발표했다.[8] 빌 맥키번Bill McKibben은 이를 '지구 온난화를 가속하는 공포의 셈법'이라 칭하면서 이 목표가 절대 실현되어서는 안 되는 이유를 설명한다. 맥키번의 논문이 나온 것이 2012년이라 기온 상승의 상한선은 여전히 2도로 되어 있다(상한선을 1.5도로 낮추면 계산 결과는 더욱 끔찍해진다). 지구 온도가 2도 이상 올라가지 않도록 하려면 탄소 예산은 565기가톤 이내여야 한다. 하지만 '현재 연소 계획이 잡힌 화석 연료(입증된 매장량)'는 2,795기가톤, 무려 다섯 배나 된다. 다시 말해 매장량의 80퍼센트를 땅에 그대로 묻어둬야 한다는 뜻이다. 태워서는 안 되는 탄소, 금융 용어로 말하자면 **좌초 자산**stranded assets이다.[9]

J.P. 모건 출신 존 풀러튼John Fullerton의 자본 연구소Capital Institute에서는 현재의 시장 가치로 추산할 때 이 좌초 자산이 20조 달러라고

밝혔다. 이 자산을 그대로 묻어둔다는 것은 곧 자산 20조어치를 상각한다는 의미가 된다.

"어쩌면 모조리 태워버리는 게 나을 수도 있다. 투자가들에게는 좋은 일일 테니까. 하지만 그렇게 했다가는 지구에 엄청나게 큰 분화구가 생길 것이다."

맥키번의 말이다.

말 그대로 추출적 경제 시스템이 맞닥뜨린 어마어마한 '마지막 게임'이다. 이 경제는 막 생겨나던 무렵에는 겁도 없이 인간을 상품화하더니, 한껏 무르익은 뒤에는 독성 물질 수십억 리터를 눈 깜빡 않고 바다에 내다버리다가, 명이 다해가는 지금은 태연하게 지구의 모든 생명에 돌이킬 수 없는 손상을 입힐 궁리나 하고 있다.

새로운 달 탐사선

이렇게 흘러가는 상황에서 반전이 하나 있다면 아마도 그린 뉴딜일 것이다. 1930년대 프랭클린 루스벨트 대통령의 뉴딜 정책과 비슷하게 정부가 주도하는 입법 장치로, 인류 역사에 유례없는 장애물을 어떻게 무너뜨릴지 상상력을 촉발시킬 집단적인 도구 기능을 하고 있다.

하원 의원 오카시오-코르테즈의 보좌진 사이카트 차크라바르티

Saikat Chakrabarti는 이렇게 말한다.

"달 탐사선 발사와 비슷합니다. 존 F. 케네디 대통령이 탐사선 발사를 발표한 당시에는 달에 가는 데 필요한 여러 가지 가운데 한 가지도 없었습니다. 하지만 시도했고, 우리는 마침내 달에 갔죠. 그린 뉴딜은 모든 것과 연관됩니다. 기본적으로 경제 시스템 전체를 어마어마한 규모로 업그레이드하는 일이라고 보면 되겠습니다."[10]

그린 뉴딜은 근본적인 탈탄소화, 일자리 창출, 인프라 건설, 코먼스 재생 등 여러 과제를 동시에 추구하는 전략이다. 지구상에 작동하는 민주적 경제를 입증해내는 거대한 프로젝트인 셈이다. 공공을 동원할 만한 잠재력도 갖고 있다. 단순히 기후 변화만 극복하기 위해서가 아니라, 사람들에게 모두 함께 잘살 수 있다는 영감을 불어넣어줄 것이기 때문이다.

UN의 어느 공직자는 지구 온도 상승 한계 1.5도를 경고한 보고서를 '귀청 떨어지도록 요란한 화재 경보기'라고 묘사했다.[11] 경보기가 울릴 때는 하던 일을 전부 멈추는 게 맞다. 하지만 자금 지원자, 비영리 기구, 정책 입안자 모두가 여전히 기존 전략에 매달리는 실정이니, 우리는 돌파구를 만들어야 한다. 그린 뉴딜이 한 가지 방법일 것이다. '지구를 위한 양적 완화'도 돌파구가 될 수 있다. 이 두 가지를 결합하는 논의도 진행 중이다. '지구를 위한 양적 완화'가 기여한 핵심 포인트는, 민주적 경제를 만들려면 제도가 근본적으로 바뀌어야 한다는 사실을 분명히 짚었다는 것이다. 우리의 궁극적인 목표를.

문제의 핵심은 소유권 설계

석유 회사를 매입한다는 전략은 추출적 경제의 주역인 대기업의 소유와 통제 권한을 직접 겨냥한 것이다. 지금까지 등장한 전략들은 대부분 단기 이익을 극대화한다는 주주들의 목표를 어쩔 수 없는 것으로 받아들이면서 출발했기 때문에 언제나 한계를 뛰어넘지 못했다. 예를 들면 탄소세를 매겨 대기업의 이윤 추구 활동을 올바른 방향으로 유도한다든가, 지속 가능성이 영리적인 면에서도 합리적이라고 설득한다든가, 재생 에너지에 투자하는 이들에게 큰 수익을 돌려준다든가 하는 것들이었다.

괜찮은 정책들이다. 하지만 이런 접근법은 자본이 극대의 부를 가져간다는 불멸의 권리에 도전할 엄두조차 내지 못하는 실정을 드러낼 뿐이다. 자본에게 정말 그런 권리가 있는지, 그게 정당한지 묻는 사람은 보이지 않는다. 마치 민주주의를 맞기 이전에 왕실과 귀족의 절대 권력을 의심한 이가 없었던 것과 마찬가지다. 마저리 켈리는 이전 저서에서 이를 **자본 권리 신수설**the divine right of capital이라고 불렀다.

도저히 바꿀 수 없을 것만 같은 체제도 바꿀 방법이 있다. 그것도 단박에. 엑손모빌, 셰브런Chevron, 코노코필립스ConocoPhillips 등 석유 회사의 경영권을 매입해버리는 것이다. 그다음 이사진을 새로 선임

하고 기업의 목적도 새로 정한다. 지구의 생명을 보호하기 위해 생산량을 감축하라. 비록 사고 실험일 뿐이지만, **지속 가능성의 원칙**이 소유권 설계도 안으로 들어가야 한다는 뜻이다. 우리 정치·경제 시스템에서 생태계 보존을 으뜸 원칙으로 재정립한다는 것이 무슨 의미인지도 알 수 있을 것이다.

민주적인 경제 설계에서도 소유권을 인정한다. 하지만 이 소유권은 지구 자체를 번성케 하는 권리를 포함해 다른 여러 권리와 균형을 이뤄야 한다. 석유 회사 매입 과정은 어느 누구의 소유권도 침해하지 않는다. 실제로 이런 일이 벌어진다면 주주들도 반길지 모른다. 그들도 자기들이 소유한 회사가 조만간 좌초 자산으로 전락할 거라는 사실을 깨달을 테니까.

규제에서 기업 인수로

공공이 석유 기업 등을 인수하는 해법이 논리적으로 합당한 이유는 '규제'의 한계 때문이다. 엄청난 권력을 손에 쥔 대기업들이 로비, 정치 자금 후원, 규제 당국 포섭 등 온갖 방법을 동원해 국가적 결정 과정을 지배하는 상황이다. 규제를 한다 해도 금세 무력화될 가능성이 높다. 상장된 주식회사들은 '성장이 아니면 죽음뿐'이라는 월스트리트의 첫 번째 계명을 따른다. 이 지상 명령의 권세가 경제뿐만 아니라 정치 그리고 생태계의 운명을 좌우하기에 이르렀다. 기업이 이렇게 기를 쓰고 성장하는 가운데서는 탄소가 더 많이 배출될 수밖에 없다.

급박한 기후 변화 상황에 당장 대처해야 한다는 것은 모두가 알고 있다. 그럼에도 이를 가로막는 것이 있으니, 바로 정치를 장악한 화석 연료 관련 기업들이다. 엑손모빌이 고용한 과학자들은 이미 수십 년 전에 기후 위기를 예상했다. 그러나 엑손모빌은 한발 앞질러 이러한 논의에 공공연히 의구심을 만들어 퍼뜨렸다. BP 등 유럽의 탄소 배출 기업들도 미국 상원 의선 선거에서 기후 위기를 부정하는 유력 후보에게 막대한 정치 자금을 지원했다. 그린피스에 따르면 코흐Koch Industries의 소유주 석유왕 코흐 형제는 1997년부터 기후 위기를 부정하는 과학자 집단 여든네 개에 최소 1,000억 달러 이상 기부했다고 한다.[12] 2018년 미국 중간 선거 때, 환경적 영향이 검증되지 않은 수압 파쇄 방식의 셰일 가스 채취법을 제한하려 한 콜로라도 활동가들은 자금력 면에서 40 대 1로 밀리는 신세였다.[13] 빌 맥키번의 말처럼 환경론자들이 '화석 연료 기업들의 정치 권력을 깨고' 싶다면 '이 기업들이 동원하는 화력'에 초점을 맞춰야 한다.[14]

화석 연료 기업을 정부가 매입한다는 발상이 급진적으로 들릴 수도 있겠지만, 미국은 이미 위기 시에 이와 유사하게 행동한 역사가 있다. 2008년 금융 위기 당시 조지 W. 부시 대통령과 버락 오바마 대통령은 AIG와 제너럴 모터스General Motors를 사실상 국유화했다. 1984년 로널드 레이건 대통령은 콘티넨털 일리노이 내셔널 뱅크Continental Illinois National Bank가 무너지자 주식 80퍼센트를 국유화한 적이 있다. 제2차 세계대전 기간 동안 군수 물자 생산을 위해 국유화된 기업이 열 개가 넘는다. 제1차 세계대전 때 우드로 윌슨 대통령은 군수품 이동을 좌우하는 민간 철도를 인수해 1920년까지 정부가 운영하게 했다.

거대 은행처럼 지구도 구제 금융으로 살려내자

연방 준비 제도가 양적 완화 정책으로 신규 화폐를 만들어낸다면 연방 정부도 납세자들에게 부담 지우지 않으면서 석유 기업을 매입할 수 있다. 중앙은행이 직접 자금을 만드는 방법이다. 2008~2009년 주택 담보 대출 사태 당시 거대 은행을 살려낸 방법이기도 하다. 이 위기는 거대 금융 기관들이 무절제하게 대출과 투자를 일삼으면서 벌어졌건만, 세계 각국의 중앙은행이 앞다퉈 돈을 퍼부어 결국 신규 화폐 12조 3,000억 달러가 금융 시장에 쏟아졌다. 미국 연준이 2008년 말부터 2014년까지 발행한 통화는 3조 5,000억 달러나 된다. 연준은 쓰러져가는 금융 기관들로부터 독성 자산을 매입해주는

방법으로 그 기업과 투자가 들에게 사뿐히 연착륙할 수 있는 낙하산을 달아준 것이다.[15]

비유하자면 이렇다. 당신이 친구에게 1만 달러를 꿔줬는데 그 친구가 갚을 능력이 없다는 게 밝혀졌다. 그러자 그 친구의 친절한 삼촌을 닦달해 빚을 전부 갚아준 것이다. 이것이 샘 아저씨[16]가 자본을 돕기 위해 수조 달러를 만들어낸 사연이다. 보통 사람들(다수가 유색 인종이었다)은 갑자기 집값이 폭락해 주택 담보 대출을 갚아야 되는 상황에 몰려 고통을 겪고 있건만, 그 와중에 미국 정부가 이런 짓을 벌인 것이다. 자본에게는 친절한 삼촌이었을지 몰라도 우리에게는 전혀 그렇지 않았다.

세계로 눈을 돌려보자. 유럽 연합과 일본도 최근 양적 완화 프로그램을 운영했다. 2017년 유럽 중앙은행은 금융 시장에 매달 600억 달러 이상 주입했으며, 2018년 12월까지 4년짜리 양적 완화 프로그램을 운영했다(2019년 3월 다시 연장되었다).[17] 각국 중앙은행의 자산 규모는 위기 이전의 다섯 배로 커졌다. 불어난 액수에서 세금이나 국채 발행 등으로 '지불'된 것은 전혀 없다.[18] 게다가 통제 불능의 인플레이션이 올 거라던 호들갑스러운 예언도 맞지 않았다.

"그건 세금으로 들어온 돈이 아닙니다."

당시 연준 의장 벤 버냉키Ben Bernanke가 TV 인터뷰에서 한 말이다.

"은행들은 모두 연준에 계좌가 있습니다. 여러분이 일반 은행에 계좌를 갖고 있는 것이나 똑같습니다. 그러니 은행에 돈을 빌려주고 싶으면 그저 컴퓨터의 엔터 키를 두드려 연준에 있는 그 은행의 계좌 잔고를 늘려주면 됩니다."[19]

중앙은행이 돈을 얼마든지 만들어낼 수 있다고 하면 사람들은 대체 무슨 말인가 싶을 것이다. 사실이 그렇다. 하지만 돈을 무한정 만들어낼 수 있다는 뜻은 아니다. 그러다가는 하이퍼인플레이션이라든지 문제가 생길 수밖에 없다. 아무리 좋은 삼촌이라도 날마다 돈을 뜯어낼 수는 없다. 절박할 때, 일정한 한도 내에서나 손을 벌릴 수 있는 것이다. 실제로 계속 그렇게 해왔다.

영국 노동당의 제러미 코빈, 스위스 경제 정책 위원회의 알렉산더 바르카위Alexander Barkawi, 국제 지속 가능성 연구소International Institute for Sustainable Development의 전문가 등 수많은 정책 입안자와 이론가가 '녹색 양적 완화'를 요구하고 있다. 정부가 화폐를 창출해 친환경 기간 시설에 직접 자금을 대라는 것이다.[20]

"지도적 위치에 있는 각국 중앙은행은 기후 위기가 초래할 금융 위기에 대처하는 것이 임무임을 점차 분명하게 인식하고 있다."

『파이낸셜 타임스』에 바르카위가 쓴 글이다.

"통화 정책도 동일한 방향으로 나아가도록 확실히 하는 것이 논리적이면서도 필연적인 수순이다."[21]

* * *

미국의 주요 석유·천연가스 기업을 매입하려면 돈이 얼마나 들까? 2018년 중반 기준으로 미국에 상장된 석유·천연가스 기업 스물 다섯 개의 주식 지분 51퍼센트를 매입하는 데는 대략 7,000억 달러가 든다.[22] 적지 않다. 하지만 7년으로 나누면 연간 1,000억 달러, 이 정도라면 불가능한 액수가 아니다. 비교해보자. 이라크와 아프가니스탄에서 미국이 전쟁에 쏟아부은 돈이 참전 군인을 위한 미래 비용까지 포함해 약 4조~7조 달러다. 도널드 트럼프 대통령이 혼자 이뤄낸 감세 총액만 1조 5,000억 달러라는 말은 할 필요도 없다.[23]

도대체 어떻게 해야 위기를 인정할까

위기가 닥쳤을 때 화폐를 창출하는 것이 방법이라면, 문제는 이거다.

"과연 어떤 사태가 벌어져야 위기라고 인정할까?"

거대 은행들이 제멋대로 방만하게 돈을 굴리다가 큰 손해를 보게 됐다면? 명실공히 위기라고 인정한다. 2008년 금융 위기 당시, 골드먼 삭스Goldman Sachs의 CEO 출신으로 미국 재무부 장관이 된 행크 폴슨Hank Paulson이 연방 정부에 구제 금융 자금 7,000억 달러를 애걸하면서 하원 의장 낸시 펠로시Nancy Pelosi 앞에 무릎 꿇은 장면을 기억하는가?

그렇다면 전 지구적 재앙을 피할 수 있는 시간이 12년밖에 남지 않았다는 기후 과학자들의 경고는 어떨까?

"뭐야, 시시해. 집어치워."

거대 은행들의 위기 대응 자금도, 또 기후 위기 대처 자금도 똑같이 7,000억 달러건만 반응은 이렇게 정반대라니, 재미있지 않은가?

물론 화석 연료 기업을 실제로 매입하는 데는 기술적 문제가 무수히 뒤따른다. 카를라의 팀은 그 해법을 연구하고 있다. 그런데 진짜 물어야 할 것은 이런 기술적인 것이 아니라, 우리가 정말로 소중하게 생각하는 가치가 무엇이냐는 것이다. 행크는 순식간에 구제 금융 자금을 얻어냈고 그 뒤로 더 큰돈이 줄줄이 따라나왔다. 각국 중앙은행은 기술적 문제나 인플레이션 위험 따위는 신경조차 쓰지 않았다. 곧바로 행동했다. 이들이 진정 가치롭게 여기는 것이 위험에 처했기 때문이다.

인류는 아직 자연계에 이 정도로 신경을 쏟지 않는다. 보존 운동가 알도 레오폴트는 1966년 『샌드 카운티 연감*A Sand County Almanac*』에서 그 이유를 밝혔다(당시에는 생태 문제에 대한 관심이 종종 '보존'이라는 이름으로 통했다).

> 보존 운동이 진전을 보지 못하는 이유는, 그것이 구약 성경의 아브라함 이래 전해내려온 토지 개념과 모순되기 때문이다. 우리는 토지를 우리에게 귀속되는 상품으로 간주하므로 마구 남용, 오용하고 있다. 하지만 거꾸

로 토지를 우리 공동체가 귀속되는 존재로 바라본다면 애정과 존경을 담아 사용할 것이다. 토지는 공동체라는 것, 이것이 생태의 기본 개념이다. 하지만 토지를 사랑하고 존중해야 한다는 생각은 어디까지나 윤리학의 연장이다.[24]

모든 윤리학은 '개인은 상호 의존적인 부분들로 이뤄진 공동체의 한 구성원'이라는 것을 전제로 한다고 그는 말한다.

"토지의 윤리란 공동체의 테두리를 확장해 토양, 물, 식물, 동물, 그리고 집단적인 의미에서 토지까지 아우른다."

토지의 윤리는 그리하여 인류를 '토지 공동체의 정복자에서 토지 공동체의 평범한 구성원이자 시민'으로 변화시킨다는 것이다.[25]

우리에게 이런 윤리가 결여된 이유는 토지를 소유물로 보기 때문이다. 소유는 '특권일 뿐 의무가 따르지 않기' 때문이다. 다시 말해 원하는 것을 맘대로 추출할 특권만 있을 뿐 토지를 보호할 의무 따위는 전혀 생각하지 않는다.[26] 하지만 원주민 공동체는 토지와 전혀 다른 관념으로 관계를 맺는다. 캐나다 브리티시컬럼비아주의 캐님 호수 인근에 살고 있는 츠케세네멕족Tsq'escenemc族 줄리언 브레이브 시끄러운 고양이Julian Brave NoiseCat는 이렇게 말한다. 원주민들은 토지와 물을 소유물이 아니라 '성스럽고 살아 있는 친족, 조상, 고향으로 본다'고.[27]

뉴질랜드에서는 이 관념이 법이 되었다. 140년에 걸친 법적 투쟁

끝에 왕가누이Whanganui 마오리족Maori族의 조상들이 살던 왕가누이강이 마침내 인간과 동일한 법적 권리를 갖게 된 것이다. 이는 2017년 법제화되었고, 강을 대표하는 수호자 두 사람이 임명되었다. 한 사람은 뉴질랜드의 국가 원수인 영국 엘리자베스 여왕이 임명하며, 다른 한 사람은 마오리족 전체를 일컫는 이위iwi 집단이 임명한다.[28]

이와 동일한 정신으로 미국의 오지브웨이족Ojibway族 지도자인 월트 브레셋Walt Bresette 또한 1990년대에 미국 헌법을 수정하는 초안 작성 운동을 이끌었다. 그는 미국 헌법 전문에 '자유의 축복을 우리에게, 또 우리 후손에게' 보장한다는 구절이 나오는 만큼, 결국 미래 세대의 안녕 문제가 헌법에 담겨 있다고 말한다. 이에 근거해 그가 제안하는 '제7세대 수정 헌법 조항'은 다음과 같이 주장한다.

> 공기, 물, 햇빛, 그 밖에 의회가 결정하는 바의 재생 가능 자원을 향유하고 사용할 수 있는 미국 시민의 권리가 손상되어서는 아니 되며, 이들이 그러한 자원을 사용함으로써 미래 세대가 사용할 자원이 손상되어서도 아니 된다.[29]

이 수정 헌법 조항, 뉴질랜드에서의 승리, 지구를 위한 양적 완화 등은 모두 탁월한 상상력에서 나온 행동으로, 지구가 품고 있는 부를 대기업들의 수중에서 어떻게 독립시킬지 그려보게 해준다. 행동의 목표는 점진적으로 폐해를 줄여보자는 것이 아니다. 지구상의 생명을 지켜내는 것, 그것을 으뜸 원칙으로 만드는 것이 목표다.

윤리적 경제는 회복 재생력이 크다

'윤리'와 '금융'이 서로 가까워지고 있다. 탄소 거품 때문에 기후 위기가 경제 위기로 연결되기 때문이다. 2015년 시티그룹Citigroup은 좌초 자산이 100조 달러 이상이라고 추산했다. 주택 시장 거품으로 생겨난 좌초 자산보다 훨씬 큰 금액이다.[30] 영란은행 총재를 지낸 마크 카니Mark Carney는 현재 전 세계 부의 3분의 1 이상을 화석 연료와 기타 산업에 발을 걸친 '탄소 고배출' 회사들에 투자하고 있다고 전한다.[31] 이런 자산이 하루아침에 가치를 잃을 수 있으니, 그야말로 언제 터질지 모르는 화산 옆에 살고 있는 꼴이다.

좌초 자산 문제를 연구하는 '탄소 추적자Carbon Tracker'에 따르면 화석 연료 수요는 2023년에 정점을 찍을 것이라고 한다.[32] 이미 석탄 수요는 2014년 최고점을 찍었고, 미국에서는 이후 3년간 주요 석탄 회사 네 개가 파산했다. 매우 빠른 추세다.[33] 2018년 스탠더드 앤드 푸어스Standard&Poor's의 500대 기업 지수는 6퍼센트 하락했지만 에너지 부문의 하락폭은 무려 20퍼센트에 달했다.[34]

화석 연료로 돌아가는 세상은 서서히 멈추려 하고, 완전히 멈출 날

이 다가오고 있다. 하지만 아직도 멀기만 하다. '기후 위기가 금융 안정성을 좌지우지할 때는 이미 너무 늦어 돌이킬 수 없을 것'이라고 카니는 경고했다.[35] 금융계의 사고와 세계관이 너무나 근시안인지라 그 세계가 깨어나기를 기대했다가는 큰 낭패를 볼 것이다. 다른 대안으로 정부를 움직여 우리의 공공선을 최우선으로 지키는 방법을 찾아야 한다. 먼 미래가 아니다. 그렇게 해야만 우리는 물론 금융 세계도 지켜낼 수 있다는 말이다.

아하, 그렇구나

카를라가 '지구를 위한 양적 완화' 아이디어를 발표한 당시에는 의심과 의문이 쏟아졌다. 특히 인플레이션을 불러오지 않겠느냐는 질문이 눈에 띄었다. 정치경제학자이자 '협력하는 민주주의'의 공동 창립자인 가 알페로비츠가 연구해온 주제다. 가는 미국 상원과 하원에서 입법관legislative director으로 일하면서 '지구를 위한 양적 완화'를 착안했다("거실에 있다가 문득 머릿속에서 알을 깨고 나왔죠"라고 가는 말한다). 양적 완화가 인플레이션으로 이어지지 않을까? 미국의 실업률을 감안하면 그런 일은 생기지 않을 것이라는 게 그의 말이다.

"이미 능력의 한계치에 도달했다면 돈이 풀렸을 때 물가가 오를 수밖에 없겠죠. 하지만 지금 미국 경제가 그 한계에 도달했다는 것은 틀린 말입니다."

정부가 돈을 찍어 석유 기업을 매입한다 해도 주식을 정부에 판 예전 주주들이 손에 쥔 돈을 들고 나가 써버리는 일을 없을 것이며, 인플레이션이 촉발되지도 않을 것이라고 한다. 오히려 이들은 그 돈으로 투자를 할 것이다.

카를라에 따르면, 정부가 석유 회사를 인수한다는 생각을 처음 접하는 사람들은 대부분 '멍청한 이야기'라고 반응한다고 한다.

"하지만 이제는 이 발상에 익숙해진 사람들도 꽤 있는 것 같아요."

그만큼 상황이 급박해졌기 때문일 수도 있고, 또 트럼프 대통령이 계속 석유 산업을 국유화하겠다고 이야기해서일 수도 있다(물론 그는 화석 연료 생산을 멈추려는 것이 아니라 일자리를 지켜내는 척한 것이다).

* * *

가 알페로비츠가 워싱턴 DC의 비컨Beacon 호텔에서 주최하는 정기 모임에 들어가 질문을 쏟아냈다. 가는 근본적인 문제가 따로 있다고 말한다. 정치에서 석유 회사들을 떼어내는 것이 먼저라는 것이다.

"이들이 훼방 놓는 환경 문제가 너무나 많습니다."[36]

그렇다면 무역이나 누출 문제는 어떻게 할 것인가? 미국의 석유 회사들을 닫아봐야 다른 나라의 석유 회사가 살아 있는 한 석유는 여전히 생산될 것이 아닌가? 가의 답은 똑같다.

"이 전략은 경제적인 것이 아니라 전적으로 정치적인 겁니다."

오바마 정부도 기후 변화에 대처하기 위해 입법을 꾀했지만 결국 멈춰 섰다. 강대 석유 기업의 막강한 로비 때문이었다. '지구를 위한 양적 완화'의 목적은 화석 연료 기업의 경영 통제권을 손에 쥐는 데 있다.

"그렇게 되면 기후 변화에 대처하는 일도 더 이상 거센 정치적 반대에 부닥치지 않을 겁니다."[37]

양적 완화라는 발상이 여전히 낯설다는 사실은 그도 인정한다.

"허공에서 돈을 만들어낸다고? 그러다가 '아하, 그렇구나!' 하고 깨달을 겁니다. '그래, 그러면 되겠네.'"

8

윤리적 금융의 원칙

사람과 지역을 위해 투자하고 대부하기

영국 프레스턴, 지역 자산 조성에 투자하는 은행과 연기금

소수 권력이 전 국민의 경제 생활을
좌지우지하고 있습니다. 이 권력을 다수에 분산시키거나
또는 공공에, 민주적으로 공공을 책임지는 정부에
이전해야 합니다.
— 프랭클린 루스벨트

"세월이 이렇게 흐르고서야 주류가 되었네요. 기분이 묘해요."

매튜 브라운이 뚜렷한 영국 어투로 말했다.

"항상 소수파에 있는 편이 훨씬 재미있다고 생각했죠."

매튜는 주변부에서 주류로 빠르게 옮겨가고 있다. 2002년부터 프레스턴 시의원으로 일한 그는 2018년 시의회 의장으로 선출되었고, 이제는 전국을 돌면서 시의원 당시 일궈낸 성과를 설파하고 있다. 최근까지도 매튜는 시의원과 정부 기관의 시간제 행정직 업무를 병행했다. 저녁에는 좌파 경제학 서적을 공부했다. 언론 사진에도 찍힌 것처럼 매튜는 수시로 신발끈이 풀린 채 돌아다니고, 어릴 때도 '모범생은 못되는 인상'이었다. 하지만 이제는 『이코노미스트』와 『타임스』에도 사진이 실리는 유명 인사이자 영국 노동당의 자문까지 맡고 있다. 참고로 요즘엔 노동당도 뜻밖에 인기가 올라 어쩌면 다음 선거에서 내각을 잡을지도 모르겠다. 영국 전역에 걸쳐 무려 60여 곳에서 매튜에게 강연을 요청했다. 그는 "너무 많아서 세지도 못해요"라고 말한다. 그리고 적어도 열 곳 이상의 도시에서 매튜가 프레스턴에서 주도한 작업을 적극적으로 따라하고 있다. 마을 자산을 조성하는 다면적인 접근법, 이제는 '프레스턴 모델'로 알려진 방식이다.[1]

2011년이 고비였다. 프레스턴의 타이드반Tithebarn 쇼핑몰 건설 프로젝트에서 대기업 하나가 철수하기로 했다. 시의회는 장장 10년간 이 프로젝트를 주요 도시 재생 전략으로 추진해왔는데, 모두 끝장나고 만 것이다. 프레스턴은 빈곤율이 아주 높았다. 돈도 없고 시스템 전반이 무너지면서 주민들의 신뢰도 계획도 잃었다. 난국을 타개할 아이디어를 찾아야 했다. 이즈음 매튜가 지역 경제 전략 센터CLES: Centre for Local Economic Strategies의 고든 벤슨Gordon Benson에게서 테드의 활동 이야기를 들었다. 테드는 듣도 보도 못한 영국 도시 프레스턴에서 걸려온 전화를 받았고, 심지어 초청까지 받았다.

"그분들은 미국 클리블랜드에서 하던 일을 대단히 높이 샀습니다."

매튜는 앵커 기관들이 지원하는 노동자 소유의 에버그린 협동조합에 대해 이렇게 말했다.

"미국 사람들이 이 모델을 받아들였다는 것이 충격적이었어요. 미국인들 눈에는 너무 사회주의적으로 보일 것 같았거든요. 우리는 영국 환경에 맞춰보기로 했습니다."[2]

클리블랜드에서 영감을 얻었지만, 이렇게 프레스턴은 클리블랜드를 넘어 성큼 나아갔다. 지역의 부를 빼내는 대기업을 구세주인 양 여기던 사고를 버리고, 지역 주민이 소유한 기업을 양성하기 시작했다. 시의회의 지원 아래 센트럴 랭커셔 대학교가 힘을 합쳐 프레스턴 협동조합 개발 네트워크Preston Cooperative Development Network를 만들면서 일이 본격 진행되었다. 2012년에는 프레스턴시 스스로 생활 임금을 지급하는 고용주임을 천명했다. 또 시내 전력 공급자인 공정 전력 레드 로즈Fairerpower Red Rose와 더불어 에너지 공급자가 되었고, 그 덕에 소비자들은 200만 파운드가 넘는 돈을 절약했다. 연기금은 지역 내 투자로 1억 5,000만 파운드를 배분했고, 여기에는 학생 주택과 한때 위용을 자랑하던 파크 호텔 보수 공사 같은 프레스턴 프로젝트들이 포함되었다.[3]

그 가운데서 가장 강력하게 효과를 본 작업이 있다. 매튜는 CLES와 힘을 합쳐 앵커 기관들의 일상적인 지출에 영향력을 발휘했다. CLES는 이미 맨체스터시와 함께 이런 작업을 해본 적이 있었다. CLES와 프레스턴 시의회는 2012~2013년 앵커 기관들의 지출 규모가 무려 10억 파운드나 된다는 사실을 알게 됐는데, 지역 내에서 소비하는 돈은 그중 5퍼센트에 불과했다. 시의회는 주요 앵커 기관 여섯 곳과 회합을 가졌다. 공공주택관리청, 센트럴 랭커셔 대학교, 경찰서 등도 해당되었다. 시의회는 프레스턴에 뿌리를 둔 농업·인쇄·건설 업체를 더 많이 이용해달라고 이들을 설득했다. 지역 내 소비율 5퍼센트는 2016~2017년 18퍼센트까지 올라갔고, 증가액은 무려 7,500만 파운드나 됐다. 프레스턴이 있는 랭커셔주 전역에서 앵커 기관의 지출은 39퍼센트에서 79퍼센트로 늘었고, 액수로는 2억 파운드가 늘어났다. 그 과정에서 일자리도 4,500개나 생겼다.[4]

결과는 놀라웠다. 2016~2017년 프레스턴에서 임금이 생활임금 수준에 못 미치는 일자리는 23퍼센트에서 19퍼센트로 줄었다. 실업률은 2014년 6.5퍼센트에서 3.1퍼센트로 내려갔다. 2018년 런던의 유명 회계 법인 프라이스워터하우스쿠퍼스PricewaterhouseCoopers와 데모스 연구소는 프레스턴을 영국에서 가장 크게 개발된 도시, 런던보다 살기 좋은 곳으로 지명했다. 매튜의 말처럼 프레스턴은 '경제에 민주주의를 더 많이 부여하고 소유권을 분산'함으로써 회복 탄력성을 높인 것이다.[5]

이런 성과의 상당 부분을 개척해낸 선구자가 바로 매튜다.

"아주 오랫동안 아무도 그의 목소리에 귀를 기울이지 않았습니다."

『가디언』의 선임 주필 아디티아 차크라보르티Aditya Chakrabortty는 영화 제작자 로라 플랜더스Laura Flanders에게 말했다.

"교과서에서 나온 모델이 아니에요. 이건 실험입니다. 어느 날 아침에 머리가 잘 돌아갈 때, 이런 걸 해보면 어떨까 싶어서 노트북에 막 끄적여보는 그런 종류의 발상이죠."[6]

유권자에게 힘을

매튜도, 또 이전까지 프레스턴에서 무시당하던 그의 아이디어도 이제는 격변하는 전국적 정치 담론의 중심에 올라섰다. 노동당 당수 제러미 코빈은 매튜의 구상을 활용해 당 조직에 '마을 자산 조성' 부서를 창설했다. 『이코노미스트』는 프레스턴을 '제러미 코빈의 시범 도시'라고 칭했다.[7]

2017년 총선에서 노동당은 소유권의 범위를 넓혀 '소수가 아니라 다수를 위한' 경제를 재구성한다는 구호를 내걸고 혁신적인 선언문을 발표했다. 선언문에 따르면 '영국은 일찍이 민주주의를 확립한 나라'지만, '나라 경제의 소유권 분포를 보면 모두에게 중요한 경제 의제를 소수 엘리트 집단끼리 결정할 때가 많다.' 이런 의제에는 소상공인 보호, 노동자 소유 사업체의 성장, 프래킹 방식[8] 셰일 추출 금지, 재생 에너지 투자, 지역 경제 지원 등이 포함되어 있다. 2018년 노동당은 직원을 250명 이상 고용하는 기업 모두 노동자 소유 기금을 만들어 노동자들에게 기업 소유권을 갖게 하자고 제안했다.[9]

노동당의 계획에는 철도, 에너지, 상하수도, 우체국 등을 공공 소유로 전환하자는 내용도 담겼다. 경제 자문 존 맥도널John McDonnell이 강조하듯, 이렇게 공기업으로 전환된 기업들은 노동자의 '현실과 유리된 나머지 너무나 관료적'인 경우가 많던 구식 국유 기업보다 훨씬 민주적일 것이라고 한다. 영국에서는 공공 소유에 대한 지지도가 압도적으로 높다. 상하수도 국유화 지지율은 83퍼센트, 에너지 국영화는 77퍼센트, 철도 국유화는 60퍼센트나 된다.[10]

비록 2017년 선거에서는 졌지만 예상 밖으로 노동당은 40퍼센트나 지지를 얻어 42퍼센트로 여당이 된 보수당을 바짝 따라붙었다. 더욱이 『가디언』의 표현대로 '온갖 매체가 발악하는' 적대적인 환경에서 이뤄낸 성과이기에 그 의미는 더욱 크다. 노동당 의원이 말하듯 '앞날이 너무나 두렵다고, 대안을 원한다고 말하는 사람이 무척 많다.'[11]

노동당의 전국적 의제에 매튜가 지역에서 이뤄낸 성과를 결합하면 지금 떠오르는 대안 시스템의 그림이 그려진다. 유권자들에게도 힘을 불어넣어줄 것이다. 여기에는 민주적 경제를 이루기 위해 현실 정치 권력을 만들어낼 수 있다는 놀라운 가능성이 담겨 있기 때문이다.

정치 역학 말고도 프레스턴과 영국 전역에서 작동하는 대규모 역학이 또 하나 있으니, 바로 금융의 힘이다. 기후 위기 상황은 새로운 감수성을 요구한다. 우리 모두 다른 이들에게, 살아 있는 사람뿐 아니라 장차 태어날 이들에게도 책임이 있다는 윤리 관념을 갖도록 촉구하고 있다. 하지만 추출적 경제의 금융은 아직 그 단계까지 이르지 못했다. 암묵적으로 금융은 별천지에 산다는 생각이 깔려 있다. 금융의 합리성은 사회적·생태적 영향과 별개이며, 이런 영향들은 오로지 자본 수익에 영향을 미치는 한도에서만 고려하면 된다는 것이다.

이에 대한 민주적 경제의 반론은 간단하다. **윤리적 금융의 원칙**이다. 은행과 금융은 인간과 지구에 복무하기 위해 존재하며, 이윤은 으뜸 목표가 아니라 그저 결과일 뿐이다. 프레스턴에서는 이 원칙이 작동한다. 프레스턴은 우리의 추출적 경제가 걸어온 장구한 역사를 압축한 소우주다. 이 역사에서 애초에 머슴이던 자본은 결국 주인이 되었다. 그런데 지금은, 소소하긴 하지만 본래의 진정한 목적으로 되돌아가고 있다.

금융과 뒤얽힌 운명

프레스턴은 여러 방면에서 산업 혁명이 일어난 곳이다. 면화 생산지였고, 리처드 아크라이트Richard Arkwright가 처음 방적기를 만든 곳이었다. 원사가 수입되면서 프레스턴 경제는 크게 융성했으며, 상인들은 사업에 필요한 보험을 들기 위해 에드워드 로이드 커피하우스Edward Lloyd's Coffeehouse와 거래했다. 훗날 런던 로이드 보험사로 발전한 그곳이다. 섬유·제조업 덕분에 프레스턴은 공업 도시로 성장한다. 하지만 지난 반세기 동안 자본과 산업은 이곳을 떠나갔다. 미국의 클리블랜드와 똑같았다.

2008년 금융 위기는 프레스턴 경제가 런던의 대형 은행과 얼마나 긴밀하게 연결되어 있는지를 뼈저리게 깨닫게 해줬다. 1980년대에 벌어진 금융 탈규제로 영국은 선진국 가운데서 은행 시스템이 가장 중앙 집중된 나라가 됐다. 그 결과 5대 주주 소유 은행이 금융 시장의 90퍼센트를 지배하는 상황이 벌어졌다. 이들은 지역 은행, 상호 소유에 기반한 건축 조합[12] 등을 잡아먹었고, 실물 경제에 대출해주는 은행들은 시들고 말았다. 프레스턴의 주민 소유 업체들도 대출받을 길이 막막해졌다. 지역 금융 기관이 전체 대출 총액에서 차지하는 몫은 이제 10퍼센트도 되지 않는다. 나머지 90퍼센트는 보험과 연기금, 소비자 금융, 상업 부동산 등의 몫이다. 그리고 급기야 기존 대출을 잘게 오리고 잘라 판매하는 증권화 등 투기 영역이 큰 몫을 차지하게 되었다.[13]

2008년, 이런 유독성 금융 상품이 파국을 맞았고 영국 전역의 건설 현장이 모조리 멈춰 섰다. 프레스턴 도심에서 진행되던 타이드반 쇼핑몰 건설 프로젝트가 끝장난 것도 이 때문이었다. 대형 은행은 공적 자금 투입으로 구제 금융을 받아 살아났지만, 프레스턴 같은 소도시는 영국 의회가 이후 근 10년간 악착같이 긴축 정책을 고집하며 원조를 줄이면서 고통을 고스란히 떠안아야 했다. 인구 14만 명에 불과한 도시는 2010년 고용과 복지 모두 영국 최악의 지경으로 전락했다. 아이 셋 중 하나는 빈곤 상태였다. 산업 혁명의 요람이던 곳에 '영국 자살률 1위 도시'라는 딱지가 붙었다.[14]

이렇던 프레스턴이 지구를 움직이는 몰인격적 위력에 맞서 운명의 열쇠를 되찾게 된 계기가 있다. 그중 하나가 지역 은행을 재건하자는 시의회의 전략이었다.

"저희 동네에서 중요한 은행의 마지막 지점이 문을 닫았죠."

매튜의 말이다. 영국 전역에서 벌어지던 전형적인 일이었다. 2017년 한 해에도 은행 지점 762개가 문을 닫았다.[15] 시의회는 회원들이 직접 소유하고 운영하는 신용 조합 CLEVR를 지원했고, 공동체를 지향하는 금융 기관 머니라인Moneyline도 지원했다. 이 기관들은 전국 규모로 사업을 하되 자기들이 복무하는 마을 공동체에 뿌리를 두고, 약탈자나 다름없는 '월급날 사채업자payday lenders'[16]의 대안이 되어 감당할 만한 이자율로 탄력적인 단기 대출을 해준다. 또 상환이 늦거나 몇 차례 빠지더라도 수수료를 더 뜯어가지 않는다. 이들의 목표는 고객에 복무하는 것이지 그들로부터 극대의 이윤을 추출하는 것이 아니기 때문이다.

프레스턴 시의회는 영국에서 구축 중인 새로운 은행업 모델 두 가지도 연구했다. 하나는 햄프셔 마을 은행Hampshire Community Bank, 다른 하나는 마을금고 연합Community Savings Banking Association이다. 시의회는 둘 다 연구하기 위해 전문가를 고용했고, 2019년에는 랭커셔의 지도자들에게 제안을 하기에 이른다.

"그러면 대학 같은 앵커 기관도 투자할 수 있을 겁니다."

매튜의 말이었다. 햄프셔 마을 은행은 독일에 있는 지역 저축 은행 슈파르카센과 협동조합 은행Volksbank을 모델로 한 것이다. 슈파르카센은 법에 따라 은행이 소속된 마을 공동체를 지원한다는 목표를 사업 허가증에 명시하며, 은행 부문 전체 자산에서 차지하는 비중은 30퍼센트에 불과하지만 중소기업 대상 대출 비중은 70퍼센트나 된다.[17]

영국의 마을금고 연합은 2015년 제임스 무어James Moore가 주도해 설립되었다. 지역 협동조합 은행 열여덟 개의 네트워크를 만들고, 각 은행은 소속 지역의 이익에 기여하는 것이 임무다. 고객이 은행을 통제할 수 있고, 한 사람이 한 표를 행사한다. 또 이 네트워크는 은행 개별 점포를 돕는 후방 지원 역할도 한다. 요컨대 대여 금고 기능을 하는 것이다.[18]

이러한 지역 은행의 첫 예시가 에이번 상호 신용 금고Avon Mutual다. 창립 경영자인 줄스 펙Jules Peck은('협력하는 민주주의' 연구 위원이기도 하다) 이 새로운 은행업을 이렇게 설명했다.

"지역에 초점을 맞추고 사회적 임무를 뚜렷하게 내건 마을 은행은 은행 업계에 파란을 불러올 겁니다. 우리는 인간·지구·지속 가능한 발전을 영국 투자업 부문의 중심으로 되돌려놓는 작업을 시작했습니다."[19]

지역에서 구축하고
전국에서 지원한다

그럼에도 프레스턴 시의회의 혁신은 포위 상태나 다름없는 상황에서 자력으로 진행됐다. 중앙 정부는 긴축 정책을 내세워 외면했고, 프레스턴의 은행에서 자본이 빠져나가는 일이 벌어졌다. 궁극적으로는 중앙 정부 차원에서 정책적으로 프레스턴을 지원해야 한다. 이것이 민주적 경제를 구축하는 핵심 교훈이다. 지역에서는 과감한 모험을 벌일 수 있고 또 실제로 벌어지기도 한다. 하지만 이 실험이 규모를 갖추려면 정부의 정책, 특히 중앙 정부의 전국적 정책이 반드시 필요하다.

노동당은 실물 경제에 이로운 금융 시스템을 만들기 위해 다양한 계획을 세웠다. 그중에는 독일의 KfW를 본뜬 '영국 투자 은행UK Investment Bank'의 제안도 있다. 독일 KfW는 자산 규모가 5,000억 유로가 넘으며, 외환 위기 당시 경기 조정 역할을 수행했다. 2007~2011년 영국의 은행들은 기존 대출을 회수했지만 KfW는 오히려 기업 대출을 40퍼센트나 늘렸다. 특히 KfW는 중소기업 대상 특별 프로그램을 내놓았다. 이는 전국 지역·저축 은행 네트워크와 광범위하게 공존하면서, 지역에 기반을 두고 다각적이고 건강한 은행업 생태계를 구축하는 기능을 한다.[20]

미국의 노스다코타 은행도 비슷한 면이 있다. 소유주는 주정부이고, 지역 주민이 소유한 은행과 신용 조합 네트워크를 지원하는 것이 주요 기능이다. 그 결과 노스다코타주는 1인당 금융 기관의 수가 미국 전체 평균의 여섯 배 가까이 된다. 그 덕에 노스다코타주는 2008년 경제 위기도 큰 탈 없이 견뎌낼 수 있었고, 여기서 영감을 얻어 뉴욕시, 로스앤젤레스, 샌프란시스코, 세인트루이스, 뉴멕시코, 뉴저지 등지에서도 공공 소유 은행을 만들자는 움직임이 일었다.[21]

'중앙의 추출' 대 '지역 순환 네트워크'

여기서 금융이 왜 존재하는가를 놓고 상반된 두 의견이 충돌한다. 추출적인 경제에서 금융은 엘리트 집단에 금전 수익을 최대한 안겨줘야 하며, 이는 곧 지역과 마을의 돈이 런던 금융가나 월스트리트의 소유주에게 빨려나간다는 뜻이 된다.

민주적 경제의 금융 설계는 제인 제이콥스Jane Jacobs의 비전과 가깝다. 제이콥스는 돈이 지역에서 흐르게 만들어 두루 살아나게 해야 한다고 주장했다. 그는 뉴욕에서 로버트 모지스Robert Moses가 그리니치 빌리지를 밀어버리려 했을 때 이를 막아내는 성공 사례를 보여줬다. 근대주의 사고에 푹 젖은 모지스는 도시 위로 10차선 고속도로를 건설한다는 계획을 세웠다. 수백 년 전 맨해튼 섬에 네덜란드인이 처음 정착한 이래 지금까지 번성한 여러 구역을 맨땅으로 갈아엎을

판이었다. 제이콥스와 지역 주민의 오합지졸로는 이 엄청난 건설 계획을 막을 도리가 없어 보였다. 제이콥스는 이렇게 말했다.

"이건 도시 재건이 아닙니다. 도시를 약탈하는 짓이죠."[22]

이후 『자연에서 배우는 경제*The Nature of Economies*』에서 그는 경제의 활력이란 시스템 안에 에너지를 흐르게 하는가 아닌가에 달려 있다고 했다. 모지스의 비전을 거대 은행의 비전과 마찬가지로 부재 소유자 집단에 계속 돈을 퍼주는 공고한 콘크리트 수로에 비유한다면, 제이콥스의 구상은 무수히 많은 시냇물이 합쳐 강이 되어 굽이치고 휘돌면서 온 누리를 비옥하게 적시는 그림이라는 것이다. 전자가 효율적으로 보일지는 몰라도 이는 어디까지나 특정 소수 집단을 위한 부역일 뿐이다. 후자야말로 시스템 전체의 회복 재생력을 높이는 방법이라는 게 제이콥스의 주장이다.[23]

금융화와 붕괴

극도의 추출적 접근 방식이 현실을 지배하면서 수십 년째 **금융화** 현상이 일어나고 있다. 케빈 필립스Kevin Phillips는 이를 각종 금융 서비스가 '정치·문화·경제 전반을 지배하는' 과정이라고 설명한다. 1980년대 미국 레이건 대통령과 영국 대처 총리 아래에서 금융 탈규제화가 이뤄졌거니와, 이는 금융·보험·부동산 부문(각각의 머리글자를 묶어 'FIRE'로 부른다)을 완전히 얽어 묶어 한 부문으로 여기게 만들었다. 여기서 소득과 자산을 불리는 새로운 방법이 줄줄이 발명되었고, 그러면서 경제의 무게 중심도 움직였다. GDP에서 금융으로 가는 몫은 늘고, 제조업으로 가는 몫은 줄었다. 보통 사람들에게 가는 몫은 줄고, 금융 엘리트의 몫은 늘어났다.[24]

제2차 세계대전 이후 미국 GDP는 제조업, 즉 실물 경제에서 물건을 만드는 산업이 근 30퍼센트를 차지한 반면, 금융 서비스는 11퍼센트에 불과했다. 하지만 2000년이 되면서 수치가 뒤집힌다. FIRE 부문의 수입은 GDP의 20퍼센트에 달하는 데 비해 제조업은 15퍼센트 아래로 떨어진다. 필립스의 말처럼 경제는 상품이 아니라 부채를 만들어내는 장치가 되어버렸다.[25]

이런 상태가 위험한 이유를 이해하기 위해 그림을 그려보자. 금융 경제는 실물 경제의 머리 꼭대기에 군림하면서 계속해서 에너지를 뽑아먹는다. 마치 우리 어깨를 짓누르는 빚더미처럼. 금융 경제란 본질적으로 주식·채권·대출·주택 담보 대출 같은 자산을 모은 것으로, 모두 실물 경제에 청구권을 행사하는 증서일 뿐이다. 어떤 사람이 1달러를 빚질 때마다 다른 누군가의 자산은 1달러씩 늘어나게 마련이다. 기업의 주식도 비슷한 방식으로 작동한다. 주주들은 회사의 수익에 청구권을 갖고 있으니까.

영국 사례를 보자. 1990년 민간 부문 금융 자산(각종 증권, 대출, 주식, 연기금, 보험)의 총액은 GDP의 약 네 배 정도였다. 빚더미의 규모가 영국을 떠받치는 경제의 네 배나 된 것이다. 하지만 금융의 추출 활동은 더욱 기승을 부렸고, 주택 담보 대출도 이윤도 부채도 함께 늘어났으며, 그리하여 금융 부문이 쥔 청구권의 총액은 풍선처럼 부풀었다. 2006년 이 빚더미는 다시 두 배가 되더니 지금은 국내 경제의 여덟 배가 되었다. 미국이나 다른 나라도 이와 비슷한 추세를 보이고 있다.[26]

2008년 금융 붕괴의 무대는 이렇게 마련되었다. 주택 담보 대출 업체들은 상환 능력이 있는 고객을 찾기 힘들어지자 갚을 능력이 없는 이들에게도 마구잡이로 대출을 안겨주기 시작했다. '금융적 부'라는 종이로 지은 집은 지나치게 커졌다. 하지만 이 시스템의 본질은 아무리 먹어도 배가 부르지 않다는 데 있으니, 그 논리로는 금융적 부가 너무 크게 불었다는 말 자체가 성립되지 않았다. 갈수록 청구권의 양이 늘고 이에 따라 실현 가능성이 없는 어처구니없는 청구권도 함께 늘었다. 마침내 빚더미는 실물 경제가 감당할 수 있는 범위를 넘어서기에 이르렀다. 이 시스템은 생태를 과도하게 밀어붙이는 걸로 모자라 금융에서도 한계를 넘고 말았다.[27] 각국 정부는 이렇게 무거워진 상층 시스템을 지탱하기 위해 허리가 휘는 것도 감수했다. 영국의 경제 분석가 하워드 리드Howard Reed의 말처럼, 영국 경제는 금융 위기 이후 크게 줄어들었다가 2014년 이후 다시 팽창하기 시작했다.

더욱 놀라운 건 영국 전체의 민간 부채, 즉 각종 증권·대출·주식과 보험 등은 1990년 GDP의 430퍼센트에서 2017년에는 960퍼센트로 올라갔다(부채의 정의는 민간 부문이 보유한 각종 증권, 대출, 주식, 연기금, 보험 등이다. 기업과 가계 부문에 한하며 정부 부채는 포함하지 않는다).[28]

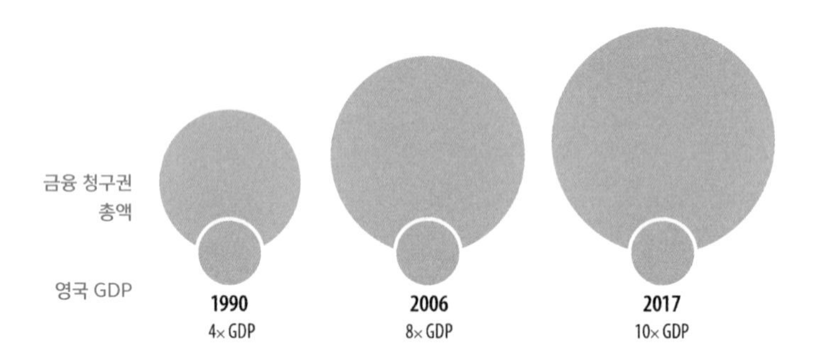

영국의 GDP 대비 민간 부문 부채가 1990~2006년 동안 여덟 배 증가해 2008년 경제 위기를 촉발했다. 현재는 민간 부문 부채가 GDP의 열 배다.[29]

요컨대, 영국의 민간 부문이 보유한 금융 청구권이 GDP의 열 배다. 살아 있는 생명이 영원히 성장할 수는 없는 법이다. 예외가 한 가지 있긴 하다. 암세포다. 암세포는 무한히 증식하려 하니까. 하지만 그러는 가운데 숙주는 죽어간다.

금융이 실물 경제에서 너무 많은 것을 빨아들이는 것은 프레스턴이건 영국 북부건 어디서도 낯설지 않은 광경이었다. 경험상 '부'란 이들에게서 추출해 영국의 월스트리트라 불리는 런던 금융가가 통제하는 것이다. 노동당의 존 맥도널에 따르면 영국 정부는 1인당 수치로 볼 때 북부 전체에 투자한 금액의 두 배를 런던에 퍼부었다고 한다.[30]

추출적 경제의 금융은 성장을 영구화하겠노라며 불평등과 생태 위기를 야기한다. 이게 다가 아니다. 이 시스템은 제 논리만 가지고도 안으로 무너질 수밖에 없다. 제 꼬리를 먹어 들어가는 뱀 형국인 것이다.

이미 IMF는 다음 금융 위기를 암시하는 불길한 '태풍 먹구름'을 경고했다. 억만장자 투자가인 폴 튜더 존스Paul Tudor Jones는 '전 지구적 부채 거품'을 강조했고, 유명 펀드 매니저 짐 로저스Jim Rogers는 팔순 평생을 통틀어 최악의 금융 붕괴를 예견했다. 금융계는 이미 '모든 자산의 거품'을 이야기한 지 오래다. 주식, 부동산, 기타 자산의 가치가 막 뛰어오를 거라는 것이다. 그래서 『뉴욕타임스』는 이렇게 묻는다.

"과연 무엇이 이 거품을 터뜨리는 바늘이 될까?"[31]

윤리적 금융으로 가는 경로

민주적 경제를 구축하는 데 관심 있는 이들을 위해 묻는다. 정부는 앞으로도 추출적 경제 시스템을 지탱해나갈까? 우리는 알아서 민주적 경제의 금융을 앞당길 기회를 찾아야 할까? 우리 동료인 토머스 해나는 이렇게 말한다.

"다른 길이 있다. 장기적으로 금융 기관을 공공 소유로 만드는 게 첫걸음이다."

지난 위기 때 미국 정부는 거대 금융 기업 일부를 사실상 국유화했다. 나중에는 아무 일 없었던 것처럼 민간 소유로 돌려줬지만, 영국 정부는 여전히 거대 은행RBS의 통제권을 쥐고 있다. 2008년 당시 이 은행을 구제하느라 납세자들이 무려 450억 파운드를 내줬다. 신경제 재단New Economics Foundation은 거대 은행을 완전히 공공 소유로 만들자고 제안했다. 이를 지역 은행 열세 개로 쪼개 네트워크로 재구성하자는 것이다. 또 이들은 미국도 다음 위기를 대비해 파산하는 은행을 영구히 공공 소유로 전환하는 정책을 고려해야 한다고 제안했다.[32] 진보주의자들은 계획도, 준비도 제대로 해두는 것이 현명하다. 지금은 말도 안 되는 듯 보이는 것들이 위기 때는 아주 실용적인 계획이 될 수 있기 때문이다.

윤리적 금융이 발전하는 길은 그밖에도 여러 가지가 있다. 녹색 채권을 지원한다든가, 임팩트 투자를 한다든가, 화석 연료 산업 투자를 줄인다든가 하는 책임 투자가 한 가지 방법일 것이다. 베이비붐 세대가 저물어가면서 무려 50조 달러에 달하는 역대 최대 금액이 다음 세대로 이전될 것이다.[33] 상속자 중 상당수는 여성이며, 여성들은 윤리적인 투자 성향을 보인다고 알려졌다. 밀레니얼 세대 투자가들 또

한 그렇다고 한다.[34]

상상해보자. 사람과 지구를 위해 투자하는 데서 한걸음 더 나아가, 광범위한 자산 소유권 기반을 다지는 민주적 경제 기구를 만들면 어떨까? 그래서 다시는 막대한 부가 극소수 엘리트의 손아귀에 축적되는 일이 벌어지지 않도록 보장한다면? 이 목표를 이루게 해줄 방법 중 하나가 직원 소유제다.

다시 클리블랜드로 돌아가보자. 최근 에버그린 협동조합 지도자인 브렛 존스Brett Jones와 존 맥미컨John McMicken은 새롭게 '직원 소유제 기금Fund for Employee Ownership'을 운영하기 시작했다. 우리 '협력하는 민주주의'의 제시카 로즈Jessica Rose도 전략 자문으로 참여했다. 일단 이들은 에버그린 세탁 협동조합에 자금을 댄 에버그린 협동조합 개발 기금에 둥지를 틀었다. 크리스 브라운이 감옥에서 3년을 살고 나온 뒤 자리를 잡고 작업 반장으로 승진한 그 협동조합이다.

'직원 소유제 기금'의 취지는 민간 기업을 매입해 직원 소유제로 전환시키는 것이다. 이로써 좋은 노동을 창출하고, 부를 지역에서 순환시키며, 동시에 투자가들에게도 가치를 만들어주려는 것이다. 이미 오하이오주 북동부에서 개념을 검증한 만큼 이제 전국으로 확산시키겠다는 취지다. 이들은 사회적 임무로 추동되는 자본을 차용해 기업 매각을 돕는다. '가장 원만하게, 마찰 없이 사업체를 넘길 수 있는 선택지'를 제공한다는 게 제시카의 말이다.[35]

우리 '협력하는 민주주의'는 직원 소유제가 대폭 확산되는 데 절실한 역할을 자본이 할 수 있다고 믿는다. 아메리칸 워킹 캐피털 American Working Capital의 투자은행가 딕 메이Dick May는 연방 정부가 1,000억 달러 대출을 보증해준다면 민간 자본을 끌어들일 수 있고, 이것으로 10년 내에 직원 소유주 1,300만 명이 탄생해 현재의 두 배로 늘어날 것이라고 말한다.[36] 민주적 경제 구축에서 자본이 결정적인 역할을 할 수 있다는 사실을 암시하는 예다.

* * *

매튜 브라운을 부르는 도시가 많아지자 테드는 자금을 끌어와 매튜를 아예 '협력하는 민주주의'의 선임 연구원으로 앉혔고, 프레스턴 모델을 확산시키는 작업에 전념하게 해줬다.

"드디어 하고 싶은 일을 맘껏 할 수 있게 되었네요."

이제 매튜는 주 50~60시간을 쉬지 않고 돌아다니던 처지에서 벗어난 것이다.

"런던의 시의회 8~9곳이 관심을 갖고 있고요. 스코틀랜드 정부도 관심을 보였습니다. 웨일스 의회도 검토하고 있어요. 리버풀 시장도 마찬가지입니다."

매튜는 말한다.

"부르는 곳이 아주 많습니다. 심지어 영국 중앙 정부의 10번지 정책단Number 10 policy unit[37]도 우리를 연사로 초청했어요."[38]

그가 기억을 끄집어낸다.

"예전에는 이런 아이디어들을 이야기할 때마다 사람들이 이랬어요. '좋은 생각이야. 하지만 그게 될까?'"

하지만 이제는 달라졌다.

"이런 발상에 사람들이 흥분하고 있습니다."

대안 없이 보낸 세월이 무려 40년이었다.

"망해가는 가운데서 어떻게 하면 덜 망할까만 고민했죠. 하지만 이제는 연기금, 앵커 기관의 조달, 생활 임금제, 노동자 협동조합 등이 있습니다. 거기다 신용 조합과 은행까지요."

매튜는 말한다.

"우리는 진짜 민주적인 경제를 구축하고 있어요."

결론

추출적 경제에서 민주적 경제로

전진을 위하여, 다음 행동을 생각한다

해볼 만한 일, 가치 있는 일 대부분은
해보기 전까지 불가능하다고 단언되던 것들이다.
— 루이스 브랜다이스LOUIS BRANDEIS

"시스템이 위기에 처했습니다. 하지만 누구도 상황을 직시하려 하지 않습니다."

워싱턴 DC에 있는 '협력하는 민주주의'의 수탁인 회의에서 가 알페로비츠가 말했다. 2018년 중간 선거 이후 처음 열린 회의의 의제는 하원의 의석 배분 변화를 어떻게 볼 것인가 하는 것이었다.

"이런저런 정책 제안이 중요한 게 아닙니다. 우리 우군을 어떻게 모을 것인가의 문제도 아닙니다. 지금 정말 중요한 건, 모든 사람을 포용하는 도덕적인 시스템을 어떻게 명확히 설명할 것인가입니다."

가는 이렇게 일깨웠다.

"당연히 여러 정책이 필요합니다."

말이 이어졌다. 하지만 지금의 위기는 시스템 차원의 문제이며, 기존 체제를 가동해온 제도 설계, 즉 심층 근본에 닥친 위기라는 것이다. 기존 체제는 정말 황당한 현실을 빚어냈건만 그 설계의 전제에 의문을 제기한 사람은 아무도 없고, 이 황당한 현실마저도 사람들은 어쩔 수 없는 것으로 받아들였다. 그러다 이제야 근본 전제들에 대해 질문하기 시작했다는 것이다.

"우리가 할 일은 사람들로 하여금 명확하게 보게 만드는 겁니다. 지금 이 시점에 여기서 할 수 있는 일들이 있고, 그런 일들을 통해 시스템 자체를 바꿔나갈 수 있다는 것을 말입니다."

우리 두 저자가 경제 혁신 취지에 공감하는 이들 앞에서 강연하던 때 가의 생각을 처음 들었다. 청중이 물었다.

"우리 전체가 한 집단으로 뭉치면 어떤 이익이 있는 걸까요?"

이 질문에는 이런 생각이 깔려 있었다. 우리는 제각기 하루하루 다른 작업에 매진하고 있다. 그런데 시스템 개혁 운동에 참여한다는 것이 각자 해온 작업에 어떤 도움이 될까?

시스템 이론가인 도넬라 메도우즈는 널리 알려진 논문 「레버리지 포인트: 시스템 개입 지점 탐색*Leverage Points: Places to Intervene in a System*」에서 이렇게 말한다. 어떤 시스템의 행태를 전환시키는 데는 여러 가지 방법이 있다. 새로운 세금 항목을 만들 수도 있고, 나쁜 행동을 규제할 수도 있고, 좋은 행동에는 인센티브를 줄 수 있고, 필요하면 고소 고발을 할 수도 있고, 새로운 구조를 설계해 내놓을 수도 있고, 또 권력을 교체할 수도 있을 것이다. 하지만 가장 효과적인 것은 사람들의 **사고방식에 개입**하는 것이다.

"아무도 언명하지 않는 거대한 전제들이 사회의 패러다임, 혹은 세상이 어떻게 작동하는지에 대한 가장 깊은 신념을 구성한다."

이 패러다임이야말로 시스템이 생겨나고 작동하는 원천이라는 것이다.[1]

시스템은 '현실의 본성에 대해 우리가 공유하는 사회적 합의'에서 생겨난다.[2] 현재의 경제 현실이 어떤지는 모두 잘 안다. 투자가들이 소유주고 직원들은 그저 고용된 일손일 뿐이다. 대기업은 마음대로 사고팔고 소유하는 대상이다. 금융 형태를 띤 부야말로 가장 희소한 상품이며 따라서 가장 값지다. 그리고 그것이 무한히 팽창하는 것이 이 경제 시스템의 이상이다. 투자가들에 대한 신의·성실 의무가 투자와 기업 세계에서 가장 중요한 도덕이자 의무다. GDP와 대차대조표는 이 세상의 중요한 것을 모조리 포착해 숫자로 나타낸다. 노동에 돌아가는 소득은 비용일 뿐이므로 줄일수록 좋다. 이윤은 많을수록 좋고 부 또한 클수록 좋다. 사람들이 가난하다면 그건 자기들 잘못이다.

새로운 패러다임은 우주의 복판에서 자본을 치우는 것으로 시작한다. 삶의 관점에서 출발하는 것이다. 현실은 이러하다.

시스템은 오직 하나, 지구뿐이다. 지구는 너무나 귀하고 소중해서 값을 매길 수도 없다. 경제와 그에 속한 모든 것은 이 유일 시스템의 부분일 뿐이다. 성장에는 한계가 있다. 기업은 사람이 모인 공동체이며, 살아 있는 시스템이고, 노동자는 자연적인 구성원이다. 우리의 공동 자산과 모두의 안녕을 현명하게 돌보는 것이 경제의 목표이자, 모든 경제 제도와 경제 활동의 목표다. 여기서 우리는 하나가 되고 인간 존엄을 누릴 권리를 갖는다. 누구나 제 삶을 꽃피울 기회가 있으며, 특히 지금까지 오래도록 배제된 이들은 추가로 원조와 지원을 받을 권리가 있다. 이들이야말로 기존 시스템을 떠받쳐온 이들이기 때문이다.

명징한 도덕 원칙을 기준으로 보자. 만인이 행복을 추구하는 것이 민주주의의 본질이란 것은 너무나 명백하다. 좋은 사회란 한 손에는 정치 민주주의를, 다른 한 손에는 경제 민주주의를 놓는 것이다.

정당성의 도덕적 힘

어려운 건 없다. 유색 인종과 백인은 똑같이 존엄하며, 여성은 남성에게 종속된 인간이 아니고, 왕권신수설 따위는 거짓이다. 세상을 뒤바꾼 이런 통찰들은 너무나 자명해 증명할 필요조차 없다. 사람들이 진실을 깨닫기 시작하면 낡은 전제에 기초한 옛 제도는 무너진다. 그런 제도는 정당성을 잃는다. 그리고 정당성이 사라지면 아무리 막강한 시스템이라도 유지될 수 없다.

남아프리카공화국의 인종 분리 정책 아파르트헤이트도 무너졌다. 국왕이 있는 나라들이 아직 있긴 하지만 어디까지나 잔존일 뿐이다. 미투 운동으로 남성 권력자들이 수없이 추락했다. 우리 보통 사람들이 더 이상 정당성을 부여하지 않으면 문화로 받아들여지던 것들의 뿌리가 흔들리며, 그 위에 성립한 편향도 사라진다. 여기서 우리가 행사하는 힘은 물리력이 아니라 도덕의 힘이다.

도덕의 원천은 도덕적 단결이다. 여성은 이 세상의 성별 편향을 인식했을 때 비로소 힘으로 단합되었다. 경제 행위자들은 이 세상이 자본에 유리하게 기울어 있다는 사실을 인식해야 비로소 단결된 힘이 될 것이다. 세상을 바라보는 방식이 바뀌면 그 자체로 엄청난 권력이 된다. 언어학자 조지 레이코프George Lakoff가 말했듯이 만사만물에 효과적인 방식으로 이름을 붙이는 것은 결코 말장난이 아니다. 현실을 분명히 보도록 해주는 것이다.[3]

우리가 지닌 첫 번째 잠재 도구가 정당성이라면, 두 번째 도구는 상상력이다. 특히 낡은 제도와 방식이 위기를 부채질하는 시대에는 상상력이 가장 큰 관건이다. 우리는 이를 앵커 기관, 임팩트 투자, 사회 정의를 구현하는 경제 개발, 지역 자산 구축, 직원 소유제, B콥, 건강의 사회적 요인, 공공 은행 등등 여러 아이디어로 살펴보았다. 민주적 경제의 언어가 형성되고 자리를 잡은 표본들인 셈이다. 이런 용어와 접근 방식을 더 많이 활용하면 할수록 이 발상들의 위력도 더 커진다. 뭉쳐야 강해진다. 함께 고민하고 함께 일할 만한 기관을 부록에 별도 목록으로 정리했다.

근본적인 변화를 위한 목소리

이 모든 작업에서 도덕적 목표를 명확하게 내거는 것은 행동하는 것만큼이나 중요하다. 옛날 존 록펠러는 석유로 큰돈을 모았지만, 그 상속자들이 만든 록펠러 형제 기금Rockefeller Brothers Fund과 록펠러가 기금Rockefeller Family Fund은 화석 연료 관련 기업에 투자한 것을 회수하겠다고 공표했다. 이유 가운데는 돈뿐만 아니라 도덕적인 이유도 있었다.[4] 이 과정에서 이들은 도덕성과 투자 행위가 무관하다는 잘못된 통념을 바꾸는 데 크게 기여했다.

화석 연료 기업에서 회수한 투자를 임팩트 투자로 돌리는 것은 우리도 당장 할 수 있는 일이다. 이렇게 회수한 투자액이 이미 8조 달러나 된다. 아일랜드, 런던, 뉴욕의 연기금도 동참했고 교회와 대학도 참여했다.[5] 우리 개인도 화석 연료 산업과 연관된 인덱스 펀드에 어떤 것이 있는지 알아보면 된다. 임팩트 투자에 집중하는 펀드와 투자 자문사를 찾아볼 수도 있다. 젊은 MBA와 금융 전문가는 임팩트 투자를 대중화하는 데 필요한 새로운 방법을 고안할 수 있을 것이다.

은행과의 관계도 마찬가지다. 우리 예금을 지역 공동체 은행, 신용 조합, 협동조합 은행 등으로 옮기는 것이다. 나아가 교회, 연기금, 지자체에도 똑같이 하라고 요구할 수 있다. '돈을 옮기자Move Your Money' 같은 단체가 도움이 될 것이다.[6]

기부 행위도 다시 살펴볼 필요가 있다. 물론 이 시스템에서 배제된 이들이 살아가도록 푸드뱅크 등에 돈을 계속 내는 것도 좋다. 하지만 그중에서 5~10퍼센트, 혹은 그 이상을 떼어 경제 시스템을 바꾸고자 분투하는 단체에 낼 수도 있을 것이다.

자선 활동도 조금만 대담해지면 변화를 일으키는 촉매가 된다. 에드거 빌라누에바Edgar Villanueva는 『부의 탈식민화*Decolonizing Wealth*』에서 부당하게 인종 차별을 당한 이들을 돕는 프로젝트를 자선 활동으로 활성화하는 방법을 제시했다. 모든 자선 재단이 자산의 10분의 1을 출자해 신탁 기금을 만들면, 미국 원주민과 흑인이 자산 조성 프로젝트에 지원금을 신청할 수 있다는 것이다.[7]

이런 정도는 우리가 평소 투자하고 기부하던 방식을 차분하게 돌아보면 얼마든지 할 수 있는 것들이다. 더불어 생각해보라. 우리가 사업을 설계하고 구축하는 과정, 물품 거래처와 구매 방식, 살고 있는 지역 당국에 의미 있는 사업체를 지원하도록 요구하는 활동, 기타 모든 경제 활동에 이런 식으로 도덕적인 목표를 포함시킨다면 어떤 일이 벌어질지 상상해보자는 것이다. 현실적이고 실현 가능한 대안을 알고 그에 대한 지식으로 무장한다면 우리는 민주적인 경제를 향해 과감하게 세상을 움직일 수 있을 것이다.

추출 행위가 건드리지 못하는 영역

이론적으로 보자면 아직 굵직한 질문들이 남아 있다. 우선 대기업을 어떻게 할 것인가? 이 문제를 풀려면 여러 행위자가 힘을 합쳐 기업을 재설계해야 한다. 정부 차원의 위원회가 필요하고, 전문 연구진의 연구와 포럼이 이어져야 하며, 깊이 있는 연구 조사를 수행할 학계의 네트워크가 있어야 한다. '협력하는 민주주의'에서는 이를 '차세대 기업 설계'라고 부른다. 직원들이 소유한 B콥을 모아 이미 연구 조사 작업에 착수했다.[8]

또 경제 전반에 대해서도 큰 그림을 그려야 한다. 예를 들어 다양한 부문에서 각기 가장 적절한 소유권 형태와 통제 방식을 찾아야 한다. 추출적 경제 행위의 손을 묶을 만한 대담한 발상이 필요하다. 경제에서 일정한 영역만큼은 이윤 극대화의 행태로 망가지지 않도록 안전하게 떼어놓아야 한다. 가령 단일 의료 보험 통합 시스템처럼, 아주 중대한 인권에 대해서는 추출적인 기업이 좌지우지하지 못하도록 지킨다는 암묵적 합의 같은 것이다.

비슷한 개념으로 공공 제약 회사를 만들자는 제안도 있다. 제약업계에 민주적으로 통제되고 공공선을 위해 작동하는 기업이 생겨난다면 이는 이윤이 아니라 '좋은 삶'에 중점을 두는 민주적 경제의 강력한 사례이자 굵직한 기둥이 될 것이다.[9] 공공이 소유하는 대형 제약 회사가 하나만 생겨도 모든 것을 이윤 극대화 논리에 맡긴다는 통념에 큰 변화가 일어날 것이다.

또 다른 이슈로는 기술 성장과 더불어 일자리가 사라지는 문제가 있다. 로봇은 누가 소유해야 할까? 기술의 근간이 되는 지식은 사실상 사회 전체가 창조한 것인데, 그 결실 역시 사회적 차원에서 모두에게 분배되어야 한다는 게 가의 생각이다.[10] 그렇다면 방법은 뭘까?

이렇게 장기적인 관점에서도 생각해야 하지만, 한편으로는 당장 실천할 아이디어도 필요하다. 가가 회합에서 말했듯이 트럼프 대통령은 사라진다. 그때를 위해 어떤 준비를 해야 할까? 시스템을 바꾸는 문제는 어느 때보다도 지금 이 순간 가장 절박하고 구체적인 의제다. 아직 미처 깨닫지 못한 경우도 많지만, 이미 눈앞에 닥친 문제들부터 논의가 시작되었다.

개입할 만한 지점은 그 밖에도 많다. 도넬라는 패러다임의 개념을 정립한 과학 철학자 토머스 쿤Thomas Kuhn을 따라 인식을 전환시킬 방법을 이야기한다. 낡은 패러다임에 존재하는 여러 모순과 실패를 지적하는 것, 새로운 패러다임을 지닌 이들에게 주목하고 힘 실어주기, 새로운 시스템 모델 만들기 등등.

혁신적인 희망

우리는 기업과 금융의 손아귀에서 빠져나가기 위해 활동하고 있다. 그 무엇보다 확고하게 마음에 새긴 목표다. 이런 활동은 지금 살고 있는 동네에서 하나씩 시작할 수 있다. 지역 자산이란, 어떻게 생겼는지조차 떠오르지 않는 지구적 경제가 아니라 구체적인 장소에서 살아가는 보통 사람들에게 속하는 것이다. 경제적 소유권을 우리 지역에 뿌리박아 주민들에게 분산시키는 것이 목적이다. 눈앞에 나타나지도 않고 만날 수도 없는 금융 엘리트들이 마음대로 기업의 의사 결정을 내리는 게 아니라, 마을 주민들에게 권력을 되돌리는 것이다. 그렇게 해서 공동체에 돈이 돌면 주민들이 부유해지고 또 자산이 불어날 것이다. 사람, 단체, 기관이 더 이상 따로따로 동떨어지지 않고 협력해 일할 것이다. 이제는 지역 문제에 대처하는 정도가 아니라 공동 자산을 조성하는 데 주목해야 한다. 그래서 사람들이 더 이상 정부나 기관에 의존하는 수준에 머물지 않도록 힘을 키워야 한다. 물론 지역에 따라 전략은 달라질 것이다. 프레스턴에서 유용했던 것들이 클리블랜드에서도 똑같이 효과를 내리라는 보장은 없다. 문화 차이도 감안해야 한다. 파인 리지의 라코타 원주민 청년들에게 영감을 준 것들에 러스트 벨트의 백인 노동자들은 공감하지 못할 수 있다. 마찬가지로 대형 병원의 구매 담당 사무실과 임팩트 투자가 모임에서 통하는 이야기도 다를 수 있다. 핵심 메시지가 동일하다 해도 문화 차이를 감안해 응용해야 하는 것이다.

하지만 공통적으로 반드시 담아야 하는 것이 있다. 오랜 기간 배제되고 주변으로 밀려난 이들이 중심이 되도록 계획을 정교하게 짜는 것이다. 급진적인 희망에 그 씨앗이 있다. 절망이 만연할 때 외려 싹트는 파격적인 희망 말이다. 우리가 희망을 이야기하는 지금, 그리고 이 희망의 씨앗이 작은 세상에서 피어나고 있다는 사실을 눈으로 확인한 지금, 이 희망들이 사람들의 생각을 움직이고 있다. 민주적인 경제가 또 하나의 일관된 시스템으로서 뚜렷하게 형태를 갖춰가고 있는 것이다.

시작은 단순하다. 세상을 보는 방식을 바꾸는 것이다. 도넬라의 말이다.

"어떤 체제에서 가장 바꾸기 어려운 것은 근저에 깔린 인식의 틀이다. 하지만 인식 전환에는 물질이 필요하지 않다. 비용이 크게 들지도 않고, 또 아주 빠르게 진행될 수도 있다. 한 사람의 머릿속에서는 100만분의 1초 사이에 벌어지기도 한다. 마음속 클릭 한 번이면 세상을 새롭게 바라보는 길이 열린다."[11]

— 아디티아 차크라보르티Aditya Chakrabortty

『가디언』 경제 주필이자 컬럼니스트.

나의 모험은 대책없이 무모했지만 또 시시하고 쩨쩨한 것이기도 했다. 당시는 정말로 수십 년에 한 번 나올 법한 큰 이야기들이 마구 터져나올 때였다. 미국에서는 트럼프가 날뛰고, 영국은 유럽 연합 탈퇴로 들끓고, 유럽 전역에 파시즘이 되살아나고 있었으니까. 『가디언』 기자였던 나는 그 가운데서 가장 미미한 것들에 초점을 맞췄다. 권력의 중심지로부터 멀찍이 떨어진 마을들을 돌며 사람들을 만나고 그들의 이야기를 쓰는 데 한 해를 바치자고 마음먹은 것이다. 지역의 공장들이 문을 닫아 폐허가 된 지 30년이 지난 데다, 지난 10년간 정부가 벌인 미증유의 예산 삭감으로 가족과 이웃이 무너져버린 이들이었다. 모두 중앙에서 너무 멀리 떨어져 있어서 영국 정부나 주요 매체가 전혀 관심을 두지 않는 곳, 또 영국인 대부분이 이름조차 들어보지 못한 곳들이었다. 맨체스터에서 한 시간을 더 들어가야 하는 프레스턴, 철도 종착역인 플리머스, 스코틀랜드의 경공업 지대인 이스트킬브라이드 등. 어떤 모습인지 대충 그림이 보일 것이다. 구글 지도에나 나올 곳들을 내 발로 찾아가다니. 언론계 관점에서 보자면 돈키호테 같은 짓을 한 셈이다.

나는 이런 곳에서 눈물 없이 볼 수 없는 슬픈 사연 따위를 찾으려 한 게 아니었다. 왜냐면 이 지역 주민들은 이미 이따금 한 번씩 들르는 정부 고위 관료와의 회합이나 다국적 기업 유치 따위로 제 고장 문제의 해법을 찾을 수 없다는 것을 깨달은 터였기 때문이다. 이들은 그런 기대가 무망한 짓이라는 것을 너무나 잘 알고 있었다. 문제를 해결하려면 스스로 풀어나갈 수밖에 없었다. 리버풀의 테리사 맥더모트Theresa MacDermott와 엘리너 리Eleanor Lee는 마을이 재개발로 쑥밭이 되는 것을 막아야겠다는 생각에 직접 부동산 개발 마을 기업을 세우고, 주민들이 저렴하게 임대할 수 있는 주택을 만들기 시작했다. 플리머스 지자체 의원인 크리스 펜버티Chris Penberthy는 어떤가. 그는 빡빡한 의회 예산에도 불구하고 각종 사회적 기업의 탈산업적 네트워크를 일궈 7,000개가 넘는 일자리를 마련했다. 또 글래스고 외곽에서 오랫동안 인쇄업체를 운영하다 은퇴한 존 클라크John Clark와 앨리스터 밀러Alistair Miller는, 넥타이를 맨 기업 사냥꾼들이 자기들 대차대조표를 들여다보며 이러쿵저러쿵하는 것을 원치 않았기에 위험을 무릅쓰면서까지 직원 60명에게 기업을 매각했다.

이런 이들의 행동과 정치 성향이 아주 흥미로운 이야깃거리인 건 맞지만, 내가 마음을 연 것은 이런 이야기들에 터져나온 독자들의 요란한 반응 때문이었다. 기사를 쓸 때마다 연이어 SNS에 공유되었고, 이메일과 편지도 쏟아졌다. 우리가 시작한 팟캐스트에는 지금도 수없이 댓글이 달린다. 지역과 중앙의 정치인, 활동가 들이 정보를 얻으려고 따로 연락을 해오기도 했다. 한번은 독일 중부의 조그만 마을을 기사에 낸 적이 있다. 이들이 자체 전력망을 되찾기 위해 거대 에너지 기업과 싸움을 벌인 이야기가 나가자, 패로 제도 주민들로부터 자기들도 똑같이 할 수 있는 방법이 없겠느냐는 열정적인 편지들이 날아들었다. 연재 기사는 독자들의 성원 덕에 계속 연장되었고, 내가 원래 예상한 것보다 훨씬 길어졌다. 또 한번은 프레스턴에서 아주 활기 띤 토론을 벌인 적이 있는데, 홍보라곤 전혀 하지 않았는데도 빈자리가 하나도 없었다. 훨씬 큰 장소에서 진행한 다음번 토론도 만석이었다. 심지어 행사가 끝난 뒤에도 일부는 건너편 마트로 자리를 옮겨 열띤 토론을 이어갔다. 야채와 과일이 잔뜩 쌓인 통로에 쭈그리고 앉아서 토론을 했다고 들었다.

어째서 이런 이야기들이 큰 호응을 얻는 걸까? 독자 여러분도 느끼다시피 정말 대단한 이야기들이기 때문이다. 하지만 더 큰 이유가 있다. 이들은 40년 전 대처 총리가 싹수없이 내뱉은 말, "대안 따위는 없어요"라는 한마디로 집약되는 정통 경제학과 경제 정책을 단호히 거부했다는 것이다. "대안이 없다"니, 그러면 어떻게 하자는 것인가? 그 말인즉슨 부자에게 돈을 몰아주고, 공공 영역을 칼질해 팔아넘기고, 금융 중심지에 더 많은 권력을 줘 황금알을 낳는 거위로 만들자는 것이었다. 하지만 보라. 10년 전에 금융권이 붕괴해 대처가 꿈꾸던 세상을 박살 냈고, 이제 우리는 스스로 대안을 만들어내고 있다. 그러니 목마른 독자들은 이런 이야기들을 접하면서 더 많이 알고 싶을 수밖에 없지 않겠는가?

물론 대안이라는 게 어떤 면에서 보더라도 완벽하다고 할 수는 없다. 우리와 똑같은 평범한 사람들이 만들어가고 있으니 말이다. 이들은 현실의 수많은 장애와 싸우느라 몸부림치고, 돈이 모자라 어떻게 할까 궁리하며 커피만 들이켜면서 날밤을 새울 뿐이다. 하지만 꿈꾸는 것이 있다. 한번 살아볼 만한 가치가 있는 미래, 다시 말해 나·가족·우리 마을 사람 모두가 희망을 갖도록 만들어보자는 것이다. 이 책에서 마저리와 테드가 들려주는 이야기들이 바로 그런 것들이다.

마저리와 테드처럼 나 또한 우리 경제가 민주주의 개념과 어떻게 결합할 수 있을지 방법을 찾아 나서면서도 대단한 완성형 모델을 기대한 건 아니었다. 그저 어떤 실험이 펼쳐지고 있는지를 찾아보려 했을 뿐이다. 하지만 이러한 대안들이 계속해서 생겨나고 성장하기를 바란다. 프레스턴이나 클리블랜드에서 효과를 본 모델을 사방에서 베끼자는 게 아니다. 민주적인 경제는 구체적인 지역에서 살아가는 구체적인 사람들의 필요와 욕망을 반영할 수밖에 없다. 따라서 그 모습이 한없이 다양한 것이 정상이다. 하지만 우리 모두 명심할 것이 있다. 마저리와 테드가 말한 '자본에 대한 편향'에서 벗어나야 한다. 이러한 편향적 구조들이 기승을 부린다면 대안 실험들은 씨가 말라 사그라들 것이며, 대신 시장 논리로 돌아가는 돈의 흐름은 기존 경제가 계속 돌아가도록 박차를 가할 것이다. 애초에 우리를 고통스럽게 만든 임대료와 집세, 부의 유출, 탄소 배출 문제 등은 한층 악화될 것이다.

정치권과 언론은 우리에게 빨리빨리, 더 빨리 움직이라고 재촉하지만 사람들이 원하는 인생은 그런 것이 아니다. TV 드라마는 화끈하게 흘러가고 뉴스는 걸핏하면 속보 딱지가 붙여대지만, 우리 보통 사람들의 삶은 그런 식으로 흘러가지 않는다. 영국에서 사람들이 경제에 정말로 원하는 게 뭔지를 묻는 드문 설문 조사가 있었다. 2017년 강경파 우익 싱크탱크인 레거툼에서 발표한 자료였다. 응답자들이 꼽은 최우선 과제들을 순서대로 보자. 식량과 물, 재난과 범죄 상황에서 의지할 119 서비스, 보편적인 건강보험, 살 만한 집, 보수 좋은 일자리, 무상 의무 교육 등. 좋은 차, SNS, 저렴한 항공권 등은 이 순위의 맨 아래 있었다.

레거툼 싱크탱크의 논평을 보면 그들이 이 조사 결과에 얼마나 당혹했는지를 느낄 수 있다. 논평 말미에 그들은 이런 결론을 내린다.

"이 나라 사람 상당수는… 과격한 반자본주의자들이다."

식량과 물 같은 기본 조건을 열망하는 것을 보고 이념적으로 불순하다고 의심하는 것이 이 세상을 지배하는 자들의 세계관이라면, 이제 '대안'을 만들 때가 무르익은 게 분명하다.

부록

민주적 경제 체제를 만들어가는 단체들

독자들이 직접 참여할 수 있도록 민주적 경제 요소를 모토로 활동하는 단체와 기관 목록을 적는다. 물론 다 아우르지는 못했다. 아래 단체들은 모두 특정 지역이나 공동체에서 활동하는 현장 파트너(단체)와 연계하고 있다.

불평등·인종 간 정의·자본 편향

ACTION CENTER ON RACE AND THE ECONOMY(ACRE) INSTITUTE

인종 간 정의를 위한 투쟁과 추출적 금융 경제 연구를 결합시키는 캠페인을 주도한다.

https://www.acreinstitute.org

INSTITUTE FOR POLICY STUDIES

운동을 기반으로 하는 진보적 연구 단체. 생태적으로 지속 가능하며 공정하고 평화로운 사회를 만드는 것이 임무다.

https://ips-dc.org

POLICYLINK

'공정이 곧 탁월한 성장 모델'임을 표방하는 연구 단체.

https://www.policylink.org

ROOSEVELT INSTITUTE

불평등한 경제 규칙을 다시 쓰는 방법을 제시하는 정책 연구소.

http://rooseveltinstitute.org

민주적 경제 조직·옹호 활동 조직

COMMUNITY CHANGE

저소득층, 특히 유색인 저소득층이 스스로 지역의 미래를 만들어나가도록 역량을 구축한다.

https://communitychange.org

COOPERATION JACKSON(미시시피)

미국 남부에서 지역 주민들이 자기 결정권에 기초한 경제를 만들도록 연대를 도모한다.

https://cooperationjackson.org

DEMOCRATIC SOCIALISTS OF AMERICA

금기시하던 단어 '사회주의'를 적용해 실질적으로 지역을 조직화한 단체. 회원이 빠르게 늘고 있다.

https://www.dsausa.org

NDN COLLECTIVE

미국 원주민이 사회를 바꿀 해법을 찾고 힘을 다지는 플랫폼.

https://ndncollective.org

NEW ECONOMY COALITION

새로운 경제를 앞당기고자 하는 단체 200개의 연합 플랫폼.

https://neweconomy.net

NEW ECONOMY PROJECT(뉴욕시)

현행 경제 시스템의 부조리에 맞서는 캠페인을 조직하고 변혁적인 해법을 만드는 단체.

https://www.neweconomynyc.org

PEOPLE'S ACTION

장기적인 변화를 일굴 수 있도록 지역 공동체의 힘을 다지는 미국 전국 네트워크.

https://peoplesaction.org

금융·투자

GLOBAL IMPACT INVESTING NETWORK(GIIN)

임팩트 투자를 촉진하는 국제적 지식 교환의 장.

https://thegiin.org

NATIONAL COMMUNITY REINVESTMENT COALITION

현행 금융 시스템의 차별적 투자 행위에 맞서는 지역 기반 단체 600여 개의 연합체.

https://ncrc.org

PUBLIC BANKING INSTITUTE

공공 소유의 대안적 금융 기관을 연구하는 옹호 단체.

https://www.publicbankinginstitute.org

SOCIAL CAPITAL MARKETS(SOCAP)

임팩트 투자와 사회적 기업 발전을 위한 네트워크 및 플랫폼.

https://socialcapitalmarkets.net

THE WORKING WORLD

추출적이지 않은 금융으로 노동자 협동조합의 발전을 꾀하는 혁신적 비영리 대출 기관.

https://www.theworkingworld.org

직원 소유·진보적 사업체

AMERICAN SUSTAINABLE BUSINESS COUNCIL

3중 보텀 라인triple bottom line[1]을 표방하는 기업 25만 개의 대표 원탁 회의.

http://asbcouncil.org

B LAB

영리 활동을 공공선의 도구로 사용하려는 지구적 운동에 동참하는 비영리 단체.

https://bcorporation.net

DEMOCRACY AT WORK INSTITUTE

노동자 협동조합 발전을 위해 자원을 개발하는 연구 기관.

https://institute.coop

THE ESOP ASSOCIATION

직원 소유 주식을 대표하는 전국 로비 단체. 기업은 지역별 지부에 소속된다.

https://www.esopassociation.org

ICA GROUP

민주적인 일터를 위한 혁신 모델 개발 센터. 활동 연혁이 길다.

https://ica-group.org

NATIONAL CENTER FOR EMPLOYEE OWNERSHIP

직원 소유제를 위한 정보와 연구의 집결지.

https://www.nceo.org

PROJECT EQUITY

사업체 소유주, 지역의 정책 입안자, 공동체 활동가에게 직원 소유제에 근간한 해법을 내놓는다.

https://www.project-equity.org

공정한 지역 경제

BALLE(Business Alliance for Local Living Economies)

금융과 기업 발전에서 공정성과 지속 가능성을 높이는 네트워크. 정기회 개최.

https://bealocalist.org

HOPE NATION

미국 원주민 공동체의 지역 자산 조성을 꾀하는 컨설팅 기업.

https://www.hopenationconsulting.com

REDF(Roberts Enterprise Development Fund)

장애로 취업이 어려운 이들을 위해 일자리 3만 개를 창출하도록 지원한 사회적 기업 양성 기관.

https://redf.org

토지·주거·마을 운영

CENTER FOR COMMUNITY PROGRESS

마을 공동체가 주도하는 개발, 도시 공간을 되찾는 전략을 개발한다.

https://www.communityprogress.net

GROUNDED SOLUTIONS NETWORK

마을이 관리하며 저렴한 가격으로 영구히 살 주택을 연구하는 실천 네트워크.

https://groundedsolutions.org

RIGHT TO THE CITY ALLIANCE

주거 정의, 도시 정의를 증진시키는 사회 운동 네트워크.

https://righttothecity.org

보건 공동체

BUILD HEALTHY PLACES NETWORK

평등한 보건과 마을 공동체 발전을 연결하는 플랫폼.

https://www.buildhealthyplaces.org

HEALTH CARE WITHOUT HARM

의료 보건 부문에서 지속 가능성을 증진시킬 지도자를 양성한다.

https://noharm.org

THE ROOT CAUSE COALITION

마을 공동체에서 '건강의 사회적 결정 요인'을 다루기 위해 부문 간 협력을 촉진한다.

https://www.rootcausecoalition.org

정의로운 전환

ASIAN PACIFIC ENVIRONMENTAL NETWORK(오클랜드)

환경 정의를 위한 토대 구축과 조직화.

https://apen4ej.org

CLIMATE JUSTICE ALLIANCE

기후 위기와 불평등 문제 해결을 결합해 전면에서 싸우는 풀뿌리 마을 공동체 네트워크.

https://climatejusticealliance.org

EMERALD CITIES COLLABORATIVE

지역의 지속 가능성을 위한 경제 발전 전략 설계.

http://emeraldcities.org

OIL CHANGE INTERNATIONAL

화석 연료 추출 중단의 절박성에 초점을 맞춰 연구하고 옹호 활동을 벌인다.

http://priceofoil.org

SUNRISE MOVEMENT

청년 중심의 그린 뉴딜 활동 선도 조직.

https://www.sunrisemovement.org

UPROSE(뉴욕시)

도시 정의와 기후 위기, 회복 재생력 강화 문제를 연결시켜 지역 중심으로 동원을 꾀한다.

https://www.uprose.org

미국 밖 조직

CLES(Centre for Local Economic Strategies)(영국)

지역 자산 구축에 기초한 경제 비전 제시.

https://cles.org.uk

MOMENTUM(영국)

사회 변혁의 힘을 다지는 풀뿌리 네트워크.

https://peoplesmomentum.com

NEW ECONOMICS FOUNDATION(영국)

경제 정의 실현 정책 연구소.

https://neweconomics.org

NEW ECONOMY ORGANISERS NETWORK(영국)

사회 운동 역량 강화와 동시에 정치·경제에 대한 사회적 이슈의 초점을 이동시키는 개입 전략 개발.

https://neweconomyorganisers.org

TRANSNATIONAL INSTITUTE(암스테르담)

공공선에 복무하는 경제 비전 제시. 여러 부문의 결합형 연구소.

https://www.tni.org

옮긴이의 말

내가 이 책을 번역하게 된 계기부터 이야기하고 싶다. 그건 우리나라에서 진행되는 사회적 경제의 발전 과정을 10년 이상 관찰하면서 느낀 답답함과 좌절 때문이었다. 장구한 시간 동안 열악한 조건에서 사회적 경제를 발전시키기 위해 애쓴 많은 분의 소중한 노력을 너무나 잘 알고 감사드린다. 그들이나 어느 개인을 비판하려는 게 아니라는 것을 전제로, 내가 느낀 답답함과 좌절이 무엇이었는지를 털어놓아보려 한다. 이는 전적으로 주관적 판단일 뿐 결코 객관적인 연구 결과라고 내세우려는 것이 아니니, 그저 역자의 번역 동기를 이해하는 맥락으로만 봐주시면 좋겠다.

현재 우리나라의 사회적 경제 발전 과정은 '관(중앙 정부와 지방 정부 모두 포함한다)'이 권한을 쥔 전형적인 하향식top-down 형태라고 생각한다. 선출직 공무원과 각급 의회 의원 들이 사회적 경제에 열성을 가지고 적극적으로 움직여주면서 크게 도움이 되긴 했지만, 자원 배분이나 구체적인 사회적 경제 조직의 운영과 활동 내용에 있어서는 관에서 여러 '지원 조직'으로 연결되는 전달 경로에서 주도권을 너무 많이 쥐고 있다. 이에 사회적 경제 조직들은 정부의 지원이 끊어지지 않게 하기 위해, 또 지원을 좀 더 많이 받기 위해 정부가 내거는 지침과 조건을 명시적으로든 묵시적으로든 최우선으로 고려하지 않을 수 없게 되었다. 그에 따라 사회적 경제 조직의 본령의 정체성과 임무보다는, 국가·공공 부문이 순조롭게 작동하도록 '비영리·비정부의 제3부문'으로 동원되는 일이 너무나 많았다.

이런 경향을 강화시킨 또 한 가지 문제점은 인적 자원 흡수였다. 지역과 마을에서, 또 다른 부문에서 오랫동안 풀뿌리로 활동해온 역량 있고 신뢰받는 인물들이 이른바 '어쩌다 공무원'이 되어 관과 그 외곽 조직으로 가는 일이 너무나 많았다. 그래서 현장에서 사회적 경제 조직들을 정체성에 맞게 기획하고 조직할 소중한 핵심 일꾼들이 절대적으로 부족해졌다. 그렇게 자리를 옮긴 이들이 새로운 자리에서 풀뿌리로부터의 사회적 경제라는 바람을 일으켜 관이나 주변 조직의 체질을 바꿔냈는지도 의문이다. 개인이 어찌할 수 없는 일일 수도 있지만, 결국 관에서 만든 이런저런 지침과 방향을 전달하는 공무원 노릇에 그치고 마는 경우가 너무 흔했다. 이 분야에서 말 그대로 '산삼보다 귀한' 것이 경험 많은 현장 활동가들이거니와, 이들이 사라진 자리에는 큰 공백이 생길 수밖에 없다. 심지어 자리를 옮겨간 이들도 역량을 제대로 발휘하지 못하는 문제가 동시에 나타났다.

이런 상황에 대한 나의 부정적·비판적인 시각을 뒷받침해주는 정황 증거가 있으니, 바로 사회적 경제 조직마다 관할 정부 부처가 모두 다르다는 현실이다. 사회적 기업은 고용노동부, 협동조합은 기획재정부, 마을 기업은 행정안전부, 자활 조직은 사회복지부 관할로 담당 부처가 찢어져 있다. 마을과 직능 현장에 가보시라. 이 네 가지 조직이, 그리고 현장에서 활동하는 사람들이 이렇게 깔끔하게 구분되는 경우가 얼마나 될까? 사회적 경제 본령의 정체성과 의미를 살린다면 어떻게 네 부서가 예산과 사업 내용을 찢어 따로 관리하는 일이 허용된단 말인가? 이러한 상태에서 과연 각종 사회적 경제 조직들이 정체성에 맞게 발전할 수가 있단 말인가?

사회적 경제를 더 발전시키기 위해 각종 정책과 제도가 생기고 법제화하려고 노력하고 있다는 것도 안다. 하지만 현실적인 문제를 극복해 무엇보다 먼저 사회적 경제 본령의 독자적인 정체성과 단일성을 획득하지 않는다면, 그러한 법률·정책·제도도 제 목적과 의미를 십분 이루기는 기대하기 어려울 것이다.

그렇다면 사회적 경제의 '본령의 정체성과 단일성'은 어디에서 찾을 것인가? 여기서 우리는 요즘 전 세계에서 더 많이 사용하는 '사회연대 경제SSE: Social and Solidarity Economy'라는 용어를 기억해두자.[1]

인간은 로빈슨 크루소 같은 개인으로 존재한 적이 없으며, 태곳적부터 항상 집단을 이뤄 생활해왔다. 개인이란 항상 집단의 일원으로만 존재했다. 따라서 인간의 욕망은 언제나 집단이 공유하는 '집단적 문화'에 의해 결정되었다. 집단 전체가 무엇을 갖춰야 하는지는 물론이고 개인이 무엇을 욕망할지 역시 집단적 문화로 정해진다. 즉 '사회적 필요' 문제라고 할 것이다. '사회적 가치'는 이 '사회적 필요'와 '사회적 조달'이 만나는 지점에서 결정된다. 다시 말해 '사회적 가치'를 거칠게 정의하면 '개인적으로나 집단적으로 **좋은 삶**에 필요한 것을 당대에 사용할 수 있는 자연적·사회적 기술로 조달하는 투입·산출 비율'이라 할 수 있다. 하지만 현대 경제를 지배하는 두 조직, 즉 시장 경제와 국가·공공 부문은 결코 이러한 사회적 필요와 사회적 가치 문제를 모두 만족스럽게 해결할 수가 없다.

시장 경제는 재화·서비스 생산과 유통, 소비의 전 과정을 상품 거래의 연쇄로 조직한다. 따라서 시장 경제에서 어떤 사회적 필요를 충족하려는 수단을 조달하려면 두 가지 조건을 충족해야 한다. 첫째, 그 수단은 거래를 통해 소유권을 온전히 양도 이전할 수 있는 '상품' 형태일 것. 둘째, 그러한 상품 거래로 공급자가 원하는 만큼 이윤이 보장될 것. 하지만 무수히 많은 사회적 필요 목록에서 이 두 가지 조건을 갖춘 경우는 터무니없이 적다. '영어 포기자'나 '수학 포기자'는 저소득층 자녀가 많다. 이런 현실을 우리 사회가 바라는 '좋은 삶'이라고 만족하는 사람은 없을 것이다. 하지만 영리를 추구하는 사설 학원이 저소득층 학생을 위한 교육 프로그램이나 상품을 판매하는 건 기대할 수 없는 일이다.

국가·공공 부문의 기초 원리는 국민의 세금을 재원 삼아 각급 의회의 결의를 거쳐 관공서·공기업 등의 관료 조직이 작동하는 것이다. 따라서 어떤 종류의 사회적 필요가 국가·공공 부문을 통해 이뤄지려면 다음 조건이 충족되어야 한다. 첫째, 각급 의회의 승인과 결의를 얻어낼 것. 둘째, 관료 조직의 활동 대상으로 적합할 것. 군대나 경찰을 조직한다든가, 항만과 도로를 건설하는 것 같은 활동이 이러한 조건을 쉽게 충족시키는 전형적인 예다. 하지만 보이지 않는 동네 곳곳의 불량 주택에서 빈곤과 질병에 시달리며 근근히 살아가는 독거 노인들을 돌보는 문제는 어떠한가? 이 문제가 사회의 '좋은 삶'을 위협하는 심각한 문제라는 건 아무도 부인하지 않을 것이다. 하지만 이 문제가 국가·공공 부문으로 들어가면 '예산 부족·삭감'이라는 문턱에 걸리기 일쑤다. 설령 예산을 받아낸다 해도 노인들의 크고 작은 문제를 관료 조직이 만족스러울 만큼 곰살궂게 살필 거라고 기대하는 건 무리다.

사회 연대 경제의 필연성이 생겨나는 지점이 여기다. 사회 연대 경제란 '나와 우리의 좋은 삶에 꼭 필요한 것을 시장 경제로도, 국가·공공 부문으로도 만족스럽게 조달할 수 없을 때, 이를 바라는 이들이 스스로 연대해 조달하고 충족시키는 조직과 활동'이라고 정의할 수 있다. 농산물 생산자의 존엄과 위상을 최대한 보장하면서도 소비자에게 건강하고 믿을 수 있는 식자재를 공급하는 일이 기존 시장에서는 불가능하다고 생각한 이들이 생활 협동조합을 결성한다. 또 민간 어린이집에서도, 공공 어린이집에서도 만족스러운 육아·보육을 기대하기 힘들다고 생각하는 이들은 공동 육아 협동조합을 만들어 직접 터를 마련하고 교사를 고용해 함께 교육 프로그램과 어린이집을 운영해나간다. 노동 시장에서 항상 불리할 수밖에 없는 장애인과 이주 노동자에게 더 좋은 고용 기회를 주려는 뜻있는 기업가들은 여러 형태로 사회적 기업을 만들어 활동한다. 너무 가난해 대출 융자는커녕 민간 의료보험 가입도 할 수 없는 사람들은 스스로 돈을 모아 공제회를 만들고 의료 서비스를 지원한다. 즉 시장 경제로도, 국가·공공 부문으로도 제대로 조달할 수 없고 심지어 '발견'조차 되지 않는 여러 사회적 필요가 언제나 존재할 수밖에 없으므로, 이를 발견하고 충족하기 위해 연대해 스스로 조직한다는 데 사회 연대 경제 혹은 사회적 경제의 정체성과 필연성이 있다.

하지만 사회 연대 경제에도 약점과 한계가 뚜렷하게 존재한다. 무엇보다 '영세한 재원' 문제가 심각하다. 대규모로 활발하게 사람과 자원을 조직해 조달 활동을 벌이려면 다시 이를 위한 재원이 필요하다. 시장 경제는 이윤 보장을 내세워 투자가를 모아 자본을 조달하며, 국가·공공 부문은 국가 권력을 통해 안정적으로 생겨나는 재원을 바탕으로 삼는다. 하지만 사회 연대 경제는 어떤 필요를 발견하고 만족스러운 조달을 염원하는 개개인의 의지와 열망을 기초로 삼되, 이것이 필연적으로 그 의지와 열망을 실현하는 재원을 가져오지는 않는다. 설령 조달 활동이 벌어진다고 해도 그것이 영리 활동에서처럼 높은 이윤을 보장하며 팔리지 않는 경우가 너무나 많기 때문에(그게 가능했다면 이미 다른 영리 기업들이 투자해 사업을 벌였을 것이다), 영세한 재원 문제는 풀리지 않는 숙제로 사회 연대 경제의 영역을 계속 떠돈다.

물론 사회 연대 경제 조직 중에는 이런 난관을 조직원과 이해 관계자의 의지와 열망으로, 또 놀라운 혁신과 아이디어로 돌파한 사례가 적지 않다. 하지만 이는 결코 쉬운 일이 아니다. 수많은 조직이 만성적인 재원 부족 문제를 안고 있으며, 국가·공공 부문 나아가 영리 기업과 협업해 도움을 얻으려는 경우가 많다. 이를 피할 수도 없고, 오히려 바람직하고 필연적인 경우도 많다. 하지만 그 과정에서 사회 연대 경제 조직들이 국가·공공 부문 그리고 시장 영리 기업의 순탄한 작동을 돕는 '부수물'로 왜소화되는 경우도 허다하다. 사회 연대 경제는 다른 두 영역이 만족스럽게 조달하지도, 아예 발견조차도 못 하는 사회적 필요를 발견하고 조달하는 강력한 잠재력을 가지고 있지만, 그 정체성이 사장되는 안타까운 일이 벌어지는 것이다.

이제 이 책을 번역한 이유가 쉽게 이해될 것이다. 이 책에서 제시하는 '민주적 경제'의 개념과 모델이 방금 설명한 대로 사회 연대 경제의 정체성과 방향을 적확하게 보여준다고 생각했기 때문이다. 마저리와 테드가 말하는 '민주적 경제'의 일곱 가지 원칙이야말로 지역에서, 또 직능 영역에서 풀뿌리 사람들을 움직여 아래로부터 사회 연대 경제 조직을 만들어내는 필수 항목들이다. 이는 힘들어도 달성해야 하는 당위적인 이상이나 목표로만 머물지 않는다. 이 책을 관통하는 이야기들의 힘을 보라. 오랫동안 배제와 빈곤에 시달려 자신감을 잃고 역량마저 잃으며 절망한 이들을 일으켜 세워 당당한 주체로 북돋우는 힘, 일곱 가지 원칙이 비밀의 열쇠로 작용하고 있다는 것을 생생하게 느낄 것이다. 달리 말하자면 '좋은 삶'에 필요한 것들을 박탈당하고도 모자라 배제된 사람들이 스스로 필요한 것들을 조달하기 위해 연대하는, 그야말로 새로운 의미의 '사회적 시민'으로 전환하려면 이 7원칙을 길잡이 삼아야 한다는 말이 된다. 신뢰와 협동은 협동조합의 정신을 주문처럼 외우고 신비화한다고 생기는 것이 아니며, 끊임없이 만나서 밥 먹고 술 먹고 한다고 다져지지는 것도 아니다. 일곱 가지 원칙대로 한 사람 한 사람이 소중하게 대우받고 그에 맞는 권한과 비전을 얻을 때, 그렇게 될 수 있다는 희망이 전달되고 퍼져나갈 때 생기는 것이 바로 '협동co-operation'임을 이 말을 처음 사용한 로버트 오언Robert Owen이 누누이 강조한 바 있다.

여기에 덧붙여 이 책에서 주목할 또 한 가지는 클리블랜드·프레스턴 모델의 앵커 기관 활용법이다. 기획재정부든 지자체 정부든 관의 자원과 지원을 얻어내는 것은 앞서 설명한 사회 연대 경제의 약점과 한계를 감안할 때 자연스런 일이며 또 의당한 일이기도 하다.

그런데 클리블랜드·프레스턴 모델에서 공공 자원과 관계를 맺는 방식은 우리나라 방식과는 사뭇, 아니 몹시 다르다. 학교·병원·관공서·각종 공공 기관 등이 모두 특정한 지역에 자리할 수밖에 없는 만큼, 해당 기관이 지역의 일원으로서 주민과 공생하는 과정에서 공적인 정체성이 스스로 살아난다는 것을 설득하고, 이들이 으레 지출하는 대규모 재원의 상당 부분을 지역 내 사회 연대 경제 조직과 계약해 마을 공동체가 활용할 수 있도록 만드는 것이다. 이렇게 하면 대기업에 하청을 줄 경우 대도시로 빠져나가고 말 거액의 돈과 자원이 지역 안에서 순환하고, 이를 기반으로 지역의 살림살이 경제가 부흥하는 모델이다.

앵커 기관을 활용한 클리블랜드·프레스턴 모델에서 눈에 띄는 것은, 지역형·직능형 사회 연대 경제 조직과 앵커 기관이 어디까지나 수평적인 관계를 맺는다는 점이다. 역자는 2020년 10월 말 경상남도 도청에서 개최한 국제 포럼에서 프레스턴에서 활동하는 사회 연대 경제 활동가와 대화를 나눴다. 그때 좀 예민한 질문 하나를 직설적으로 던져보았다. 지역의 앵커 기관이 지역의 마을 기업이나 협동조합에게 하청과 수주를 주고 다국적 대기업을 배제하는 것은 WTO를 위시한 각종 국제 자유 무역 협정 등을 위반하는 것은 아닌가? 예를 들어 미국의 어느 학교에서 급식 식자재로 인근 농산물을 쓰려다 제소당한 일이 있지 않은가? 클리블랜드·프레스턴 모델은 이 문제를 어떻게 풀고 있는가? 여기서 돌아온 대답은 사실 너무나 상식적이고 당연한 것이되 역자에게는 상당한 각성이었다.

"저희는 앵커 기관의 입찰에서 다른 대기업이나 영리 기업과 똑같은 조건으로 경쟁합니다. 앵커 기관 내부와 무슨 특별한 협약이나 양해 각서 따위를 두는 게 아니에요. 시장에서의 공정하고 대등한 거리를 유지합니다. 따라서 자유 무역 조항들은 개의할 필요가 없습니다."

이 지점에서 우리의 사회적 경제와 관이 맺는 관계를 어떻게 설정할지 아주 중요한 시사를 얻었다. 앞서 설명한 대로 사회 연대 경제 조직 본령의 임무와 정체성은 시장 경제의 영리 기업과 국가·공공 부문이 제대로 조달하지 못하는 사회적 필요를 충족하고 창출하지 못하는 사회적 가치를 창출하는 데 있다. 그러기 위해서는 우선 사회적 필요나 가치를 발견하는 것이 첫 번째 임무이며, 이를 비전으로 사람들을 모아 주체적인 연대 활동을 조직하는 것이 그다음 임무가 될 것이다. 이러한 사회적 필요나 가치의 '발견자'로서, 또 이를 조달하는 집단적·자발적 활동의 '조직'이자 '관리자'로서의 가치를 관은 충분히 인정하고, 이 조직의 자율성과 독자성이 십분 살아나도록 자원 배분뿐만 아니라 그에 딸린 권한을 과감하게 넘겨 수평적인 관계를 설정해야 할 것이다. 수평적인 사회 연대 경제의 틀이 만들어진다면 다년간 경험과 경륜을 쌓은 인적 자원과 역량이 축적되면서 사회 연대 경제의 '내생적 발전'이 이뤄질 것이다.

이 책을 번역하기로 계약한 뒤에 코비드19 사태가 터졌다. 온 세계가 아직 잘 알려지지 않은 괴생물체와 세계 대전을 겪는 중이다. 수많은 이들이 죽고 다쳤으며, 아직 인류는 백신이나 치료제 같은 강력한 무기를 손에 쥐지 못한 상태다. 조만간 인류의 반격이 시작될 것으로 보이지만, 우리가 치료하고 회복하고 보호해야 할 것은 개개인의 신체만이 아니다. 어느새 2년째 겪고 있는 이 사태 속에서 삶이 무너지고 직장을 잃은 사람들, 그리고 그들의 고통과 눈물로 크게 손상을 입는 시스템 전체를 돌봐야 한다. '전후 복구'에 또 시간이 얼마나 걸릴지도 막막하다. 이런 상태에서 세계 곳곳에서 2019년을 넘어선 새로운 사회 경제 체제를 설계해야 한다는 주장이 터져나오고 있다. 코비드19를 넘어 줄줄이 닥쳐올 생태 위기와 사회적 위기를 생각해보면 실로 온당한 주장들이다. 이 책에서 설명하는 '민주적 경제'의 개념, 다시 말해 우리가 함께 살펴본 새로운 사회 연대 경제의 개념으로 기존 사회적 경제 영역의 방향을 다시 설정하고 구축해나간다면, 이는 코비드19와 그 너머 첩첩이 이어지는 높은 산을 무사히 넘어가게 해줄 소중한 도구가 될 것이라고 믿어 마지 않는다.

2021년 5월, 홍기빈

후주

서문

1 디트로이트의 플린트시는 비용을 절감한다고 디트로이트에서 플린트강으로 상수원을 옮겼으나, 수도관을 때운 납 성분이 강물에 녹아들어 주민들이 중금속을 대량 섭취하고 있다는 사실이 2013년 밝혀지면서 큰 소동을 빚었다. 의회에서 상수원을 다시 디트로이트로 돌리기로 결의했지만 시 정부는 비용 절감을 이유로 이를 거부했다[역자주].

2 2015년 누적된 채무로 모라토리엄을 선언하면서 심각한 사회적, 경제적 위기가 시작되었다[역자주].

3 정치 위기 속에서 미국의 도널드 트럼프 대통령을 추종하는 극우파 대통령이 당선된 이후, 아마존 숲 불과 환경 파괴 등 사회적, 정치적으로 퇴행하고 있다[역자주].

들어가며

1 개역 개정 성서에는 '묵시가 없으면 백성이 방자히 행하거니와'로 나온다. 영문은 'Where there is no vision, the people perish'다[역자주].

2 Dale Maharidge, "A Photographic Chronicle of America's Working Poor," *Smithsonian Magazine*, December 2016.

3 "From John Adams to Mercy Otis Warren, 16 April 1776," *Founders Online*, National Archives, January 18, 2019, *https://founders.archives.gov/documents/Adams/06-04-02-0044.*

4 Aldo Leopold, *A Sand County Almanac*(New York: Oxford University Press, 1966), 217 – 218.

5 Gordon S. Wood, *The Radicalism of the American Revolution*(New York: Random House, 1991), 8.

6 Michelle Alexander, "We Are Not the Resistance," *New York Times*, September 23, 2018.

7 "From John Adams to Thomas Jefferson, 19 December 1813," *Founders Online*, National Archives, January 18, 2019, *https://founders.archives.gov/documents/Adams/99-02-02-6212*.

8 Larry Elliott, "World's 26 Richest People Own as Much as Poorest 50%, Says Oxfam," *The Guardian*, January 20, 2019.

9 Chuck Collins and Josh Hoxie, *Billionaire Bonanza: The Forbes 400 and the Rest of Us*(Washington, DC: Institute for Policy Studies, November 2017), 2.

10 버클리 대학의 경제학 교수인 Immanuel Saez의 자료. Josh Baro, "95% of Income Gains Since 2009 Went to the Top 1%—Here's What That Really Means," *Business Insider*, September 12, 2013, *https://www.businessinsider.com/95-of-income-gains-since-2009-went-to-the-top-1-heres-what-that-really-means-2013-9*에서 재인용.

11 Federal Reserve, "Executive Summary", *Report on the Economic Well Being of U.S. Households in 2017*(Washington, DC: Board of Governors of the Federal Reserve System, May 2018), 2.

12 인류는 지금 지구의 생태계가 재생할 수 있는 속도보다 1.7배 빠르게 자연을 사용하고 있다. World Wildlife Fund, *Living Planet Report—2018: Aiming Higher*, M. Grooten and R. E. A. Almond, Eds.(Glands, Switzerland: World Wildlife Fund, 2018).

13 Mathew Lawrence, Laurie Laybourn-Langton, and Carys Roberts, "The Road to Ruin: Making Sense of the Anthropocene," *Institute for*

Progressive Policy Research 24, no. 3(2017).
14 World Wildlife Fund, *Living Planet Report—Risk and Resilience in a New Era*(Glands, Switzerland: WWF International, 2016).
15 Joseph Stiglitz, "Of the 1%, By the 1%, For the 1%," *Vanity Fair*, May 2011.
16 GAO, *Contingent Workforce: Size, Characteristics, Earnings, and Benefits* (Washington, DC: US Government Accountability Office, April 20, 2015), *https://www.gao.gov/assets/670/669766.pdf*.
17 Eillie Anzilotti, "Elizabeth Warren's Bold New Plan to Give Corporate Wealth Back to Workers," *Fast Company*, August 22, 2018.
18 Peter Gowan, Rutgers University(Mid-Year Fellows Workshop on employee ownership, New Brunswick, NJ), January 13, 2019.
19 Jimmy Tobias, "What If People Owned the Banks, Instead of Wall Street?" *The Nation*, May 22, 2017.
20 Jonathan Lear, *Radical Hope: Ethics in the Face of Cultural Devastation* (Cambridge, MA: Harvard University Press, 2006), 7, 94-95, 103, 113, 117-118.
21 Donella Meadows, *Thinking in Systems: A Primer*(White River Junction, VT: Chelsea Green Publishing, 2008). Donella Meadows 인용, "Places to Intervene in a System," *Whole Earth*, Winter 1997.
22 Elena Kadvany, "Feeding Families," *Palo Alto Weekly*, July 24, 2015.
23 *New State Ice Co. v. Liebmann*, 285 US 262(1932).
24 Heather Long, "71% of Americans Believe Economy Is 'rigged,'" *CNN Business*, June 28, 2016, *http://money.cnn.com/2016/06/28/news/economy/americans-believe-economy-is-rigged/index.html*.
25 George Eaton, "How Preston—the UK's 'Most Improved City'—Became a Success Story for Corbynomics," *New Statesman*, November 1, 2018.
26 '사회적 부'로 번역하기도 한다. 마을이나 도시의 지역 공동체 차원에서 조성되고 지역 공동체 전체가 소유권을 행사하는 자산으로, 개개인에게 귀속되지 않고 마을 공동체 전체의 이익을 증진하는 데 사용하도록 명시된다[역자 주].
27 Steve Dubb, "Historic Federal Law Gives Employee-Owned Businesses

Access to SBA Loans," *Nonprofit Quarterly*, August 14, 2018.

28 Rochdale Stronger Together, February 26, 2019, *http://rochdalestrongertogether.org.uk/*.

29 Michael Haederle, "Healthy Neighborhoods Albuquerque Aims to Create Main Street Jobs," *University of New Mexico Health Sciences Newsroom*, September 27, 2016, *http://hscnews.unm.edu/news/healthy-neighborhoods-albuquerque-ams-to-create-main-street-jobs*.

30 Chris Brown, Sarah Stranahan에게 보낸 이메일, December 10, 2018.

31 James E. Causey, "In Cleveland, Co-op Model Finds Hope in Employers Rooted in the City," *Milwaukee Journal Sentinel*, April 27, 2017. 다른 세부 사항은 John McMicken 인터뷰, January 3, 2019, John McMicken의 이메일, January 5, 2019.

32 Maharidge, "Photographic Chronicle of Working Poor."

1 사람들의, 사람들에 의한, 사람들을 위한 경제

1 *https://bealocalist.org/first-immersion-balle-rsf-community-foundation-circle.* "Aligning Money with Mission," Local Economy Foundation Circle, *https://bealocalist.org/local-foundation-circle/*.

2 1990년대 영국에서 처음 문제가 된 개념으로, 도시나 시 외곽 지역에 수퍼마켓이나 청과물 상점이 없어 제대로 된 식료품을 구입하기 힘든 지역과 동네를 일컫는다[역자 주].

3 Tech Dump, *https://www.techdump.org/who-we-are/*; Impact Recyclers, *https://impactrecyclers.com/our-members/*; Social Enterprise Alliance, *https://socialenterprise.us/*.

4 "Rush System for Health: Annual Report for the Fiscal Year Ended June 30, 2018, Audited," *https://www.rush.edu/sites/default/files/fy2018-annual-report-0618.pdf*.

5 Rush University Medical Center, "The Anchor Mission Playbook," The Democracy Collaborative, September 19, 2017, *https://democracycollaborative.org/content/anchor-mission-playbook*.

6 본래 1970년대 애리조나주에서 아주 열악한 상황에서 노동 운동을 시작한 라틴계 이주민들의 구호였으며, 2006년 미국에서 벌어진 이민법 개혁 집회의 구호로도 쓰였다. 이를 2008년 대통령 선거 당시 버락 오바마 후보가 핵심 구호로 바꿔 쓴 것으로 알려졌다[역자 주].

7 Marjorie Kelly and Sarah McKinley, *Cities Building Community Wealth* (Washington, DC: The Democracy Collaborative, November 2015), *https://democracycollaborative.org/cities*.

8 Michelle Stearn, "Green Taxi Cooperative: Building an Alternative to the Corporate 'Sharing Economy,'" The Democracy Collaborative, May 19, 2016, *https://democracycollaborative.org/content/green-taxi-cooperative-building-alternative-corporate-sharing-economy*.

9 NCEO, "New Data on Number of ESPOs and Participants," *Employee Ownership Report*, March–April 2019.

10 Sarah Stranahan, "Eileen Fisher: Designing for Change," Fifty by Fifty, August 15, 2018, *https://medium.com/fifty-by-fifty/eileen-fisher-designing-for-change-f6877b4130f1*; Sarah Stranahan, "Employee-Owned B Corp Makes a Great Brew," Fifty by Fifty, December 5, 2018, *https://medium.com/fifty-by-fifty/employee-owned-b-corp-makes-a-great-brew-6cb21df7b56d*.

11 John Lewis Partnership, "Now and the Future," John Lewis Partnership, PLC, Annual Report and Accounts 2018, *https://www.johnlewispartnership.co.uk/content/dam/cws/pdfs/financials/annual-reports/jlp-annual-report-and-accounts-2018.pdf*.

12 다음 문서에 나오는 비공식적 추산. B Lab as of June 19, 2018; *https://bcorporation.net/about-b-lab*.

13 몬드라곤의 노동자 숫자와 수입 수치는 다음에서 가져왔다. "About Mondragon," Mondragon S Coop, January 5, 2019, *https://www.mondragon-corporation.com/en/about-us/economic-and-financial-indicators/corporate-profile/*.

14 Michael Toye, "Participate Now in the Social Innovation and Social Finance Strategy Consultations," Canadian CED Network, November 23,

2017, *https://ccednet-rcdec.ca/en/blog/2017/11/23/participate-now-social-innovation-and-social-finance*. "Quebec Budget: $100 Million for the Social Economy Despite Some Disappointments," Canadian CED Network, April 6, 2015, *https://ccednet-rcdec.ca/en/new-in-ced/2015/04/06/quebec-budget-100-million-social-economy-despite-some*.

15 "Remunicipalization," Municipal Services Project: Exploring Alternatives to Privatization, February 11, 2019, *https://www.municipalservicesproject.org/remunicipalization*.

16 Thomas M. Hanna, *Our Common Wealth: The Return of Public Ownership in the United States*(Manchester, England: Manchester University Press, 2018), 3, 9.

17 Hanna, *Our Common Wealth*, 11.

18 The CDFI Fund website, September 30, 2018; United States Department of the Treasury, "Investing for the Future," Community Development Financial Institutions Fund, *https://www.cdfifund.gov/Pages/default.aspx*.

19 Amit Bouri," Impact Investing: The Next Big Movement," *Medium*, May 9, 2018, *https://medium.com/@AmitKBouri/impact-investing-the-next-big-movement-b782de8a32d5*.

20 Stanford Encyclopedia of Philosophy, "Dewey's Political Philosophy," Stanford Center for the Study of Language and Information, July 26, 2018, *https://plato.stanford.edu/entries/dewey-political/*.

21 Amartya Sen, *Development as Freedom*(New York: Knopf, 1999).

22 자본 편향의 정의는 이 저서에서 처음 나오는 것이지만, 다음에서 제시된 바 있는 인종적 편향의 정의에서 영감을 얻었다. Robin J. DiAngelo, "Whiteness in Racial Dialogue: A Discourse Analysis"(PhS diss. University of Washington, 2004), 2, *https://digital.lib.washington.edu/researchworks/handle/1773/7867*.

23 중세 유럽에서 자기 영지나 이에 인접한 하천을 지나가는 상인과 행인에게 과도하게 통행료를 매기는 귀족을 일컫는다. 미국이 본격적으로 산업화된 1860년대

이후 '금칠갑 시대'에 항만, 철도, 철강, 석유 등을 독점하고서 엄청난 이윤을 뜯어낸 밴더빌트, 카네기, 록펠러, 모건 등의 독점 자본가들을 부르는 말로 쓰인다 [역자 주].

24 Herman E. Daly and John B. Cobb, Jr., *For the Common Good*(Boston: Beacon Press, 1989), 5 - 8, 86 - 87.

25 BEA, "Gross Domestic Product by Industry: Second Quarter 2018," Bureau of Economic Analysis, November 1, 2018, 10 - 11, *https://www.bea.gov/system/files/2018-10/gdpind218_1.pdf*.

26 Kelly and McKinley, *Cities Building Community Wealth*, 21.

27 Ted DeHaven, "Corporate Welfare in the Federal Budget," Cato Institute, Policy Analysis, July 25, 2012.

28 Edward N. Wolff, "Household Wealth Trends in the United States, 1962 - 2016," National Bureau of Economic Research Working Paper No. 24085, November 2017.

29 Martha Nussbaum, *Creating Capabilities: The Human Development Approach*(Cambridge, MA: Harvard University Press, 2011).

30 Abraham Lincoln, "Annual Message to Congress," December 3, 1861, House Divided: The Civil War Research Engine at Dickinson College, *http://hd.housedivided.dickinson.edu/node/40507*.

31 Marjorie Kelly, "The Divine Right of Capital," Fifty by Fifty, January 17, 2018, *https://medium.com/fifty-by-fifty/the-divine-right-of-capital-d6e8cd57f8c7*.

32 Carina Millstone, *Frugal Value: Designing Business for a Crowded Planet* (New York: Routledge, 2017).

33 Marjorie Kelly, *The Divine Right of Capital*(San Francisco: Berrett-Koehler Publishers, 2001).

34 "Report of the World Commission on Environment and Development: Our Common Future," UN, 1987, *http://www.un-documents.net/our-common-future.pdf*.

35 George Lakoff, 마저리 켈리와의 인터뷰, August 24, 2006.

2 공동체의 원칙: 공공선이 우선한다

1 2015년 5월 28~29일 파인 리지를 방문했다. '협력하는 민주주의' 팀이 진행하는 배움/행동 랩에 대한 정보는 여기에 있다. *https://lab.community-wealth.org/*.

2 Joyce Appleby, *Capitalism and a New Social Order*(New York: New York University Press, 1984), 95.

3 미국 대륙 횡단 철도는 서쪽과 동쪽에서 별개로 철도를 건설한 두 회사가 유타주에서 각자의 철도를 연결하며 완결된다. 이때 서쪽으로부터 온 회사의 창업자인 릴런드 스탠포드Leland Stanford가 이를 기념하는 의식에서 양쪽 철도를 연결하는 마지막 못을 17캐러트의 순금으로 만들어 직접 박아 넣었다[역자 주].

4 Richard White, "Born Modern: An Overview of the West," *History Now: Journal of the Gilder Lehrman Institute*, Fall 2006, *http://ap.gilderlehrman.org/essays/born-modern-overview-west?period=6*.

5 John G. Neihardt, *Black Elk Speaks*(New York: William Morrow and Company, 1932), 7–8.

6 Jay Walljasper, "Healthy Snack Invented on Indian Reservation Now Faces Stiff Corporate Competition," *Common Dreams*, August 10, 2016.

7 Cynthia E. Smith, "By the People: Designing a Better America," September 30, 2016–February 26, 2017, the Cooper Hewitt Smithsonian Design Museum in Manhattan.

8 2014년 오바마 대통령이 빈곤 문제 대응책으로 마을과 공동체 기반의 접근을 선포하고 그 시범 지역을 지정한 프로젝트[역자 주].

9 미국 원주민들이 각종 의식을 행하는 오두막[역자 주].

10 Sarah Sunshine Manning, "A Community Self-Empowerment Model for Indian Country: Thunder Valley CDC, Part I," *Indian Country Today*, January 15, 2016.

11 Manning, "Community Self-Empowerment Model."

12 "Sustainable Housing Ownership Project," Thunder Valley Community Development Corporation, February 11, 2019, *https://thundervalley.org/program-guide/sustainable-home-ownership-project*.

13 넉은 조상들로부터 메시지를 받던 이야기를 여러 번 공개했다. 이 인용은 유튜브 동영상에서 가져왔다. “Ecosystem of Opportunity: Thunder Valley CDC Documentary,” Thunder Valley CDC, May 8, 2015, YouTube, *https://www.youtube.com/watch?v=-6aBQ09SjNI*.

14 이산화탄소의 순 배출을 0으로 만드는 것[역자 주].

15 Annie Lowrey, “Pain on the Reservation,” *New York Times*, July 12, 2013, *https://www.nytimes.com/2013/07/13/business/economy/us-budget-cuts-fall-heavily-on-american-indians.html*.

16 Megan Huynh, “Creating an ecosystem of opportunity on Pine Ridge,” The Democracy Collaborative, June 6, 2018, *https://community-wealth.org/content/creating-ecosystem-opportunity-pine-ridge*.

17 이런 평가들은 다양한 출처에서 가져온 것이다. 특히 다음을 보라. Nick Tilsen, Regenerative Community Progress Report, November 2014, “Ecosystem of Opportunity: Thunder Valley CDC Documentary.”

18 Neihardt, *Black Elk Speaks*, 151.

19 Bernie Rasmussen, February. 28, 2014.

20 Nick Tilsen, April 17, 2018; Nick Tilsen, “Transition to Amplify Innovation,” video, Thunder Valley CDC, Feb. 1, 2018, Vimeo, *https://vimeo.com/253837212*.

21 Bryan Lowry and Katy Bergen, “Sharice Davids Makes History: Kansas' First Gay Rep, 1st Native American Woman in Congress,” *Kansas City Star*, November 6, 2018.

22 Stephanie Gutierrez, *An Indigenous Approach to Community Wealth Building: A Lakota Translation*(The Democracy Collaborative, November 2018), 30, *https://democracycollaborative.org/community-wealth-building-a-lakota-translation*.

23 Gutierrez, *An Indigenous Approach*, 27.

24 Daly and Cobb, *For the Common Good*, 5, 8, 161.

25 Winona LaDuke, “Voices from White Earth,” *People, Land, and Community: collected E. F. Schumacher Lectures*, ed. Hildegaard Hannum(New Haven,

CT: Yale University Press, 1997), 22 – 25.

26 Neihardt, *Black Elk Speaks*.

3 포용의 원칙: 배제된 이들에게 기회를

1 "A Portland Startup Is Smashing Barriers to Affordable Housing," City Lab, January 27, 2017, *https://www.citylab.com/solutions/2017/01/a-portland-start-up-is-smashing-barriers-to-affordable-housing/514202/*.

2 취약한 가정이 이혼, 파산, 입양 등 여러 법적 문제에 부닥쳤을 때 법원에 중립적 조언을 해줄 수 있는 가족 문제 전문가[역자 주].

3 Tyrone Poole, May 9, 2017.

4 Alana Samuels, "The Racist History of Portland, the Whitest City in America," *Atlantic*, July 22, 2016.

5 Nikole Hannah-Jones, "Portland Housing Audit Finds Discrimination in 64 Percent of Tests; City Has Yet to Act Against Landlords," *Oregonian*, May 9, 2011, *https://www.oregonlive.com/portland/index.ssf/2011/05/a_portland_housing_audit_finds.html*.

6 Poole, May 9, 2017.

7 Kimberly Branam, January 22, 2015.

8 Anne Mangan, "Sweet News: PDC Launches Startup PDX: Challenge," Oregon Entrepreneurs Network, February 14, 2013, *https://www.oen.org/2013/02/14/sweet-news-pdc-launches-startup-pdxchallenge/*. Portland Development Commission, "PDC Opens 2014 Startup PDX Challenge, Focused on Women and Minorities," PR News Wire, May 21, 2014, *https://www.prnewswire.com/news-releases/pdcopens-2014-startup-pdx-challenge-focused-on-women--minorities-260094581*. html. 이 대회는 2013~2015년 3년간 진행되었다. Prosper Portland Staff, December 19, 2018.

9 Prosper Portland, February 14, 2018, *https://prosperportland.us/*.

10 Poole, May 9, 2017.

11 Katherine Krajnak, May 10, 2017.

12 Krajnak, May 10, 2017.

13 Mark Treskon, "Less Segregated Cities Aren't Only More Inclusive. They're More Prosperous," *Urban Wire: Race and Ethnicity*, Urban Institute, March 28, 2017, *https://www.urban.org/urban-wire/less-segregated-communities-arent-only-more-inclusive-theyre-more-prosperous*.

14 Brandon M. Terry, "MLK Now"("Fifty Years Since MLK"), *Boston Review*, 2017, 15.

15 Martin Luther King, Jr., "The Three Evils of Society", Aug. 31, 1967, *https://www.scribd.com/doc/134362247/Martin-Luther-King-Jr-The-Three-Evils-of-Society-1967*.

16 Lisa K. Bates, Ann Curry-Stevens, and Coalition of Communities of Color, *The African-American Community in Multnomah County: An Unsettling Profile*(Portland, OR: Coalition of Communities of Color and Portland State University, 2014), *http://static1.squarespace.com/static/5501f6d4e4b0ee23fb3097ff/t/556d3996e4b09da5e9a521df/1433221526152/African-American-report-FINAL-January-2014.pdf*.

17 Alana Samuels, "The Racist History of Portland, the Whitest City in America," *Atlantic*, July 22, 2016.

18 Samuels, "Racist History of Portland."

19 Nigel Jaquiss, "Critics Blast a Portland Plan to Divert Money Earmarked for the Black Community to Help a Health Care Giant," *Willamette Week*, August 16, 2017, *https://www.wweek.com/news/2017/08/16/critics-blast-a-portland-plan-to-divert-money-earmarked-for-the-black-community-to-help-a-health-care-giant/*.

20 Eliot Neighborhood, "The Hill Block Project Update," February 4, 2018, *https://eliotneighborhood.org/2018/02/04/the-hill-block-project-update/*.

21 Walter Johnson, "To Remake the World: Slavery, Racial Capitalism, and Justice"("Race, Capitalism, Justice"), *Boston Review*, Forum 1, 2017, 26–27.

22 Caitlin Rosenthal, "Abolition as Market Regulation"("Race, Capitalism, Justice"), *Boston Review*, Forum 1, 2017, 40.

23 "Inclusive Business Resource Network," Prosper Portland, January 6, 2019, *https://prosperportland.us/portfolio-items/inclusive-business-resource-network/*.

24 Local and Regional Government Alliance on Race and Equity, February 11, 2019, *https://www.racialequityalliance.org/*.

25 "Memphis Sanitation Workers' Strike," The Martin Luther King, Jr. Research and Education Institute, Stanford University, February 11, 2019, *https://kinginstitute.stanford.edu/encyclopedia/memphis-sanitation-workers-strike*.

26 Autodidact 17, "Dr. Martin Luther King Jr: 'I fear I am integrating my people into a burning house,'" *New York Amsterdam News*, January 12, 2017, *http://amsterdamnews.com/news/2017/jan/12/dr-martin-luther-king-jr-i-fear-i-am-integrating-m/*.

27 "Portland Housing Startup Snags $2M from Angels," *Portland Business Journal*, December 7, 2018.

4 장소의 원칙: 마을에 머무는 지역 자산 구축하기

1 Daniel, October 8, 2017.

2 Walter Wright, Kathryn W. Hexter, and Nick Downer, "Cleveland's Greater University Circle Initiative: An Anchor-Based Strategy for Change," The Democracy Collaborative, May 2016, 11, *https://democracycollaborative.org/greater-university-circle-initiative*.

3 "2017 Annual Report," Publications, University Hospitals, February 12, 2019, *https://www.uhhospitals.org/about-uh/publications/corporate-publications/annual-report*.

4 Cleveland Clinic 2017 operating revenue $8.4 billion; Meg Bryant, "Cleveland Clinic 2017 Operating Income, Revenue Bounce Back," Health Care Drive, March 1, 2018, *https://www.healthcaredive.com/news/cleveland-clinic-2017-operating-income-revenue-bounce-back/518134/*. University Hospitals 2017 revenue $3.9 billion; "2017 Annual Report,"

University Hospitals. Case Western Reserve University(CWRU) 2017 revenue $1 billion; "2016/2017 Annual Report," CWRU, *https://case.edu/behindthestory/images/CWRU-Annual-Report-2017.pdf*.

5 Alexander Kent and Thomas Frolich of 24/7 Wall St., "The 9 Most Segregated Cities in America," *Huffington Post*, Aug. 27, 2015, *https://www.huffingtonpost.com/entry/the-9-most-segregated-cities-in-america_us_55df53e9e4b0e7117ba92d7f*.

6 J. Mark Souther, "Acropolis of the Middle-West: Decay, Renewal, and Boosterism in Cleveland's University Circle," *Journal of Planning History*, 10(1), January 11, 2011, *https://journals.sagepub.com/doi/abs/10.1177/1538513210391892*.

7 Wright, Hexter, and Downer, "Cleveland's Greater University Circle Initiative," 11.

8 Wright, Hexter, and Downer, "Cleveland's Greater University Circle Initiative," 12.

9 Brandon Terry, "A Revolution in Values"("Fifty Years Since MLK"), *Boston Review*, 2017, 62.

10 Cleveland's Greater University Circle Initiative: Building a 21st Century City through the Power of Anchor Institution Collaboration,(Cleveland, OH: Cleveland Foundation, 2013), 39, *http://www.clevelandfoundation.org/wp-content/uploads/2014/01/*.

11 Walter Wright, "Greater University Circle Major Accomplishments, 2011–2014," handout, Cleveland State University. Wright, Hexter, and Downer, "Cleveland's Greater University Circle Initiative," 12.

12 John McMicken, January 7, 2019.

13 John McMicken, January 5, 2019.

14 McMicken, January 5, 2019.

15 Healthcare Anchor Network website, Oct. 15, 2018, *https://www.healthcareanchor.network*.

16 "Anchor Collaborative Network," The Democracy Collaborative, February

12, 2019, *http://www.anchorcollabs.org/*. "High Education Anchor Mission Initiative," The Democracy Collaborative, March 17, 2019, *http://anchors.democracycollaborative.org*.

17 Karl Polanyi, *The Great Transformation: The Political and Economic Origins of Our Time*(Boston: Beacon Press, 1960; originally published 1944).

18 Randy Oostra, "Embracing an Anchor Mission: ProMedica's All-In Strategy," The Democracy Collaborative, May 21, 2018, *https://democracycollaborative.org/content/embracing-anchor-mission-promedica-s-all-strategy*.

19 Tyler Norris and Ted Howard, *Can Hospitals Heal America's Communities?* (Washington, DC: The Democracy Collaborative, December 2015), 12, *https://democracycollaborative.org/content/can-hospitals-heal-americas-communities-0*. "Gross Domestic Product by Industry: Second Quarter 2018," Bureau of Economic Analysis, November 1, 2018, 10–11, *https://www.bea.gov/system/files/2018-10/gdpind218_1.pdf.* GDP에서 비영리 병원과 대학의 지출 비중 8.7퍼센트는 같은 기간 부가 가치로 측정된다.

20 Kim Shelnik and Staci Wampler, October 8, 2017.

21 Marjorie Kelly, October 9, 2017.

22 Shelnik and Wampler, December 20, 2018.

23 Staci Wampler, December 20, 2018.

24 이런 금융 수치는 상장 회사들이 연례 공표하는 재무제표에서 가져왔다. 이 기업들은 소도시 클리블랜드에서 이름난 고용주들이므로 이름을 밝히지 않는다.

25 Alex Berenson, *The Number: How the Drive for Quarterly Earnings Corrupted Wall Street and Corporate America*(New York: Random House, 2003), xxviii.

5 좋은 노동의 원칙: 노동이 자본에 우선한다

1 방문 간호 노동력의 구성에 대한 데이터는 다음에서 가져왔다. Jay Cassano, "Inside America's Largest Worker-Run Business," *Fast Company*, September 8, 2015.

2 Corinne H. Rieder, Clara Miller, and Jodi M. Sturgeon, "Too Few Good Jobs? Make Bad Jobs Better," *Huffington Post,* Dec. 9, 2012, *https://www.huffingtonpost.com/corinne-h-rieder/make-bad-jobs-better_b_1953051.html*. 2019년 1월 2일, 마저리 켈리와의 인터뷰. 옥타비아는 더 이상 CHCA에서 일하지 않는다.

3 Michael Elsas, May 25, 2017. Data on industry turnover rate of 66 percent cited in Carlo Calma, "The Big-Picture Strategy to Combatting Caregiver Turnover," *Home Health Care News*, July 30, 2017, *https://homehealthcarenews.com/2017/07/the-big-picture-strategy-to-combatting-caregiver-turnover/*.

4 B랩에서는 B콥 인증뿐만 아니라 매년 그중 가장 사회에 큰 혜택을 주는 것으로 평가된 상위 10퍼센트 기업을 '세계 최선Best for the World' 기업으로 발표한다. CHCA, "B Impact Report: Cooperative Home Care Associates(CHCA)" [Best for Overall 2017, Best for Workers 2017, Best for Community 2017, Best for Changemakers 2017], Cooperative Home Care Associates, Certified B Corporation, *https://bcorporation.net/directory/cooperative-home-care-associates-chca*.

5 Ruth Glasser and Jeremy Brecher, *We Are the Roots: The Organizational Culture of a Home Care Cooperative*(Davis, CA: Center for Cooperatives, University of California, 2002), ix.

6 Jack Ewing, "Wages Are Rising in Europe. But Economists are Puzzled," *New York Times*, July 27, 2018.

7 Ewing, "Wages Rising in Europe." 원문은 "We're all drunks looking under the lamppost"다. 술 취한 이는 지갑을 어디서 잃어버렸는지 알 길이 없으니 불빛 환한 가로등 아래만 서성인다는 이야기다. 지갑이 거기 없다는 것을 잘 알지만 다른 곳은 어두워 찾을 도리가 없으니 그런 어리석은 짓을 하고 있다는 말로, 우리말로 비기자면 각주구검刻舟求劍과 의미가 통한다 하겠다. 임금이 오르지 않는 진정한 원인을 기존 경제학의 모델과 상식으로는 찾아낼 수 없으니 익숙하게 떠오르는 요인만 반복해 언급한다는 뜻이다[역자 주].

8 Michael Elsas, May 25, 2017.

9 Caroline Lewis, "The Nation's Largest Worker-Owned Business Is No Longer Just an Experiment in Social Justice," *Crain's New York Business*, January 31, 2017.

10 Lewis, "No Longer Experiment in Social Justice." Elsas, May 25, 2017. CEO pay multiple from Lawrence Mishel and Jessica Schieder, "CEO Pay Remains High Relative to the Pay of Typical Workers and High-Wage Earners," Economic Policy Institute, July 20, 2017, *https://www.epi.org/publication/ceo-pay-remains-high-relative-to-the-pay-of-typical-workers-and-high-wage-earners/*.

11 Elsas, May 25, 2017.

12 Glasser and Brecher, *We Are the Roots*, 4. Elsas, May 25, 2017.

13 Anne Inserra, Maureen Conway, and John Rodat, "The Cooperative Home Care Associates, Sectoral Employment Development Learning Project," Aspen Institute Economic Opportunities Program, Washington, DC, February 2002, 18–19.

14 Adria Powell, January 2, 2019.

15 Glasser and Brecher, *We Are the Roots*, 9.

16 Glasser and Brecher, *We Are the Roots*, 84.

17 Inserra, Conway, and Rodat, "Cooperative Home Care Associates," 38.

18 Inserra, Conway, and Rodat," Cooperative Home Care Associates," 23.

19 Charlie Sabatino and Caroleigh Newman, "The New Status of Home Care Workers Under the Fair Labor Standards Act," *Bifocal: A Journal of the Commission on Law and Aging*, American Bar Association 36, 6(July–August 2015), *https://www.americanbar.org/content/dam/aba/publications/bifocal/BIFOCALJuly-August2015.pdf*.

20 Powell, January 2, 2019. Rick Surpin, December 20, 2018, January 28, 2019, January 29, 2019.

21 Chris Farrell, "Could This Idea Help Fix America's Shortage of Home Care Workers?" *Forbes*, August 15, 2017.

22 David Hammer of ICA Group, July 8, 2017. Amy Baxter, "AARP Foundation

Funds Project to Explore Home Care Cooperative Sustainability," Home *Health Care News*, March 22, 2017. Home Care Cooperative Initiative, Cooperative Development Foundation website, February 12, 2019, *http://seniors.coop/*.

23 Eduardo Porter, "Home Health Care: Shouldn't It Be Work Worth Doing?" *New York Times*, August 29, 2017. Hammer, July 8, 2017.

24 "Investor Relations: Financing America's Electric Cooperatives," National Rural Utilities Cooperative Finance Corporation, February 12, 2019, *https://www.nrucfc.coop/content/nrucfc/en/investor-relations.html*.

25 Tim McMahon, "Current U-6 Unemployment Rate," UnemploymentData.com, January 4, 2019, *https://unemploymentdata.com/current-u6-unemployment-rate/*. Charles Jeszeck, "Contingent Workforce: Size, Characteristics, Earnings, and Benefits," US Government Accountability Office, May 2015.

26 GAO, "Contingent Workforce: Size, Characteristics, Earnings, and Benefits," US Government Accountability Office, April 20, 2015, *https://www.gao.gov/assets/670/669766.pdf*.

27 Thomas Piketty, Emmanuel Saez, and Gabriel Zucman, "A Bigger Economic Pie, but a Smaller Slice for Half of the U.S.," *New York Times*, December 6, 2016.

28 Nick Hanauer, "Stock Buybacks Are Killing the American Economy," *Atlantic*, February 5, 2015.

29 US Department of Commerce, Bureau of Economic Analysis combined charts(Gross Domestic Product; Gross Domestic Income: Compensation of Employees, Paid: Wages and Salaries; Corporate Profits after Tax[without IVA and CCAdj]); FRED, Federal Reserve Bank of St. Louis, February 25, 2019, *https://myf.red/g/n0s9;* Derek Thompson, "Corporate Profits Are Eating the Economy," Atlantic, March 4, 2013, *http://www.theatlantic.com/business/archive/2013/03/corporate-profits-are-eating-the-economy/273687/*.

30 Derek Thompson, "A World Without Work," *Atlantic*, July/August 2015.

31 Thomas Paine, "The Rights of Man," *Paine: Collected Writings*(New York: Library of America, 1995), 465.

32 E. F. Schumacher, "Buddhist Economics," *Small Is Beautiful: Economics as If People Mattered*(Vancouver, BC: Hartley and Marks Publishers, 1999[copyright 1973]), 38.

33 Schumacher, "Buddhist Economics," 38–39.

34 Glasser and Brecher, *We Are the Roots*, 98–99.

35 Glasser and Brecher, *We Are the Roots*, 102.

36 Ronnie Galvin, "Confronting Our Common Enemy: Elite White Male Supremacy," *Medium*, February 4, 2017, *https://medium.com/@ronniegalvin/confronting-our-common-enemy-6f923f74cb3b*.

37 Powell, January 2, 2019.

38 Powell, January 2, 2019.

39 Powell, January 2, 2019.

40 Powell, January 2, 2019.

6 민주적 소유권의 원칙: 새로운 시대의 기업 설계도

1 Robert Heilbroner, *The Limits of American Capitalism*(New York: Harper and Row, 1965).

2 Mike Chanov, March 2, 2017.

3 Jay Apperson, "Power Company to Pay $1 Million Penalty, Perform $1 Million in Environmental Projects, Upgrade Water Pollution-Prevention Technology," Department of the Environment, Maryland.gov, *https://news.maryland.gov/mde/2016/08/29/power-company-to-pay-1-million-penalty-perform-1-million-in-environmental-projects-upgrade-water-pollution-prevention-technology/*.

4 『침묵의 봄』 저자. 1960년대 초 환경 문제의 중요성을 미국 사회에 처음 알린 유명한 저술가[역자 주].

5 Loren Jensen, April 25, 2017.

6 William Rue, March 2, 2017.

7 Ian MacFarlane and Peter Ney, December 2, 2016.

8 "Peter Ney Recognized as a Top Chief Financial Officer by Baltimore Business Journal," *EA in the News*, EA Engineering, April 21, 2015, *https://eaest.com/articles_news/2015_04_21_Ney_Top_CFO.php*.

9 MacFarlane and Ney, December 2, 2016.

10 David Kiron, Nina Kruschwitz, Holger Rubel, Martin Reeves, and Sonja-Katrin Fuisz-Kehrbach, "Sustainability's Next Frontier: Walking the Talk on the Sustainability Issues That Matter the Most," *The MIT Sloan Management Review*, December 16, 2013, *https://sloanreview.mit.edu/projects/sustainabilitys-next-frontier/*.

11 Carina Millstone, *Frugal Value*(New York: Routledge, 2017), 135–145, 147–162.

12 Bill Rue, September 18, 2018.

13 Dan Fagin, *Toms River*(Washington, DC: Island Press, 2013), 13, 131–132, 138.

14 Fagin, *Toms River*, 145, 154, 155, 189.

15 Fagin, *Toms River*, 223.

16 Franklin Roosevelt, October 14, 1936.

17 "The Servant as Leader," Robert K. Greenleaf Center for Servant Leadership website, October 2, 2018, *https://www.greenleaf.org/what-is-servant-leadership/*.

18 "Laws, Mandates, and Ordinances Requiring LEED," Everblue, April 5, 2018, *www.everbluetraining.com/blog/laws-mandates-and-ordinances-requiring-leed*.

19 Joseph Blasi and Douglas Kruse, "Small Business Owners Are Getting a New Incentive to Sell to Their Employees," *The Conversation*, August 15, 2018, *https://theconversation.com/small-business-owners-are-getting-a-new-incentive-to-sell-to-their-employees-101515*.

20 NCEO, *Employee Ownership and Economic Well-Being*(Oakland, CA:

National Center for Employee Ownership, May 15, 2017), *https://www.ownershipeconomy.org/*.
21 "Small Business Closure Crisis," Project Equity, October 6, 2018, *https://www.project-equity.org/communities/small-business-closure-crisis/*.
22 Fifty by Fifty, February 16, 2019, *https://www.fiftybyfifty.org/*.
23 Ian MacFarlane, September 27, 2018.

7 지속 가능성의 원칙: 생명의 근간인 생태계 지키기

1 Winona LaDuke, *All Our Relations: Native Struggles for Land and Life* (Chicago: Haymarket Books, 1999), 199. "Seventh Generation Amendment," Anishinaabe Niijii flyer, Bayfield, WI, March 1996.
2 Carla Santos Skandier, October 8, 2018.
3 Climate Breakthrough Project, "Big Strategies. Talented Leaders. Global Impact," February 16, 2019, *https://www.climatebreakthroughproject.org/*.
4 David Roberts, "This Graphic Explains Why 2 Degrees of Global Warming Will Be Way Worse than 1.5," Vox, October 7, 2018, *https://www.vox.com/energy-and-environment/2018/1/19/16908402/global-warming-2-degrees-climate-change*.
5 Reed Landberg, Chisaki Watanabe, and Heesu Lee, "Climate Crisis Spurs UN Call for $2.4 Trillion Fossil Fuel Shift," *Bloomberg*, October 7, 2018. Chris Mooney and Brady Dennis, "The World Has Just Over a Decade to Get Climate Change Under Control, U.N. Scientists Say," *Washington Post*, October 7, 2018.
6 Landberg et al., "Climate Crisis Spurs Call."
7 "Despite the Paris Agreement, Governments Still Give Billions in Fossil Fuel Finance Each Year," Oil Change International, November 2017, *https://priceofoil.org/content/uploads/2017/11/SFF_COP23_infographic.pdf*.
8 Andrew Bary, "Exxon Mobil Is a Bet on the Future of Oil," *Barron's*, May 5, 2018, *https://www.barrons.com/articles/exxon-mobil-is-a-bet-on-the-*

future-of-oil-1525482562.

9 Bill McKibben, "Global Warming's Terrifying New Math," *Rolling Stone*, July 19, 2012.

10 Kate Aranoff, "With a Green New Deal, Here's What the World Could Look Like for the Next Generation," *The Intercept*, December 5, 2018, *https://theintercept.com/2018/12/05/green-new-deal-proposal-impacts/*.

11 Editorial Board, "Wake Up World Leaders. The Alarm Is Deafening," Opinion, *New York Times*, October 9, 2018.

12 Suzanne Goldenberg, "Tea Party Climate Change Deniers Funded by BP and Other Major Polluters," *The Guardian*, October 24, 2010. John Cushman Jr., "Harvard Study Finds Exxon Misled Public about Climate Change," *Inside Climate News*, August 22, 2017, *https://insideclimatenews.org/news/22082017/study-confirms-exxon-misled-public-about-climate-change-authors-say*; "Koch Industries: Secretly Funding the Climate Denial Machine," Greenpeace, October 14, 2018, *https://www.greenpeace.org/usa/global-warming/climate-deniers/koch-industries/*.

13 Bill McKibben, "Up Against Big Oil in the Midterms," *New York Times*, November 7, 2018.

14 McKibben, "Up Against Big Oil."

15 Gar Alperovitz, Joe Guinan, and Thomas M. Hanna, "The Policy Weapon Climate Activists Need," *The Nation*, April 26, 2017. Jeff Cox, "$12 Trillion of QE and the Lowest Rates in 5,000 Years … for This?" *CNBC Finance*, June 13, 2016.

16 미국 정부를 이르는 별명[역자 주].

17 Alexander Barkawi, "Why Monetary Policy Should Be Green," *Financial Times*, May 18, 2017. Jack Ewing, "Europeans Fear a Global Slump," *New York Times*, March 8, 2019.

18 Marc Labonte, *Monetary Policy and the Federal Reserve: Current Policy*

and Conditions(Washington, DC: Congressional Research Service, Jan. 28, 2016).

19 Ben Bernanke, December 2010, Ann Pettifor, *Just Money: How Society Can Break the Despotic Power of Finance*(London: Commonwealth, 2014).

20 Pierre Monin and Alexander Barkawi, "Monetary Policy and Green Financing: Exploring the Links", *Greening China's Financial System*(Canada: International Institute for Sustainable Development, 2015), *https://www.iisd.org/library/greening-chinas-financial-system*. Richard Murphy and Colin Hines, *Green Quantitative Easing: Paying for the Economy We Need*(Norfolk, UK: Finance for the Future, 2010), *https://www.financeforthefuture.com/GreenQuEasing.pdf*.

21 Barkawi, "Monetary Policy Should Go Green."

22 Market value, "The World's Largest Public Companies," *Forbes*, 2018, *https://www.forbes.com/global2000/list/*.

23 Alperovitz, Guinan, and Hanna, "Policy Weapon Activists Need."

24 Aldo Leopold, *A Sand County Almanac*(New York: Oxford University Press, 1966), x.

25 Leopold, *Sand County Almanac*, 219–220.

26 Leopold, *Sand County Almanac*, 230.

27 Julian Brave NoiseCat, "The Western Idea of Private Property Is Flawed. Indigenous Peoples Have It Right," *The Guardian*, March 27, 2017.

28 BBC News, "India's Ganges and Yumana Rivers Are 'Not Living Entities,' BBC News, July 7, 2017, *https://www.bbc.com/news/world-asia-india-40537701*.

29 SeventhFireBlog, "Unto the Seventh Generation," People of the Seventh Fire, January 3, 2019, *https://seventhfireblog.wordpress.com/2017/03/05/unto-the-seventh-generation/*.

30 Alperovitz, Guinan, and Hanna, "Policy Weapon Activists Need."

31 Mark Carney, "Breaking the Tragedy of the Horizon—Climate Change

and Financial Stability," September 29, 2015, *https://www.fsb.org/wp-content/uploads/Breaking-the-Tragedy-of-the-Horizon-%E2%80%93-climatechange-and-financial-stability.pdf*.

32 Adam Vaughn, "Global Demand for Fossil Fuels Will Peak in 2023, Says Thinktank," *Guardian*, September 11, 2018.

33 Dominique Mosbergen, "One of America's Oldest Coal Companies Just Filed for Bankruptcy," *Huffington Post*, October 10, 2018.

34 "Energy" sector performance, Fidelity, January 3, 2019, *https://eresearch.fidelity.com/eresearch/markets_sectors/sectors/sectors_in_market.jhtml?tab=learn&-sector=10*. "S&P 500 Historical Annual Returns," Macrotrends, *https://www.macrotrends.net/2526/sp-500-historical-annual-returns*.

35 Pilita Clark, "Mark Carney Warns Investors Face 'Huge' Climate Change Losses," *Financial Times*, September 29, 2015.

36 Gar Alperovitz, September 13, 2018.

37 "Time to Buy Out Fossil Fuel Corporations—Gar Alperovitz on Reality Asserts Itself," Gar Alperovitz, *Real News Network*, April 28, 2017, *https://therealnews.com/stories/galperovitz0421rai*.

8 윤리적 금융의 원칙: : 사람과 지역을 위해 투자하고 대부하기

1 Matthew Brown, October 22, 2018. Aditya Chakrabortty, "In 2011 Preston Hit Rock Bottom. Then It Took Back Control," *Guardian*, January 31, 2018.

2 Brown, October 22, 2018.

3 Clifford Singer, "The Preston Model," *The Next System Project*(Washington, DC: The Democracy Collaborative, September 9, 2016).

4 Matthew Brown, October 22, 2018.

5 George Eaton, "How Preston—the UK's 'Most Improved City'—Became a Success Story for Corbynomics," *New Statesman*, November 1, 2018.

6 "Building the Democratic Economy, from Preston to Cleveland," *Laura Flanders Show*, June 24, 2018, *https://therealnews.com/stories/laura-*

flanders-show-building-the-democratic-economy-from-preston-to-cleveland%E2%80%8B.

7 "Preston, Jeremy Corbyn's Model Town: How One City Became an Unlikely Laboratory for Corbynomics," *Economist*, October 19, 2017.

8 셰일 가스를 채취하는 수압 파쇄법. 지하수와 토양을 오염시키는 문제가 있다[역자 주].

9 Labour Party, "For the Many Not the Few," *Labour Party Manifesto 2017, https://labour.org.uk/wp-content/uploads/2017/10/labour-manifesto-2017.pdf*.

10 Kate Aranoff, "Is Nationalization an Answer to Climate Change?" *Intercept*, September 8, 2018, *https://theintercept.com/2018/09/08/jeremy-corbyn-labour-climate-change/*. Eaton, "How Preston Became Success Story."

11 Peter Walker and Jessica Elgot, "Corbyn Defies Doubters as Labour Gains Seats," *Guardian*, June 9, 2017, *https://www.theguardian.com/politics/2017/jun/09/jeremy-corbyn-labour-defies-doubters-gain-seats-election-2017*.

12 영국의 건축 조합building society은 주택 구입에 따른 담보 대출 등 금융업도 겸한다[역자 주].

13 Christine Berry, *Towards a People's Banking System: New Thinking for the British Economy*(Commonwealth Publishing, 2018), *http://commonwealth-publishing.com/shop/new-thinking-for-the-british-economy/*. Natalya Naqvi, "Labour's Investment Bank Plan Could Help Fix Our Damaging Financial System," *New Statesman*, May 17, 2017.

14 Laura Flanders, "In the Age of Disaster Capitalism, Is 'Survival Socialism' the Solution?" *Nation*, July 19, 2018. Hazel Sheffield, "The Preston Model: UK Takes Lessons in Recovery from Rust-Belt Cleveland," *Guardian*, April 11, 2017.

15 Lawrence White and Andrew MacAskill, "British Banks Set to Close Record 762 Branches This Year," *Reuters*, August 23, 2017, *https://*

uk.reuters.com/article/uk-britain-banks-branches-idUKKCN1B31AY.

16 월급날까지 며칠간 돈을 빌려주고 이자를 아주 높게 매기는 업자들[역자 주].

17 Brown, 켈리와의 인터뷰. "Sparkassen Savings Banks in Germany," Centre for Public Impact, March 27, 2017, *https://www.centreforpublicimpact.org/case-study/sparkassen-savings-banks-germany/*.

18 Tony Greenham, "Everyone a Banker? Welcome to the New Co-operative Banking Movement," RSA, June 30, 2017.

19 Jules Peck, "Building a Bank That Puts People before Profit," *Business West*, February 20, 2018, *https://www.businesswest.co.uk/blog/building-bank-puts-people-profit*.

20 Natalya Naqvi, "Labour's Investment Bank Plan Could Help Fix Our Damaging Financial System," *New Statesman*, May 17, 2017.

21 Legislative initiatives, Public Banking Institute, November 6, 2018, *https://www.publicbankinginstitute.org/legislative*.

22 Jane Jacobs, *The Death and Life of Great American Cities*(New York: Random House, 1961), 4.

23 Jane Jacobs, *The Nature of Economies*(New York: Random House, 2000).

24 Kevin Phillips, *American Theocracy: The Peril and Politics of Radical Religion, Oil, and Borrowed Money in the 21st Century*(New York: Viking Penguin, 2006), 265–268.

25 Phillips, *American Theocracy*, 265–268.

26 Howard Reed; UK Office for National Statistics, "United Kingdom National Accounts: The Blue Book 2018."

27 Marjorie Kelly, "Overload," *Owning Our Future: The Emerging Ownership Revolution*(San Francisco: Berrett-Koehler, 2012), 65–83.

28 Howard Reed, January 7, 2019; Office for National Statistics, UK Statistics Authority(2018).

29 Reed; UK Office for National Statistics, "United Kingdom National Accounts: The Blue Book 2018."

30 Jon Craig, "Shadow Chancellor John McDonnell Targets Government's

North-South Funding Gap," Sky News, February 4, 2017, https://news.sky.com/story/shadow-chancellor-john-mcdonnell-targets-governments-north-south-funding-gap-10755206.

31 Richard Partington, "IMF Warns Storm Clouds Are Gathering for Next Financial Crisis," *Guardian*, December 11, 2018. Alex Williams, "Are You Ready for the Financial Crisis of 2019?" *New York Times*, December 10, 2018.

32 Thomas M. Hanna, *The Crisis Next Time: Planning for Public Ownership as an Alternative to Corporate Bank Bailouts*(Washington, DC: The Democracy Collaborative, 2018). Berry, "Toward People's Banking System".

33 Impact Entrepreneur Network, *https://impactalchemist.com/?ss_source=sscampaigns&ss_campaign_id=5c33592d6d86dd0001f41537&ss_email_id=5c336567fbd67200016db664&ss_campaign_name=Live+Webinars+on+Opportunity+Zones+and+The+Clean+Money+Revolution%21&ss_campaign_sent_date=2019-01-07T14%3A42%3A47Z*.

34 Jade Hemeon, "Millennials, Women Drive Trend Toward Responsible Investing," *Investment Executive*, June 6, 2016, *https://www.investmentexecutive.com/news/industry-news/millennials-women-drive-trend-toward-responsible-investing/*.

35 Eilee Anzilotti, "This New Fund Will Help Retiring Baby Boomers Turn Their Businesses into Worker Co-ops," *Fast Company*, November 13, 2018.

36 Richard May, Robert Hockett, and Christopher Mackin, "Encouraging Inclusive Growth: The Employee Equity Loan Act," unpublished paper, presented at Beyster Symposium, Rutgers University, June 2018.

37 런던 행정 지구인 다우닝가 10번지에 있는 고위 정책 입안 기관. 총리에게 직접 조언한다[역자 주].

38 Brown, March 27, 2017.

결론

1 Donella Meadows, *Leverage Points: Places to Intervene in a System*(Hartland, VT: The Sustainability Institute, 1999), *https://www.donellameadows.org/wp-content/userfiles/Leverage_Points.pdf*.

2 Meadows, *Leverage Points*.

3 George Lakoff, August 24, 2006.

4 John Schwartz, "Rockefellers, Heirs to an Oil Fortune, Will Divest Charity of Fossil Fuels," *New York Times*, September 21, 2014, *https://www.nytimes.com/2014/09/22/us/heirs-to-an-oil-fortune-join-the-divestment-drive.html*.

5 Damian Carrington, "Ireland Becomes World's First Country to Divest from Fossil Fuels," *Guardian*, July 12, 2018, *https://www.theguardian.com/environment/2018/jul/12/ireland-becomes-worlds-first-country-to-divest-from-fossil-fuels*. Bill McKibben, "A Future without Fossil Fuels," *New York Review of Books*, April 4, 2019.

6 AmalgamatedBank, "Move Your Money," *https://www.moveyourmoney.com/*.

7 Edgar Villanueva, *Decolonizing Wealth*(San Francisco: Berrett-Koehler, 2018), *http://decolonizingwealth.com/*.

8 Marjorie Kelly and Sarah Stranahan, "Next Generation Enterprise Design," Democracy Collaborative, November 7, 2018, *https://medium.com/fifty-by-fifty/next-generation-enterprise-design-the-employee-owned-benefit-corporation-7b5001f8f1a8*. 모임은 2019년 4월 29일에 열렸으며, 직원 소유의 B콥을 한자리에 모았다.

9 Dana Brown, "Before Big Pharma Kills Us, Maybe Public Pharma Can Save Us," *The American Prospect*, Aug. 27, 2018, *https://prospect.org/article/big-pharma-kills-us-maybe-public-pharma-can-save-us*.

10 Gar Alperovitz, "Technological Inheritance and the Case for a Basic Income," Economic Security Project, December 16, 2016, *https://medium.com/economicsecproj/technological-inheritance-and-the-case-*

for-a-basic-income-ded373a69c8e, Gar Alperovitz and Lew Daly, *Unjust Desserts: How the Rich are Taking Our Common Inheritance and Why We Should Take It Back*(New York: New Press, 2008), https://www.garalperovitz.com/unjust-deserts/.

11 Meadows, Leverage Points.

부록

1 기업은 이윤뿐만 아니라 사회와 환경에도 책임을 져야 하며 그로써 평가되어야 한다는 주장을 담은 틀. 일반 재무제표처럼 이윤만 보는 것이 아니라 '사람'과 '지구'도 함께 봐야 한다는 생각을 담고 있다[역자 주].

옮긴이의 말

1 Peter Utting ed., *Social and Solidarity Economy beyond the Fringe*(London: UNRISD, Zed Books, 2015). 저자는 UN 산하 연구 기관 UNRISD 소장이다.

감사의 말

민주적 경제 체제를 세우는 작업에는 무수한 이들의 정신과 일손이 투입된다. 이들 없이는 이 책도 나오지 못했을 것이다. 우리 '협력하는 민주주의' 팀과 더불어 차세대 사회 경제 시스템을 만들어나가도록 비전을 제시한 가 알페로비츠에게 특히 큰 빚을 졌다. 또 이 책을 쓰게끔 격려한 것에서 나아가 우리 글을 더욱 명확하게 잡아준 출판인 스티브 피에르산티Steve Piersanti, 초고를 다듬고 고쳐 흠잡을 데 없이 만들어준 레베카 라이더Rebecca Rider, 본문을 우아하게 디자인해준 모린 포리스Maureen Forys, 일하기 좋은 환경을 만들어준 출판사 직원 모두에게 감사한다. 또 앞뒤로 간결하고도 명쾌한 서문과 후기를 써준 나오미 클라인과 아디티아 차크라보르티에게도 깊이 감사한다. 세라 스트래너한Sarah Stranahan에게도 감사를 전한다. 연구 시작부터 최종 사실 확인 단계까지 도와준 세라는 소중한 친구, 보석 같은 사람이다. 아이제이아 풀Isaiah Poole은 능숙하고 창의적인 편집으로 서론을 훌륭하게 닦아줬고, 초고 전부를 여러모로 나은 글로 만들어주었다. 캐런 칸Karen Kahn은 책 제목을 솜씨 좋게 바꿔줬으니, 이는 하늘이 내린 재능이라고 할 밖에.

우리가 찾아가고 인터뷰하고 인용한 모든 분께 감사드린다. 그들의 목소리가 바로 이 책의 알맹이다. 에버그린 협동조합의 존 맥미컨과 브렛 존스는 민주적 사업 모델을 만드는 결정적인 부분을 계속해서 발전시키고 있으며, 민주적 경제를 만들려는 이들에게 등대가 되고 있다. 또 우리 동료인 제시카 로즈는 브렛, 존과 함께 '직원 소유제 기금'을 만드는 작업을 진행했고, 이로써 에버그린 협동조합의 작업을 영감 넘치는 새로운 수준으로 끌어올렸다. 테드는 에버그린 협동조합의 발전을 도운 것이 인생 최고의 순간이었다고 여긴다. 인디아 피어스 리, 론 리처드, 릴리언 쿠리, 트레이시 니콜스 같은 사업 모델 개발 팀과 앵커 기관 지도자 모두 함께 일한 기억을 잊지 못할 것이다. 또 인생 행로를 우리에게 모두 들려준 크리스 브라운, 그리고 크리스라는 이를 알려준 데일 머해리지 등에게도 감사를 전한다.

에버그린 협동조합과 협력하는 민주주의 팀은 옛 동료 스티브 더브가 없었다면 생겨날 수 없었을 것이다. 그의 혜안과 지혜가 이 책의 갈피마다 빛나고 있다. 저자 마저리와 테드, 그리고 우리 조직 전체가 스티브에게 깊이 감사한다.

배움/행동 랩에 참여한 사람들은 우리에게 간절했던 동기를 부여해줬고, 함께 배우고 함께 만드는 게 무엇인지를 가르쳐줬다. 이런 인생 역전 프로젝트를 이끌어주고 그 과정 내내 즐겁고 재미있게 해준 세라 맥킨리와 질 밤버그에게 감사를 보낸다. 이 모든 것을 구동케 해준 저스틴 휴너만Justin Huenemann과 칼라 밀러Karla Miller에게도 깊이 감사드린다. 또 닉 틸슨, 칼린 헌터, 마크 틸슨, 셔리스 데이비즈, 조 화이트 그 밖에 선더 밸리 CDC와 파인 리지에서 만난 분들께 깊은 경의를 표한다. 당신들과 함께 걸은 것만으로도 영광이었다. 라코타 언어를 통역하고 마을 자산 구축 활동에 뛰어들어준 '희망의 나라'의 래 톨, 스테퍼니 구티에레즈, 크리스틴 와그너 등에 감사드린다.

타이론 풀, 킴벌리 브라남, 캐서린 크라즈나크, 그 밖에 '번영하는 포틀랜드' 여러 직원이 너그러이 지혜를 공유해주고 거친 초고를 읽어준 것도 감사한다. 또 연구와 초고 작업을 도와주고 잊을 수 없는 포틀랜드 여행을 마련해준 에린 케슬러Erin Kesler에게 감사한다. 클리블랜드에서 마저리를 따뜻하게 맞아준 킴 셸니크, 스테이시 웜플러, 이벳 헤롯에게 감사드린다. '협력하는 민주주의' 임원 월터 라이트는 고마운 논평과 더불어 GUCI를 이끌어준 데 감사한다.

CHCA 방문과 조사는 에이드리아 파웰, 마이클 엘자스, 릭 서핀, 페기 파웰 등의 도움으로 성과를 낼 수 있다. 또 우리 동료 로니 갤빈의 지혜로운 조언으로 해당 내용을 마무리할 수 있었다.

EA 엔지니어링의 친구들, 로렌 젠슨, 이언 맥팔레인, 마이크 차노프, 빌 루, 피터 네이, 바브 뢰퍼, 에린 투세이커 등, 이렇게 환상적인 사람들과 함께한 것은 정말 영광이었다. 우리도 여기서 일하고 싶은 마음이 간절하다. 또 우리의 벗 카를라 산투스 스칸디어에게 감사하며, '지구를 위한 양적 완화'라는 획기적인 아이디어를 제출하는 데 지도적 역할을 한 '기후 위기 돌파 프로젝트' 기금 관계자들에게도 감사드린다. 요해나 보주와Johanna Bozuwa는 관련 내용을 손봐줬다. 또 핵심 통계들을 적확하게 알려준 토머스 해나에게도 감사한다. 그의 주머니에는 항상 통계가 그득 들어 있는 듯하다.

프레스턴 이야기에는 우선 매튜 브라운이라는 놀라운 인물이 있었다. 테드가 그곳에서 만난 존 맥도널, 제러미 코빈, 줄스 펙Jules Peck, 닐 매킨로이Neil McInroy, 그 밖에 신경제 재단과 CLES의 모든 이에게도 깊이 감사드린다. 랜드맨 이코노믹스Landman Economics의 하워드 리드는 마지막 순간 빼곡한 데이터 더미에서 우리를 구원해줬으니, 마저리가 크게 한잔 살 것이다. 조 귀넌Joe Guinan은 우선 그 따뜻한 인간미에 어떻게 감사할지 도리가 없지만, 특히 윤리적 금융을 다루는 데서 지성의 틀을 제공해준 데 크게 감사드린다. 나아가 우리 조직에서 보여준 빛나는 지도력에도 감사한다. 직원 소유제 아이디어를 발전시키고 연구 조사를 맡아준 아메리칸 워킹 캐피털의 딕 메이와 조지프 블라시에게도 감사드린다. 또 샌디 위긴스, BALLE, RSF 사회적 금융, 인커리지 재단Incourage Foundation의 켈리 라이언, 또 마저리가 첫 CF 서클에서 알게 된 마을 재단 리더들께도 감사를 전한다.

우리 단체의 신탁위원회 임원들은 우리 작업은 물론 이 책과도 관계가 깊다. 스테퍼니 맥헨리Stephanie McHenry는 에버그린 협동조합에 처음으로 대출을 해준 이다. 앨런 헨더슨Allan Henderson은 책 제목을 정할 때도 도와줬고 이전 분석에서 빠진 것을 찾아내도록 압박해주기도 했다. 데이너 커닝엄Dayna Cunningham과 태머라 코플런드Tamara Copeland는 우리가 인종 문제를 더 깊이 이해하도록 시간을 내 가르침을 줬고, 이 책에는 그들의 영향이 짙게 반영되었다. 우리 '협력하는 민주주의'를 정말 다방면으로 지원해주는 매리 에머니Mary Emeny와 월터 라이트, 찰스 맥닐Charles McNeil은 초고를 만드는 동안 사려 깊은 논평을 보내줬다.

'협력하는 민주주의'는 후원자들 덕분에 생겨나 지금까지 운영되고 있다. 켄디다Kendeda의 다이앤 아이브스Diane Ives, 다이애나 블랭크Diana Blank, 디나 킴벌Dena Kimball, 신경제 동반자Partners for a New Economy의 레슬리 해런Leslie Harroun, 노보NoVo의 피터 버핏Peter Buffett과 제니퍼 버핏Jennifer Buffett, 수르드나Surdna의 필 헨더슨Phil Henderson과 숀 에스코퍼리Shawn Escoffery, 네이선 커밍스Nathan Cummings의 로렌 해리스Loren Harris와 테이너 맥필드Taina McField, 애니 E. 케이시Annie E. Casey의 찰스 러디저Charles Rutheiser, 클리블랜드 재단의 인디아 피어스 리, 릴리언 쿠리, 론 리처드, 시프트Shift의 로리Laurie와 줄리 섹터Julie Schecter, 북서 지역 재단의 칼라 밀러, 오픈 소사이어티Open Society의 데이비드 브라이트David Bright와 로빈 바르기즈Robin Varghese, 서밋Summit의 대릴

영Darryl Young, 켈로그의 진 워드포드Jeanne Wardford, 헤런Heron의 데이나 베제라Dana Bezerra와 에이미 오어Amy Orr, 뉴 비전New Visions의 베스 버스턴Beth Versten과 브리트니 앤더슨Brittany Andersen, 뉴 벨지움가 재단New Belgium Family Foundation의 머라이어 맥퍼슨Mariah McPherson, 로버트 우드 존슨Robert Wood Johnson의 에이미 슬로님Amy Slonim과 폴 태리니Paul Tarini, 크레스지Kresge의 크리스 케이벨Chris Kabel과 케이티 바이얼리Katie Byerly, 그밖에도 여러 단체와 개인이 아끼지 않고 후원해주고 있다.

존 두다John Duda는 지구상에서 가장 생산적인 인간이다. 이 책을 쓰는 동안 말로 다 못 할 정도로 우리를 끌어줬다. 데이나 브라운Dana Brown에게는 공공 제약 회사와 관련해 큰 도움을 받았고, 또 차세대 경제 체제 프로젝트에서 그가 일군 업적에도 경의를 표한다. 포용적 소유권 기금에서 중요한 연구를 해준 피터 고언Peter Gowan에게도 감사드린다. 애덤 심프슨Adam Simpson 덕에 미래 시스템에서 기술과 일자리에 어떤 일이 벌어질지 생각해보게 됐다. 카트리나 부코바츠Katrina Bukovac는 모든 작업을 도와줬으며 항상 웃는 얼굴로 친절과 평정을 잃지 않았다. 그리고 론다 콜먼Rhonda Coleman 여사님, 이분이 없었다면 우리가 뭘 할 수 있었을까?

우리는 현장에서 수많은 분들께 많은 것을 배웠다. 멜리사 후버Melissa Hoover, 카밀 커Camille Kerr, 이라 하르카비Ira Harkavy, 랜디 로이스터Randy Royster, 애슐리 가디어Ashleigh Gardere, 게리 코언Gary Cohen, 타일러 노리스Tyler Norris, 데버라 엘우드Deborah Ellwood, 미셸린 데이비스Michelline Davis, 프로젝트 에퀴티Project Equity의 힐러리 아벨Hilary Abell과 앨리슨 린게인Alison Lingane, 몬드라곤의 미켈 레자미즈Mikel Lezamiz와 안더 에흐테베리아Ander Exteberria, '예스Yes!'의 데이비드 코튼David Korten과 프란 코튼Fran Korten, 리치먼드의 새드 윌리엄슨Thad Williamson, 레지 고든Reggie Gordon, 이벳 루츠Evette Roots, 로체스터의 러블리 워런Lovely Warren, 헨리 피츠Henry Fitts, 케이트 워싱턴Kate Washington, 폴리시링크PolicyLink의 앤절라 글로버 블랙웰Angela Glover Blackwell, 에머럴드 시티즈Emerald Cities의 데니스 페어차일드Denise Fairchild와 태라 머천트Tara Marchant, 넥서스 커뮤니티 파트너스Nexus Community Partners의 레파 메카Repa Mekha, 엘리나 가르더Elena Gaardere, 테리사 가르델라Theresa Gardella, 리 앤 애덤스Lee Anne Adams, 제럴딘 가드너Geraldine Gardner, 루시 커먼Lucy Kerman, 커트 서머스Kurt Somers, 패트릭 호바스Patrick Horvath, 칼라 자비츠Carla Javits에게 감사드린다.

초고를 꼼꼼히 읽고 값진 비판을 해준 분도 많다. 톰 크루즈Tom Kruse, 미셸 램Michelle Lam, 세라 모들린Sarah Modlin, 쇼널리 바네르지Shonali Banerjee, 미라 벨루Meera Velu 등에게 감사드린다. 마지막으로 감사할 이는 셸리 앨펀Shelley Alpern이다. 완벽한 문장력으로 초고를 고쳐줬을 뿐만 아니라, 우리가 이 책을 쓰느라고 오랫동안 자리를 비운 동안 끈기와 인내로 (아닐 때도 아주 가끔 있었지만) 우리를 기다려줬으니까.

찾아보기

ㅇ

ㅈ

ㅍ

ㅎ

기타

글·책

옮긴이 홍기빈

정치경제학자. 금융경제연구소 연구 위원, 글로벌정치경제연구소 소장을 거쳐 칼폴라니사회경제연구소 소장을 지냈다. 팟캐스트 '홍기빈의 이야기로 풀어보는 거대한 전환'을 진행했다. 『아리스토텔레스, 경제를 말하다』, 『코로나 사피엔스』(공저), 『기본소득 시대』(공저) 등을 썼으며 『도넛 경제학』, 『광장과 타워』, 『붕괴의 다섯 단계』, 『자본의 본성에 관하여』, 『21세기 기본소득』, 『카를 마르크스』, 『차가운 계산기』, 『거대한 전환』, 『권력 자본론』, 『자본주의』 등을 우리말로 옮겼다.

모두를 위한 경제

합리적인 공동체의 희망

클리블랜드-프레스턴 모델 설명서

1판 1쇄 발행 2021년 6월 7일

지은이 마저리 켈리·테드 하워드
옮긴이 홍기빈
펴낸이 박해진
펴낸곳 도서출판 학고재

등록 2013년 6월 18일 제2013-000186호
주소 서울시 마포구 새창로 7(도화동) SNU장학빌딩 17층
전화 02-745-1722(편집) 070-7404-2810(마케팅)
팩스 02-3210-2775
전자우편 hakgojae@gmail.com
페이스북 www.facebook.com/hakgojae

ISBN 978-89-5625-425-8 03300